하이델베르크
교 리 문 답

휴대 암송용

The Heidelberg Catechism

그리스도인들은 그 책의 사람들, 바로 성경의 사람들입니다. 성경에만 권위를 두고, 성경대로 살며, 성경에 자신을 계시하신 삼위 하나님만을 예배하고 사랑합니다. 이에 **그 책의 사람들**은 하나님께만 영광 돌리고, 하나님의 나라와 교회의 번영과 행복을 위해 성경에 충실한 도서들만을 독자들에게 전하겠습니다.

하이델베르크 교리문답

휴대 암송용

자카리아스 우르시누스 외 지음
그 책의 사람들 옮김

일러두기

1. 하이델베르크 교리문답은 거룩하신 삼위일체 하나님을 믿는 그리스도인이 기본적으로 알고 믿어야 할 교리를 129문답으로 구성한 신앙고백입니다. 믿음이 장성한 사람들에게도 유익이 많지만, 특히 이제 막 그리스도를 영접한 사람들, 하나님을 알고 싶어 하는 사람들, 구원받고자 하는 사람들, 나이가 어린 사람들을 대상으로 기독교의 기초 교리를 가르치고 배울 수 있게 순서와 내용이 구성되었습니다.

따라서 본문을 여러 번 읽기만 해도 충분히 이해하고 깨달을 수 있습니다. 이 작은 책을 주기적인 단위로 여러 번 읽으시기만 해도 적지 않은 유익을 누리시게 될 것입니다.

2. 교육뿐만 아니라 암송을 위해서도 기획된 것이기 때문에 129문답을 암송해 보시기 바랍니다. 꼭 암송이 아니더라도 시간과 장소에 잠깐의 여유가 있을 때마다 반복해서 읽기만 해도 아주 좋습니다.

이를 위해 휴대하기에 좋은 판형과 분량으로 만들었습니다. 언제 어디서나 휴대하여 하이델베르크 교리문답의 내용을 배우고, 공부한 내용을 확인할 수 있습니다.

3. 하이델베르크 교리문답은 성경증거구절이 매우 풍부합니다. 교리문답 본문을 보실 때 증거구절도 함께 보시면서 묵상하시길 권합니다.

목차

일러두기 • 4

하이델베르크 교리문답

[1주일] • 22

1문답   사나 죽으나 당신의 유일한 위안은 무엇입니까?
2문답   이러한 위안을 누리는 복된 삶을 살고, 복된 죽음을 맞기 위해서 당신은 무엇을 알아야 합니까?

제1부
우리의 죄와 비참함에 관하여

[2주일] • 30

3문답   당신은 당신의 죄와 비참함을 어떻게 압니까?
4문답   하나님의 율법이 우리에게 요구하는 것은 무엇입니까?
5문답   당신은 이 모든 것을 온전히 지킬 수 있습니까?

[3주일] • 34

6문답   그러면 하나님께서 사람을 그렇게 악하고 패역하게 창조하셨습니까?

7문답   그렇다면 이렇게 타락한 사람의 본성은 어디에서 왔습니까?

8문답   그렇다면 우리가 너무나 부패하여 선은 조금도 행할 수 없으며, 온갖 악만 행하고자 한다는 말입니까?

[4주일] • 39

9문답   우리가 행할 수 없는 것을 지켜야 할 율법으로 요구하시는 것은 하나님께서 우리에게 부당하게 행하시는 일이 아닙니까?

10문답   하나님께서는 그러한 불순종과 반역을 벌하지 않고 내버려 두십니까?

11문답   그러나 하나님께서는 또한 자비하시지 않습니까?

제2부
우리의 구속에 관하여

[5주일] • 46

12문답   하나님의 의로운 심판에 의해 우리는 이 세상에서 그리고 영원히 형벌을 받아 마땅합니다. 이 형벌을 피하고 다시 하ᄂ-님의 은혜를 입을 수 있는 길이 있습니까?

13문답   그러면 우리가 스스로 하나님의 공의를 만족시킬 수 있습니까?

14문답   단지 피조물에 지나지 않은 것으로서 우리를 대신해 하나님의 공의를 만족시킬 수 있는 존재가 세상에 있습니까?

15문답   그렇다면 우리는 어떠한 중보자와 구원자를 찾아야 합니까?

[6주일] • 51

16문답 중보자는 왜 참 사람이시면서 완전히 의로우신 분이셔야 합니까?

17문답 중보자는 왜 동시에 참 하나님이셔야 합니까?

18문답 그렇다면 참 하나님이시면서 동시에 의로운 참 사람이신 중보자는 누구입니까?

19문답 당신은 이것을 어떻게 압니까?

[7주일] • 71

20문답 그러면 아담 안에서 모든 사람이 멸망한 것처럼, 그리스도로 말미암아 모든 사람이 구원받습니까?

21문답 참된 믿음이란 무엇입니까?

22문답 그러면 그리스도인은 무엇을 믿어야 합니까?

23문답 사도신경의 내용은 무엇입니까?

[8주일] • 78

24문답 사도신경은 어떻게 나누어집니까?

25문답 하나님께서는 본질상 오직 한 분이신데, 당신은 왜 삼위, 곧 성부, 성자, 성령을 말합니까?

성부 하나님과 창조에 관하여

[9주일] • 81

26문답 "전능하사 천지를 만드신 하나님 아버지를 내가 믿사오며"라고 고백할 때 당신은 무엇을 믿습니까?

[10주일] • 86

27문답 하나님의 섭리란 무엇입니까?

28문답 하나님께서 모든 것을 창조하시고, 섭리로 여전히 보존하심을 아는 것이 우리에게 어떤 유익을 줍니까?

성자 하나님과 구속에 관하여

[11주일] • 91

29문답 왜 하나님의 아들을 구주라는 의미를 지닌 "예수"라고 부릅니까?

30문답 그렇다면 자신의 구원과 복을 성인에게서, 혹은 자기 자신이나 다른 데서 구하는 사람들이 있는데, 그런 사람들은 예수님을 유일한 구주로 믿는 것입니까?

[12주일] • 94

31문답 왜 예수님을 기름 부음을 받은 자라는 의미를 지닌 "그리스도"라고 부릅니까?

32문답 그런데 당신은 왜 그리스도인이라고 불립니까?

[13주일] • 101

33문답　우리도 하나님의 자녀인데, 왜 그리스도만 하나님의 "독생자"라고
　　　　 부릅니까?

34문답　당신은 왜 그리스도를 "우리 주"라고 부릅니까?

[14주일] • 104

35문답　"성령으로 잉태하사 동정녀 마리아에게 나시고"라는 말은 무엇을
　　　　 의미합니까?

36문답　그리스도께서 거룩하게 잉태되고 탄생하셨다는 사실이 당신에게
　　　　 어떤 유익을 줍니까?

[15주일] • 109

37문답　"고난을 받으사"라는 말은 무엇을 의미합니까?

38문답　그리스도께서는 왜 재판관 "본디오 빌라도에게" 고난을 받으셨습니까?

39문답　그리스도께서 다른 방법이 아니라 "십자가에 못 박혀 죽으신 것"에
　　　　 특별한 의미가 있습니까?

[16주일] • 115

40문답　그리스도께서는 왜 "죽기까지" 낮아지셔야 했습니까?

41문답　그리스도께서는 왜 "무덤에 묻히셨"습니까?

42문답　그리스도께서 우리를 위해 죽으셨는데, 왜 우리는 여전히 죽어야 합
　　　　 니까?

43문답 십자가 위에서 베푸신 그리스도의 희생과 죽으심을 통해 우리가 받는 또 다른 은택은 무엇입니까?

44문답 왜 "지옥에 내려가셨다가"라는 말이 덧붙여져 있습니까?

[17주일] • 121

45문답 그리스도의 부활하심이 우리에게 주는 유익은 무엇입니까?

[18주일] • 123

46문답 "하늘에 오르사"라는 말은 무엇을 의미합니까?

47문답 그렇다면 그리스도께서 세상 끝날까지 우리와 함께하시겠다고 하신 약속은 어떻게 됩니까?

48문답 그리스도의 신성이 있는 곳마다 인성이 있는 것이 아니라면 그리스도의 두 본성이 서로 분리되어 있다는 말입니까?

49문답 그리스도께서 하늘에 오르신 것이 우리에게 어떤 유익을 줍니까?

[19주일] • 129

50문답 "하나님 우편에 앉아 계시다가"라는 말은 왜 덧붙여졌습니까?

51문답 우리의 머리이신 그리스도의 이러한 영광이 우리에게 주는 유익은 무엇입니까?

52문답 그리스도께서 "산 자와 죽은 자를 심판하러 오시리라"는 사실이 당신에게 어떠한 위로를 줍니까?

성령 하나님과 성화에 관하여

[20주일] • 133

53문답 "성령을 믿사오며" 할 때 당신은 무엇을 믿습니까?

[21주일] • 136

54문답 "거룩한 공회"에 관해 당신은 무엇을 믿습니까?
55문답 "성도가 서로 교통하는 것"이 가리키는 의미는 무엇입니까?
56문답 "죄를 사하여 주시는 것"에 관해 당신은 무엇을 믿습니까?

[22주일] • 145

57문답 "몸이 다시 사는 것"은 당신에게 어떤 위로를 줍니까?
58문답 "영원히 사는 것"은 당신에게 어떤 위로를 줍니까?

[23주일] • 148

59문답 지금 이 모든 것을 믿음으로 당신이 얻게 되는 유익은 무엇입니까?
60문답 당신은 하나님 앞에서 어떻게 의롭게 될 수 있습니까?
61문답 왜 당신은 오직 믿음으로만 의롭게 된다고 말합니까?

[24주일] • 153

62문답 왜 우리의 선행은 하나님 앞에서 의 자체 또는 의의 한 부분이라도 될 수 없습니까?
63문답 하나님께서는 이 세상과 오는 세상에서 우리의 선행에 대해 상을 주신다고 약속하셨는데, 왜 선행이 아무런 공로가 되지 않는 것입니까?

64문답 그렇다면 이러한 가르침으로 말미암아 사람들이 경솔하고 불경하게 되지 않겠습니까?

[25주일] • 157

65문답 오직 믿음으로만 그리스도와 그분이 베푸시는 모든 은택에 참여하게 되는데, 이 믿음은 어디에서 오는 것입니까?

66문답 성례는 무엇입니까?

67문답 그러면 말씀과 성례 모두 우리 믿음이 우리 구원의 유일한 근거인 예수 그리스도의 십자가 위에서의 속죄로 향하게 하기 위한 것입니다.

68문답 그리스도께서 새 언약, 곧 신약에서 제정하신 성례는 몇 가지입니까?

[26주일] • 162

69문답 그리스도께서 십자가 위에서 단번에 이루신 속죄가 당신에게 실제 유익이 된다는 것을 세례가 어떻게 깨닫게 하고 확신하게 합니까?

70문답 그리스도의 피와 성령으로 씻겨진다는 것은 무슨 뜻입니까?

71문답 세례의 물로 씻는 것처럼 그리스도께서 자신의 피오· 성령으로 우리를 틀림없이 씻어 주신다는 약속을 어디에서 하셨습니까?

[27주일] • 167

72문답 물로 세례를 주는 행위 자체가 죄를 씻어 없애는 것입니까?

73문답 그러면 왜 성령께서는 세례를 "중생의 씻음"과 "죄를 씻음"이라고 하십니까?

74문답 유아들도 세례를 받아야 합니까?

The Heidelberg Catechism 13

[28주일] • 171

75문답 그리스도께서 십자가 위에서 단번에 이루신 속죄와 그분이 베푸시는 모든 은택에 당신이 참여한다는 것을 성찬이 어떻게 깨닫고 하고 확신하게 합니까?

76문답 십자가에 못 박히신 그리스도의 몸을 먹고, 그리스도께서 흘리신 피를 마신다는 의미는 무엇입니까?

77문답 믿는 자들이 이 뗀 떡을 먹고 이 잔을 마시는 것처럼 확실하게, 믿는 자들이 그분의 몸과 피를 먹고 마시게 하시겠다는 약속을 그리스도께서는 어디에서 하셨습니까?

[29주일] • 178

78문답 떡과 포도주가 그리스도의 실제 몸과 피로 변합니까?

79문답 그렇다면 왜 그리스도께서는 떡을 "그의 몸"이라고 하시고, 잔을 "그의 피", 또는 "그의 피로 세우는 새 언약"이라고 말씀하십니까? 그리고 바울 사도는 왜 "그리스도의 몸과 피에 참여하는 것"에 대해 말합니까?

[30주일] • 182

80문답 성찬과 로마가톨릭 교회의 미사는 어떻게 다릅니까?

81문답 성찬에는 누가 참여할 수 있습니까?

82문답 자신의 고백과 생활에서 불신앙과 불경건한 삶을 드러내는 사람들을 이 성찬에 참여하게 해도 됩니까?

[31주일] • 188

83문답 천국의 열쇠란 무엇입니까?

84문답 거룩한 복음을 설교할 때 천국이 어떻게 열리고 닫힙니까?

85문답 교회가 권징을 시행할 때 천국은 어떻게 열리고 닫힙니까?

제3부
우리의 감사에 관하여

[32주일] • 194

86문답 우리가 우리의 공로는 조금도 없이 그리스도로 말미암아 오직 은혜로 우리의 비참함에서 구원을 받았는데, 우리는 왜 여전히 선행을 해야 합니까?

87문답 하나님께 감사하지 않고, 악한 삶을 계속 살면서 하나님께로 돌이키지 않는 사람들도 구원받을 수 있습니까?

[33주일] • 198

88문답 참된 회개는 무엇입니까?

89문답 옛 사람이 죽는다는 것은 무엇을 말합니까?

90문답 새 사람으로 다시 사는 것은 무엇을 말합니까?

91문답 선행은 무엇입니까?

[34주일] • 203

92문답 하나님의 율법은 무엇입니까?

93문답 십계명은 어떻게 나누어집니까?
94문답 하나님께서 제1계명에서 요구하시는 것은 무엇입니까?
95문답 우상숭배란 무엇입니까?

[35주일] • 211

96문답 하나님께서 제2계명에서 요구하시는 것은 무엇입니까?
97문답 그러면 어떤 형상도 만들면 안 됩니까?
98문답 하지만 교회에서 일반 성도들을 가르치거나 교육하기 위한 목적으로 형상들을 허용할 수 있지 않습니까?

[36주일] • 216

99문답 하나님께서 제3계명에서 요구하시는 것은 무엇입니까?
100문답 맹세나 저주로 하나님의 이름을 욕되게 하는 일이, 그러한 맹세와 저주를 있는 힘을 다해 막거나 금하려고 하지 않은 사람들에게까지 하나님께서 진노하실 만큼 극악무도한 죄입니까?

[37주일] • 219

101문답 그렇다면 하나님의 이름으로 경건하게 맹세할 수는 있습니까?
102문답 성인이나 다른 피조물로도 맹세할 수 있습니까?

[38주일] • 222

103문답 하나님께서 제4계명에서 요구하시는 것은 무엇입니까?

[39주일] • 225

104문답 하나님께서 제5계명에서 요구하시는 것은 무엇입니까?

[40주일] • 227

105문답 하나님께서 제6계명에서 요구하시는 것은 무엇입니까?

106문답 그런데 6계명은 살인에 대해서만 말하는 것 같은데, 정말 그러합니까?

107문답 그러면 우리가 앞에서 말한 방식으로 이웃을 죽이지만 않으면 충분합니까?

[41주일] • 232

108문답 하나님께서 제7계명에서 가르치시는 무엇입니까?

109문답 하나님께서는 7계명에서 단지 간음과 같은 역겨운 죄들만 금지하십니까?

[42주일] • 235

110문답 하나님께서 제8계명에서 금지하시는 것은 무엇입니까?

111문답 그러면 하나님께서 제8계명에서 요구하시는 것은 무엇입니까?

[43주일] • 239

112문답 하나님께서 제9계명에서 요구하시는 것은 무엇입니 까?

[44주일] • 242

113문답 하나님께서 제10계명에서 요구하시는 것은 무엇입니까?

114문답 그런데 하나님께로 돌아온 사람들이 이 계명들을 완전히 지킬 수 있습니까?

115문답 그렇다면 이 세상에서는 아무도 십계명을 완전히 지킬 수 없는데, 하나님께서는 왜 그토록 엄격하게 십계명을 설교하라고 하십니까?

[45주일] • 246

116문답 그리스도인에게 왜 기도가 필요합니까?

117문답 하나님께서 기뻐하시고 들으시는 기도는 어떤 기도입니까?

118문답 하나님께서는 우리에게 무엇을 구하라고 명하셨습니까?

119문답 주님께서 가르쳐 주신 기도는 무엇입니까?

[46주일] • 252

120문답 그리스도께서는 하나님을 왜 "우리 아버지"로 부르라 명하셨습니까?

121문답 여기에 왜 "하늘에 계신"이라는 말을 더하셨습니까?

[47주일] • 255

122문답 첫째 간구는 무엇입니까?

[48주일] • 258

123문답 둘째 간구는 무엇입니까?

[49주일] • 261

124문답 셋째 간구는 무엇입니까?

[50주일] • 263

125문답 넷째 간구는 무엇입니까?

[51주일] • 266

126문답 다섯째 간구는 무엇입니까?

[52주일] • 268

127문답 여섯째 간구는 무엇입니까?
128문답 당신은 이 기도를 어떻게 마칩니까?
129문답 "아멘"이라는 말은 무슨 뜻입니까?

하이델베르크 교리문답

The Heidelberg Catechism

1주일

1문답

문. 사나 죽으나 당신의 유일한 위안은 무엇입니까?

답. 사나 죽으나[1] 저는 제 것이 아니요,[2] 제 몸과 영혼 모두 저의 신실하신 구주 예수 그리스도의 것이라는 사실입니다.[3] 그리스도께서는 그분의 보혈로 저의 모든 죗값을 완전히 치르시고[4] 저를 마귀의 모든 권세에서 해방하셨습니다.[5] 또한 하늘에 계신 저의 아버지의 뜻이 아니면 머리털 하나도 땅에 떨어지지 않도록[6] 저를 보호하시며,[7] 모든 것이 합력하여 저의 구원을 반드시 이루게 하십니다.[8] 그러함으로 그리스도께서는 그분의 성령으로 말미암아 제가 영생 받았음을 확신하게 해주시고,[9] 이제부터는 온 마음을 다하여 기꺼이 그리고 어느 때든지 그리스도를 위해 살게 하십니다.[10]

[1] 롬 14:8; 살전 5:9-10. [2] 고전 6:19-20. [3] 고전 3:23; 딛 2:14. [4] 벧전 1:18-19; 요일 1:7; 2:2, 12. [5] 요 8:34-36; 히 2:14-15; 요일 3:8. [6] 마 10:29-30; 눅 21:18. [7] 요 6:39; 10:27-30; 살후 3:3; 벧전 1:5. [8] 롬 8:28. [9] 롬 8:16; 고후 1:22; 5:5; 엡 1:13-14. [10] 겔 36:26-27; 롬 8:14; 고후 3:6, 18; 요일 3:3

롬 14:8 우리가 살아도 주를 위하여 살고 죽어도 주를 위하여 죽나니 그러므로

사나 죽으나 우리가 주의 것이로다

살전 5:9-10 하나님이 우리를 세우심은 노하심에 이르게 하심이 아니요 오직 우리 주 예수 그리스도로 말미암아 구원을 받게 하심이라 예수께서 우리를 위하여 죽으사 우리로 하여금 깨어 있든지 자든지 자기와 함께 살게 하려 하셨느니라

고전 6:19-20 너희 몸은 너희가 하나님께로부터 받은 바 너희 가운데 계신 성령의 전인 줄을 알지 못하느냐 너희는 너희 자신의 것이 아니라 값으로 산 것이 되었으니 그런즉 너희 몸으로 하나님께 영광을 돌리라

고전 3:23 너희는 그리스도의 것이요 그리스도는 하나님의 것이니라

디 2:14 그가 우리를 대신하여 자신을 주심은 모든 불법에서 우리를 속량하시고 우리를 깨끗하게 하사 선한 일을 열심히 하는 자기 백성이 되게 하려 하심이라

벧전 1:18-19 너희가 알거니와 너희 조상이 물려 준 헛된 행실에서 대속함을 받은 것은 은이나 금 같이 없어질 것으로 된 것이 아니요 오직 흠 없고 점 없는 어린 양 같은 그리스도의 보배로운 피로 된 것이니라

요일 1:7; 2:2, 12 [1:7]그가 빛 가운데 계신 것 같이 우리도 빛 가운데 행하면 우리가 서로 사귐이 있고 그 아들 예수의 피가 우리를 모든 죄에서 깨끗하게 하실 것이요 [2:2]그는 우리 죄를 위한 화목 제물이니 우리만 위할 뿐 아니요 온 세상의 죄를 위하심이라 [2:12]자녀들아 내가 너희에게 쓰는 것은 너희 죄가 그의 이름으로 말미암아 사함을 받았음이요

요 8:34-36 예수께서 대답하시되 진실로 진실로 너희에게 이르노니 죄를 범하는 자마다 죄의 종이라 종은 영원히 집에 거하지 못하되 아들은 영원히 거하나니 그러므로 아들이 너희를 자유롭게 하면 너희가 참으로 자유로우리라

히 2:14-15 자녀들은 혈과 육에 속하였으매 그도 또한 같은 모양으로 혈과 육을 함께 지니심은 죽음을 통하여 죽음의 세력을 잡은 자 곧 마귀를 멸하시며 또 죽기를 무서워하므로 한평생 매여 종 노릇 하는 모든 자들을 놓아 주려 하심이니

요일 3:8 죄를 짓는 자는 마귀에게 속하나니 마귀는 처음부터 범죄함이라 하나님의 아들이 나타나신 것은 마귀의 일을 멸하려 하심이라

마 10:29-30 참새 두 마리가 한 앗사리온에 팔리지 않느냐 그러나 너희 아버지

께서 허락하지 아니하시면 그 하나도 땅에 떨어지지 아니하리라 너희에게는 머리털까지 다 세신 바 되었나니

눅 21:18 너희 머리털 하나도 상하지 아니하리라

요 6:39; 10:27-30 ⁶:³⁹나를 보내신 이의 뜻은 내게 주신 자 중에 내가 하나도 잃어버리지 아니하고 마지막 날에 다시 살리는 이것이니라 ¹⁰:²⁷⁻³⁰대답하여 이르되 네 마음을 다하며 목숨을 다하며 힘을 다하며 뜻을 다하여 주 너의 하나님을 사랑하고 또한 네 이웃을 네 자신 같이 사랑하라 하였나이다 예수께서 이르시되 네 대답이 옳도다 이를 행하라 그러면 살리라 하시니 그 사람이 자기를 옳게 보이려고 예수께 여짜오되 그러면 내 이웃이 누구니이까 예수께서 대답하여 이르시되 어떤 사람이 예루살렘에서 여리고로 내려가다가 강도를 만나매 강도들이 그 옷을 벗기고 때려 거의 죽은 것을 버리고 갔더라

살후 3:3 주는 미쁘사 너희를 굳건하게 하시고 악한 자에게서 지키시리라

벧전 1:5 너희는 말세에 나타내기로 예비하신 구원을 얻기 위하여 믿음으로 말미암아 하나님의 능력으로 보호하심을 받았느니라

롬 8:28 우리가 알거니와 하나님을 사랑하는 자 곧 그의 뜻대로 부르심을 입은 자들에게는 모든 것이 합력하여 선을 이루느니라

롬 8:16 성령이 친히 우리의 영과 더불어 우리가 하나님의 자녀인 것을 증언하시나니

고후 1:22; 5:5 ¹:²²그가 또한 우리에게 인치시고 보증으로 우리 마음에 성령을 주셨느니라 ⁵:⁵곧 이것을 우리에게 이루게 하시고 보증으로 성령을 우리에게 주신 이는 하나님이시니라

엡 1:13-14 그 안에서 너희도 진리의 말씀 곧 너희의 구원의 복음을 듣고 그 안에서 또한 믿어 약속의 성령으로 인치심을 받았으니 이는 우리 기업의 보증이 되사 그 얻으신 것을 속량하시고 그의 영광을 찬송하게 하려 하심이라

겔 36:26-27 또 새 영을 너희 속에 두고 새 마음을 너희에게 주되 너희 육신에서 굳은 마음을 제거하고 부드러운 마음을 줄 것이며 또 내 영을 너희 속에 두어 너희로 내 율례를 행하게 하리니 너희가 내 규례를 지켜 행할지라

롬 8:14 무릇 하나님의 영으로 인도함을 받는 사람은 곧 하나님의 아들이라

고후 3:6, 18 ⁶그가 또한 우리를 새 언약의 일꾼 되기에 만족하게 하셨으니 율법 조문으로 하지 아니하고 오직 영으로 함이니 율법 조문은 죽이는 것이요 영은 살리는 것이니라 ¹⁸우리가 다 수건을 벗은 얼굴로 거울을 보는 것 같이 주의 영광을 보매 그와 같은 형상으로 변화하여 영광에서 영광에 이르니 곧 주의 영으로 말미암음이니라

요일 3:3 주를 향하여 이 소망을 가진 자마다 그의 깨끗하심과 같이 자기를 깨끗하게 하느니라

2문답

문. 이러한 위안을 누리는 복된 삶을 살고, 복된 죽음을 맞기 위해서 당신은 무엇을 알아야 합니까?

답. 세 가지를 알아야 하는데,¹⁾ 첫째, 저의 죄와 비참함이 얼마나 큰지를,²⁾ 둘째, 저의 죄와 비참함으로부터 제가 어떻게 구원받을 수 있는지를,³⁾ 셋째, 그러한 구원을 베푸시는 하나님께 제가 어떻게 감사해야 하는지를 알아야 합니다.⁴⁾

¹⁾ 마 11:28-30; 엡 5:8. ²⁾ 마 9:12; 요 9:41; 롬 3:9-10; 요일 1:9-10. ³⁾ 눅 24:46-47; 요 17:3; 행 4:12; 10:43; 고전 6:11; 딛 3:3-7. ⁴⁾ 시 50:14-15; 116:12-13; 마 5:16; 롬 6:12-13; 엡 5:10; 딤후 2:15; 벧전 2:9, 12.

마 11:28-30 수고하고 무거운 짐 진 자들아 다 내게로 오라 나가 너희를 쉬게 하리라 나는 마음이 온유하고 겸손하니 나의 멍에를 메고 내게 배우라 그리하면 너

희 마음이 쉼을 얻으리니 이는 내 멍에는 쉽고 내 짐은 가벼움이라 하시니라

엡 5:8 너희가 전에는 어둠이더니 이제는 주 안에서 빛이라 빛의 자녀들처럼 행하라

마 9:12 예수께서 들으시고 이르시되 건강한 자에게는 의사가 쓸 데 없고 병든 자에게라야 쓸 데 있느니라

요 9:41 예수께서 이르시되 너희가 맹인이 되었더라면 죄가 없으려니 본다고 하니 너희 죄가 그대로 있느니라

롬 3:9-10 그러면 어떠하냐 우리는 나으냐 결코 아니라 유대인이나 헬라인이나 다 죄 아래에 있다고 우리가 이미 선언하였느니라 기록된 바 의인은 없나니 하나도 없으며

요일 1:9-10 만일 우리가 우리 죄를 자백하면 그는 미쁘시고 의로우사 우리 죄를 사하시며 우리를 모든 불의에서 깨끗하게 하실 것이요 만일 우리가 범죄하지 아니하였다 하면 하나님을 거짓말하는 이로 만드는 것이니 또한 그의 말씀이 우리 속에 있지 아니하니라

눅 24:46-47 또 이르시되 이같이 그리스도가 고난을 받고 제삼일에 죽은 자 가운데서 살아날 것과 또 그의 이름으로 죄 사함을 받게 하는 회개가 예루살렘에서 시작하여 모든 족속에게 전파될 것이 기록되었으니

요 17:3 영생은 곧 유일하신 참 하나님과 그가 보내신 자 예수 그리스도를 아는 것이니이다

행 4:12; 10:43 [4:12]다른 이로써는 구원을 받을 수 없나니 천하 사람 중에 구원을 받을 만한 다른 이름을 우리에게 주신 일이 없음이라 하였더라 [10:43]그에 대하여 모든 선지자도 증언하되 그를 믿는 사람들이 다 그의 이름을 힘입어 죄 사함을 받는다 하였느니라

고전 6:11 너희 중에 이와 같은 자들이 있더니 주 예수 그리스도의 이름과 우리 하나님의 성령 안에서 씻음과 거룩함과 의롭다 하심을 받았느니라

딛 3:3-7 우리도 전에는 어리석은 자요 순종하지 아니한 자요 속은 자요 여러 가지 정욕과 행락에 종 노릇 한 자요 악독과 투기를 일삼은 자요 가증스러운 자요

피차 미워한 자였으나 우리 구주 하나님의 자비와 사람 사랑하심이 나타날 때에 우리를 구원하시되 우리가 행한 바 의로운 행위로 말미암지 아니하고 오직 그의 긍휼하심을 따라 중생의 씻음과 성령의 새롭게 하심으로 하셨느니 우리 구주 예수 그리스도로 말미암아 우리에게 그 성령을 풍성히 부어 주사 우리로 그의 은혜를 힘입어 의롭다 하심을 얻어 영생의 소망을 따라 상속자가 되게 하려 하심이라

시 50:14-15; 116:12-13 ⁵⁰:¹⁴⁻¹⁵감사로 하나님께 제사를 드리며 지존하신 이에게 네 서원을 갚으며 환난 날에 나를 부르라 내가 너를 건지리니 네가 나를 영화롭게 하리로다 ¹¹⁶:¹²⁻¹³내게 주신 모든 은혜를 내가 여호와께 무엇으로 보답할까 내가 구원의 잔을 들고 여호와의 이름을 부르며

마 5:16 이같이 너희 빛이 사람 앞에 비치게 하여 그들로 너희 착한 행실을 보고 하늘에 계신 너희 아버지께 영광을 돌리게 하라

롬 6:12-13 그러므로 너희는 죄가 너희 죽을 몸을 지배하지 못하게 하여 몸의 사욕에 순종하지 말고 또한 너희 지체를 불의의 무기로 죄에게 내주지 말고 오직 너희 자신을 죽은 자 가운데서 다시 살아난 자 같이 하나님께 드리며 너희 지체를 의의 무기로 하나님께 드리라

엡 5:10 주를 기쁘시게 할 것이 무엇인가 시험하여 보라

딤후 2:15 너는 진리의 말씀을 옳게 분별하며 부끄러울 것이 없는 일꾼으로 인정된 자로 자신을 하나님 앞에 드리기를 힘쓰라

벧전 2:9, 12 ⁹그러나 너희는 택하신 족속이요 왕 같은 제사장들이요 거룩한 나라요 그의 소유가 된 백성이니 이는 너희를 어두운 데서 불러 내어 그의 기이한 빛에 들어가게 하신 이의 아름다운 덕을 선포하게 하려 하심이라 ¹²너희가 이방인 중에서 행실을 선하게 가져 너희를 악행한다고 비방하는 자들로 하여금 너희 선한 일을 보고 오시는 날에 하나님께 영광을 돌리게 하려 함이라

제1부

우리의 죄와 비참함에 관하여

The Heidelberg Catechism

2주일

3문답

문. 당신은 당신의 죄와 비참함을 어떻게 압니까?
답. 저는 하나님의 율법을 통해 저의 죄와 비참함을 압니다.[1]

[1] 롬 3:20; 7:7, 23-24.

롬 3:20; 7:7, 23-24 [3:20]그러므로 율법의 행위로 그의 앞에 의롭다 하심을 얻을 육체가 없나니 율법으로는 죄를 깨달음이니라 [7:7]그런즉 우리가 무슨 말을 하리요 율법이 죄냐 그럴 수 없느니라 율법으로 말미암지 않고는 내가 죄를 알지 못하였으니 곧 율법이 탐내지 말라 하지 아니하였더라면 내가 탐심을 알지 못하였으리라 [7:23-24]내 지체 속에서 한 다른 법이 내 마음의 법과 싸워 내 지체 속에 있는 죄의 법으로 나를 사로잡는 것을 보는도다 오호라 나는 곤고한 사람이로다 이 사망의 몸에서 누가 나를 건져내랴

4문답

문. 하나님의 율법이 우리에게 요구하는 것은 무엇입니까?
답. 그리스도께서는 마태복음 22장에서 이렇게 요약하여 가르치십니다. "네 마음을 다하고 목숨을 다하고 뜻을 다하여 주 너의 하나님을 사랑하라 하셨으니 이것이 크고

첫째 되는 계명이요, 둘째도 그와 같으니 네 이웃을 네 자신 같이 사랑하라 하셨으니, 이 두 계명이 온 율법과 선지자의 강령이니라"(마 22:37-40).[1]

[1] 레 19:18; 신 6:5; 막 12:30-31; 눅 10:27.

레 19:18 원수를 갚지 말며 동포를 원망하지 말며 네 이웃 사랑하기를 네 자신과 같이 사랑하라 나는 여호와니라
신 6:5 너는 마음을 다하고 뜻을 다하고 힘을 다하여 네 하나님 여호와를 사랑하라
막 12:30-31 네 마음을 다하고 목숨을 다하고 뜻을 다하고 힘을 다하여 주 너의 하나님을 사랑하라 하신 것이요 둘째는 이것이니 네 이웃을 네 자신과 같이 사랑하라 하신 것이라 이보다 더 큰 계명이 없느니라
눅 10:27 대답하여 이르되 네 마음을 다하며 목숨을 다하며 힘을 다하며 뜻을 다하여 주 너의 하나님을 사랑하고 또한 네 이웃을 네 자신 같이 사랑하라 하였나이다

5문답

문. 당신은 이 모든 것을 온전히 지킬 수 있습니까?

답. 결코 지킬 수 없습니다.[1] 왜냐하면 저에게는 본성적으로 하나님과 이웃을 미워하는 성향이 있기 때문입니다.[2]

[1] 롬 3:10, 20, 23; 요일 1:8, 10. [2] 창 6:5; 8:21; 렘 17:9; 롬 7:23–24; 8:7; 엡 2:3; 딛 3:3.

롬 3:10, 20, 23 [10]기록된 바 의인은 없나니 하나도 없으며 [20]그러므로 율법의 행위로 그의 앞에 의롭다 하심을 얻을 육체가 없나니 율법으로는 죄를 깨달음이니라 [23]모든 사람이 죄를 범하였으매 하나님의 영광에 이르지 못하더니

요일 1:8, 10 [8]만일 우리가 죄 없다고 말하면 스스로 속이고 또 진리가 우리 속에 있지 아니할 것이요 [10]만일 우리가 범죄하지 아니하였다 하면 하나님을 거짓말하는 이로 만드는 것이니 또한 그의 말씀이 우리 속에 있지 아니하니라

창 6:5; 8:21 [6:5]여호와께서 사람의 죄악이 세상에 가득함과 그의 마음으로 생각하는 모든 계획이 항상 악할 뿐임을 보시고 [8:21]여호와께서 그 향기를 받으시고 그 중심에 이르시되 내가 다시는 사람으로 말미암아 땅을 저주하지 아니하리니 이는 사람의 마음이 계획하는 바가 어려서부터 악함이라 내가 전에 행한 것 같이 모든 생물을 다시 멸하지 아니하리니

렘 17:9 만물보다 거짓되고 심히 부패한 것은 마음이라 누가 능히 이를 알리요마는

롬 7:23–24; 8:7 [7:23–24]내 지체 속에서 한 다른 법이 내 마음의 법과 싸워 내 지체 속에 있는 죄의 법으로 나를 사로잡는 것을 보는도다 오호라 나는 곤고한 사람이로다 이 사망의 몸에서 누가 나를 건져내랴 [8:7]육신의 생각은 하나님과 원수가 되나니 이는 하나님의 법에 굴복하지 아니할 뿐 아니라 할 수도 없음이라

엡 2:3 전에는 우리도 다 그 가운데서 우리 육체의 욕심을 따라 지내며 육체와 마

음의 원하는 것을 하여 다른 이들과 같이 본질상 진노의 자녀이었더니
딛 3:3 우리도 전에는 어리석은 자요 순종하지 아니한 자요 속은 자요 여러 가지 정욕과 행락에 종 노릇 한 자요 악독과 투기를 일삼은 자요 가증스러운 자요 피차 미워한 자였으나

3주일

6문답

문. 그러면 하나님께서 사람을 그렇게 악하고 패역하게 창조하셨습니까?

답. 결코 그렇지 않습니다. 하나님께서는 사람을 선하게,[1] 하나님의 형상대로[2] 참으로 의롭고 거룩하게 창조하셨습니다.[3] 이는 사람이 그를 창조하신 하나님을 바르게 알고, 마음을 다해 사랑하며, 하나님과 함께 영원한 복락 가운데 살고, 하나님께 영광과 찬양을 드리게 하기 위함입니다.[4]

[1] 창 1:31. [2] 창 1:26-27. [3] 엡 4:24; 골 3:10. [4] 시 8:4-9; 계 4:11.

창 1:31 하나님이 지으신 그 모든 것을 보시니 보시기에 심히 좋았더라 저녁이 되고 아침이 되니 이는 여섯째 날이니라

창 1:26-27 하나님이 이르시되 우리의 형상을 따라 우리의 모양대로 우리가 사람을 만들고 그들로 바다의 물고기와 하늘의 새와 가축과 온 땅과 땅에 기는 모든 것을 다스리게 하자 하시고 하나님이 자기 형상 곧 하나님의 형상대로 사람을 창조하시되 남자와 여자를 창조하시고

엡 4:24 하나님을 따라 의와 진리의 거룩함으로 지으심을 받은 새 사람을 입으라

골 3:10 새 사람을 입었으니 이는 자기를 창조하신 이의 형상을 따라 지식에까지 새롭게 하심을 입은 자니라

시 8:4-9 사람이 무엇이기에 주께서 그를 생각하시며 인자가 무엇이기에 주께서 그를 돌보시나이까 그를 하나님보다 조금 못하게 하시고 영화와 존귀로 관을 씌우셨나이다 주의 손으로 만드신 것을 다스리게 하시고 만물을 그의 발 아래 두셨으니 곧 모든 소와 양과 들짐승이며 공중의 새와 바다의 물고기와 바닷길에 다니는 것이니이다 여호와 우리 주여 주의 이름이 온 땅에 어찌 그리 아름다운지요
계 4:11 우리 주 하나님이여 영광과 존귀와 권능을 받으시는 것이 합당하오니 주께서 만물을 지으신지라 만물이 주의 뜻대로 있었고 또 지으심을 받았나이다 하더라

7문답

문. 그렇다면 이렇게 타락한 사람의 본성은 어디에서 왔습니까?

답. 타락한 사람의 본성은 우리의 시조 아담과 하와가 에덴동산에서 타락하여 불순종한 데서 왔습니다.[1] 이로 말미암아 사람의 본성이 심히 부패되어 우리는 모두 죄악 중에서 잉태되고 태어납니다.[2]

[1] 창 3; 롬 5:12, 18-19. [2] 시 51:5; 요 3:6.

창 3 그런데 뱀은 여호와 하나님이 지으신 들짐승 중에 가장 간교하니라 뱀이 여자에게 물어 이르되 하나님이 참으로 너희에게 동산 모든 나무의 열매를 먹지 말라 하시더냐 여자가 뱀에게 말하되 동산 나무의 열매를 우리가 먹을 수 있으나 동산 중앙에 있는 나무의 열매는 하나님의 말씀에 너희는 먹지도 말고 만지지도 말라 너희가 죽을까 하노라 하셨느니라 뱀이 여자에게 이르되 너희가 결코 죽지 아

니하리라 너희가 그것을 먹는 날에는 너희 눈이 밝아져 하나님과 같이 되어 선악을 알 줄 하나님이 아심이니라 여자가 그 나무를 본즉 먹음직도 하고 보암직도 하고 지혜롭게 할 만큼 탐스럽기도 한 나무인지라 여자가 그 열매를 따먹고 자기와 함께 있는 남편에게도 주매 그도 먹은지라 이에 그들의 눈이 밝아져 자기들이 벗은 줄을 알고 무화과나무 잎을 엮어 치마로 삼았더라 그들이 그 날 바람이 불 때 동산에 거니시는 여호와 하나님의 소리를 듣고 아담과 그의 아내가 여호와 하나님의 낯을 피하여 동산 나무 사이에 숨은지라 여호와 하나님이 아담을 부르시며 그에게 이르시되 네가 어디 있느냐 이르되 내가 동산에서 하나님의 소리를 듣고 내가 벗었으므로 두려워하여 숨었나이다 이르시되 누가 너의 벗었음을 네게 알렸느냐 내가 네게 먹지 말라 명한 그 나무 열매를 네가 먹었느냐 아담이 이르되 하나님이 주셔서 나와 함께 있게 하신 여자 그가 그 나무 열매를 내게 주므로 내가 먹었나이다 여호와 하나님이 여자에게 이르시되 네가 어찌하여 이렇게 하였느냐 여자가 이르되 뱀이 나를 꾀므로 내가 먹었나이다 여호와 하나님이 뱀에게 이르시되 네가 이렇게 하였으니 네가 모든 가축과 들의 모든 짐승보다 더욱 저주를 받아 배로 다니고 살아 있는 동안 흙을 먹을지니라 내가 너로 여자와 원수가 되게 하고 네 후손도 여자의 후손과 원수가 되게 하리니 여자의 후손은 네 머리를 상하게 할 것이요 너는 그의 발꿈치를 상하게 할 것이니라 하시고 또 여자에게 이르시되 내가 네게 임신하는 고통을 크게 더하리니 네가 수고하고 자식을 낳을 것이며 너는 남편을 원하고 남편은 너를 다스릴 것이니라 하시고 아담에게 이르시되 네가 네 아내의 말을 듣고 내가 네게 먹지 말라 한 나무의 열매를 먹었은즉 땅은 너로 말미암아 저주를 받고 너는 네 평생에 수고하여야 그 소산을 먹으리라 땅이 네게 가시덤불과 엉겅퀴를 낼 것이라 네가 먹을 것은 밭의 채소인즉 네가 흙으로 돌아갈 때까지 얼굴에 땀을 흘려야 먹을 것을 먹으리니 네가 그것에서 취함을 입었음이라 너는 흙이니 흙으로 돌아갈 것이니라 하시니라 아담이 그의 아내의 이름을 하와라 불렀으니 그는 모든 산 자의 어머니가 됨이더라 여호와 하나님이 아담과 그의 아내를 위하여 가죽옷을 지어 입히시니라 여호와 하나님이 이르시되 보라 이 사람이 선악을 아는 일에 우리 중 하나 같이 되었으니 그가 그의 손을 들어 생명 나무 열매도 따먹고 영생할까 하노라 하시고 여호와 하나님이 에덴 동산에서 그를 내보내어 그의 근원이 된 땅을 갈게 하시니라 이같이 하나님이 그 사람을 쫓아내시고 에덴 동산 동쪽에 그룹들과 두루 도는 불 칼을 두어 생명 나무의 길을 지키게 하시니라

롬 5:12, 18–19 ¹²그러므로 한 사람으로 말미암아 죄가 세상에 들어오고 죄로 말미암아 사망이 들어왔나니 이와 같이 모든 사람이 죄를 지었으므로 사망이 모든 사람에게 이르렀느니라 ¹⁸⁻¹⁹그런즉 한 범죄로 많은 사람이 정죄에 이른 것 같이 한 의로운 행위로 말미암아 많은 사람이 의롭다 하심을 받아 생명에 이르렀느니라 한 사람이 순종하지 아니함으로 많은 사람이 죄인 된 것 같이 한 사람이 순종하심으로 많은 사람이 의인이 되리라

시 51:5 내가 죄악 중에서 출생하였음이여 어머니가 죄 중에서 나를 잉태하였나이다

요 3:6 육으로 난 것은 육이요 영으로 난 것은 영이니

8문답

문. 그렇다면 우리가 너무나 부패하여 선은 조금도 행할 수 없으며, 온갖 악만 행하고자 한다는 말입니까?

답. 참으로 그렇습니다.¹⁾ 우리가 하나님의 성령으로 거듭나지 않는 한 그렇습니다.²⁾

¹⁾ 창 6:5; 8:21; 욥 14:4; 사 53:6; 딛 3:3. ²⁾ 요 3:3, 5; 고전 12:3; 고후 3:5.

창 6:5; 8:21 ⁶:⁵여호와께서 사람의 죄악이 세상에 가득함과 그의 마음으로 생각하는 모든 계획이 항상 악할 뿐임을 보시고 ⁸:²¹여호와께서 그 향기를 받으시고 그

중심에 이르시되 내가 다시는 사람으로 말미암아 땅을 저주하지 아니하리니 이는 사람의 마음이 계획하는 바가 어려서부터 악함이라 내가 전에 행한 것 같이 모든 생물을 다시 멸하지 아니하리니

욥 14:4 누가 깨끗한 것을 더러운 것 가운데에서 낼 수 있으리이까 하나도 없나이다

사 53:6 우리는 다 양 같아서 그릇 행하여 각기 제 길로 갔거늘 여호와께서는 우리 모두의 죄악을 그에게 담당시키셨도다

딛 3:3 우리도 전에는 어리석은 자요 순종하지 아니한 자요 속은 자요 여러 가지 정욕과 행락에 종 노릇 한 자요 악독과 투기를 일삼은 자요 가증스러운 자요 피차 미워한 자였으나

요 3:3, 5 ³예수께서 대답하여 이르시되 진실로 진실로 네게 이르노니 사람이 거듭나지 아니하면 하나님의 나라를 볼 수 없느니라 ⁵예수께서 대답하시되 진실로 진실로 네게 이르노니 사람이 물과 성령으로 나지 아니하면 하나님의 나라에 들어갈 수 없느니라

고전 12:3 그러므로 내가 너희에게 알리노니 하나님의 영으로 말하는 자는 누구든지 예수를 저주할 자라 하지 아니하고 또 성령으로 아니하고는 누구든지 예수를 주시라 할 수 없느니라

고후 3:5 우리가 무슨 일이든지 우리에게서 난 것 같이 스스로 만족할 것이 아니니 우리의 만족은 오직 하나님으로부터 나느니라

4주일

9문답

문. 우리가 행할 수 없는 것을 지켜야 할 율법으로 요구하시는 것은 하나님께서 우리에게 부당하게 행하시는 일이 아닙니까?

답. 절대 그렇지 않습니다. 하나님께서는 사람이 행할 수 있도록 창조하셨습니다.[1] 그러나 사람은 마귀의 꾐에 빠져 고의로 불순종하였고,[2] 그 결과 자기 자신뿐만 아니라 그의 모든 후손도 하나님께서 주신 그러한 은사들을 스스로 상실했습니다.[3]

[1] 창 1:27; 2:16-17. [2] 창 3:4-6, 13; 요 8:44; 딤전 2:13-14. [3] 롬 5:12.

창 1:27; 2:16-17 ¹:²⁷하나님이 자기 형상 곧 하나님의 형상대로 사람을 창조하시되 남자와 여자를 창조하시고 ²:¹⁶⁻¹⁷여호와 하나님이 그 사람에게 명하여 이르시되 동산 각종 나무의 열매는 네가 임의로 먹되 선악을 알게 하는 나무의 열매는 먹지 말라 네가 먹는 날에는 반드시 죽으리라 하시니라

창 3:4-6, 13 ⁴⁻⁶뱀이 여자에게 이르되 너희가 결코 죽지 아니하리라 너희가 그것을 먹는 날에는 너희 눈이 밝아져 하나님과 같이 되어 선악을 알 줄 하나님이 아심이니라 여자가 그 나무를 본즉 먹음직도 하고 보암직도 하고 지혜롭게 할 만큼 탐스럽기도 한 나무인지라 여자가 그 열매를 따먹고 자기와 함께 있는 남편에게도 주매 그도 먹은지라 ¹³여호와 하나님이 여자에게 이르시되 네가 어찌하여 이렇

게 하였느냐 여자가 이르되 뱀이 나를 꾀므로 내가 먹었나이다

요 8:44 너희는 너희 아비 마귀에게서 났으니 너희 아비의 욕심대로 너희도 행하고자 하느니라 그는 처음부터 살인한 자요 진리가 그 속에 없으므로 진리에 서지 못하고 거짓을 말할 때마다 제 것으로 말하나니 이는 그가 거짓말쟁이요 거짓의 아비가 되었음이라

딤전 2:13-14 이는 아담이 먼저 지음을 받고 하와가 그 후며 아담이 속은 것이 아니고 여자가 속아 죄에 빠졌음이라

롬 5:12 그러므로 한 사람으로 말미암아 죄가 세상에 들어오고 죄로 말미암아 사망이 들어왔나니 이와 같이 모든 사람이 죄를 지었으므로 사망이 모든 사람에게 이르렀느니라

10문답

문. 하나님께서는 그러한 불순종과 반역을 벌하지 않고 내버려 두십니까?

답. 절대 그렇지 않습니다. 하나님께서는 자범죄뿐만 아니라 원죄에 대해서도 몹시 불쾌해 하십니다. 그래서 그 죄들에 대해 이 세상에서, 그리고 영원히 그분의 의로운 심판으로 벌하십니다.[1] 하나님께서는 이렇게 선언하셨습니다. "누구든지 율법 책에 기록된 대로 모든 일을 항상 행하지 아니하는 자는 저주 아래에 있는 자라"(갈 3:10).[2]

[1] 창 2:17; 출 20:5; 34:7; 시 5:4-5; 7:11-13; 나 1:2; 롬 1:18; 5:12; 엡 5:6; 히 9:27. [2] 신 27:26.

창 2:17 선악을 알게 하는 나무의 열매는 먹지 말라 네가 먹는 날에는 반드시 죽으리라 하시니라

출 20:5; 34:7 ²⁰:⁵그것들에게 절하지 말며 그것들을 섬기지 말라 나 네 하나님 여호와는 질투하는 하나님인즉 나를 미워하는 자의 죄를 갚되 아버지로부터 아들에게로 삼사 대까지 이르게 하거니와 ³⁴:⁷인자를 천대까지 베풀며 악과 과실과 죄를 용서하리라 그러나 벌을 면제하지는 아니하고 아버지의 악행을 자손 삼사 대까지 보응하리라

시 5:4-5; 7:11-13 ⁵:⁴⁻⁵주는 죄악을 기뻐하는 신이 아니시니 악이 주와 함께 머물지 못하며 오만한 자들이 주의 목전에 서지 못하리이다 주는 모든 행악자를 미워하시며 ⁷:¹¹⁻¹³하나님은 의로우신 재판장이심이여 매일 분노하시는 하나님이시로다 사람이 회개하지 아니하면 그가 그의 칼을 가심이여 그의 활을 이미 당기어 예비하셨도다 죽일 도구를 또한 예비하심이여 그가 만든 화살은 불화살들이로다

나 1:2 여호와는 질투하시며 보복하시는 하나님이시니라 여호와는 보복하시며 진노하시되 자기를 거스르는 자에게 여호와는 보복하시며 자기를 대적하는 자에게 진노를 품으시며

롬 1:18; 5:12 ¹:¹⁸하나님의 진노가 불의로 진리를 막는 사람들의 모든 경건하지 않음과 불의에 대하여 하늘로부터 나타나나니 ⁵:¹²그러므로 한 사람으로 말미암아 죄가 세상에 들어오고 죄로 말미암아 사망이 들어왔나니 이와 같이 모든 사람이 죄를 지었으므로 사망이 모든 사람에게 이르렀느니라

엡 5:6 누구든지 헛된 말로 너희를 속이지 못하게 하라 이로 말미암아 하나님의 진노가 불순종의 아들들에게 임하나니

히 9:27 한번 죽는 것은 사람에게 정해진 것이요 그 후에는 심판이 있으리니

신 27:26 이 율법의 말씀을 실행하지 아니하는 자는 저주를 받을 것이라 할 것이요 모든 백성은 아멘 할지니라

11문답

문. 그러나 하나님께서는 또한 자비하시지 않습니까?

답. 하나님께서는 참으로 자비하시지만¹⁾ 동시에 공의로우신 분입니다.²⁾ 죄는 하나님의 지극히 높으신 주권을 거슬러 짓는 것이기에 공의로우신 하나님께서는 이 죄에 대해 가장 무거운 형벌, 곧 몸과 영혼 모두에 영원한 형벌을 내리십니다.³⁾

¹⁾ 출 20:6; 34:6-7. ²⁾ 출 20:5; 23:7; 신 7:9-11; 히 10:30-31. ³⁾ 나 1:2-3; 마 25:45-46; 살후 1:8-9.

출 20:6; 34:6-7 ^{20:6}나를 사랑하고 내 계명을 지키는 자에게는 천 대까지 은혜를 베푸느니라 ^{34:6-7}여호와께서 그의 앞으로 지나시며 선포하시되 여호와라 여호와라 자비롭고 은혜롭고 노하기를 더디하고 인자와 진실이 많은 하나님이라 인자를 천대까지 베풀며 악과 과실과 죄를 용서하리라 그러나 벌을 면제하지는 아니하고 아버지의 악행을 자손 삼사 대까지 보응하리라

출 20:5; 23:7 ^{20:5}그것들에게 절하지 말며 그것들을 섬기지 말라 나 네 하나님 여호와는 질투하는 하나님인즉 나를 미워하는 자의 죄를 갚되 아버지로부터 아들에게로 삼사 대까지 이르게 하거니와 ^{23:7}거짓 일을 멀리 하며 무죄한 자와 의로운 자를 죽이지 말라 나는 악인을 의롭다 하지 아니하겠노라

신 7:9-11 그런즉 너는 알아 오직 네 하나님 여호와는 하나님이시요 신실하신 하나님이시라 그를 사랑하고 그의 계명을 지키는 자에게는 천 대까지 그의 언약을 이행하시며 인애를 베푸시되 그를 미워하는 자에게는 당장에 보응하여 멸하시나니 여호와는 자기를 미워하는 자에게 지체하지 아니하시고 당장에 그에게 보응하시느니라 그런즉 너는 오늘 내가 네게 명하는 명령과 규례와 법도를 지켜

행할지니라

히 10:30-31 원수 갚는 것이 내게 있으니 내가 갚으리라 하시고 또 다시 주께서 그의 백성을 심판하리라 말씀하신 것을 우리가 아노니 살아 계신 하나님의 손에 빠져 들어가는 것이 무서울진저

나 1:2-3 여호와는 질투하시며 보복하시는 하나님이시니라 여호와는 보복하시며 진노하시되 자기를 거스르는 자에게 여호와는 보복하시며 자기를 대적하는 자에게 진노를 품으시며 여호와는 노하기를 더디하시며 권능이 크시며 벌 받을 자를 결코 내버려두지 아니하시느니라 여호와의 길은 회오리바람과 광풍에 있고 구름은 그의 발의 티끌이로다

마 25:45-46 이에 임금이 대답하여 이르시되 내가 진실로 너희에게 이르노니 이 지극히 작은 자 하나에게 하지 아니한 것이 곧 내게 하지 아니한 것이니라 하시리니 그들은 영벌에, 의인들은 영생에 들어가리라 하시니라

살후 1:8-9 하나님을 모르는 자들과 우리 주 예수의 복음에 복종하지 않는 자들에게 형벌을 내리시리니 이런 자들은 주의 얼굴과 그의 힘의 영광을 떠나 영원한 멸망의 형벌을 받으리로다

제 2 부

우리의 구속에 관하여

The Heidelberg Catechism

5주일

12문답

문. 하나님의 의로운 심판에 의해 우리는 이 세상에서 그리고 영원히 형벌을 받아 마땅합니다. 이 형벌을 피하고 다시 하나님의 은혜를 입을 수 있는 길이 있습니까?

답. 하나님께서는 하나님의 공의가 만족되기를 원하십니다.[1] 따라서 우리는 우리 스스로든, 아니면 다른 누군가를 통해서든 하나님의 공의가 완전히 만족되게 해야 합니다.[2]

[1] 창 2:17; 출 20:5; 23:7; 겔 18:4; 히 10:30. [2] 사 53:11; 마 5:26; 롬 8:3-4.

창 2:17 선악을 알게 하는 나무의 열매는 먹지 말라 네가 먹는 날에는 반드시 죽으리라 하시니라

출 20:5; 23:7 20:5그것들에게 절하지 말며 그것들을 섬기지 말라 나 네 하나님 여호와는 질투하는 하나님인즉 나를 미워하는 자의 죄를 갚되 아버지로부터 아들에게로 삼사 대까지 이르게 하거니와 23:7거짓 일을 멀리 하며 무죄한 자와 의로운 자를 죽이지 말라 나는 악인을 의롭다 하지 아니하겠노라

겔 18:4 모든 영혼이 다 내게 속한지라 아버지의 영혼이 내게 속함 같이 그의 아들의 영혼도 내게 속하였나니 범죄하는 그 영혼은 죽으리라

히 10:30 원수 갚는 것이 내게 있으니 내가 갚으리라 하시고 또 다시 주께서 그의 백성을 심판하리라 말씀하신 것을 우리가 아노니

사 53:11 그가 자기 영혼의 수고한 것을 보고 만족하게 여길 것이라 나의 의로운 종이 자기 지식으로 많은 사람을 의롭게 하며 또 그들의 죄악을 친히 담당하리로다

마 5:26 진실로 네게 이르노니 네가 한 푼이라도 남김이 없이 다 갚기 전에는 결코 거기서 나오지 못하리라

롬 8:3-4 율법이 육신으로 말미암아 연약하여 할 수 없는 그것을 하나님은 하시나니 곧 죄로 말미암아 자기 아들을 죄 있는 육신의 모양으로 보내어 육신에 죄를 정하사 육신을 따르지 않고 그 영을 따라 행하는 우리에게 율법의 요구가 이루어지게 하려 하심이니라

13문답

문. 그러면 우리가 스스로 하나님의 공의를 만족시킬 수 있습니까?

답. 결코 그렇지 않습니다. 오히려 우리는 날마다 죄책을 쌓아갈 뿐입니다.[1]

[1] 욥 9:2-3; 시 130:3; 마 6:12; 롬 2:4-5.

욥 9:2-3 진실로 내가 이 일이 그런 줄을 알거니와 인생이 어찌 하나님 앞에 의로우랴 사람이 하나님께 변론하기를 좋아할지라도 천 마디에 한 마디도 대답하지 못하리라

시 130:3 여호와여 주께서 죄악을 지켜보실진대 주여 누가 서리이까

마 6:12 우리가 우리에게 죄 지은 자를 사하여 준 것 같이 우리 죄를 사하여 주시옵고

롬 2:4-5 혹 네가 하나님의 인자하심이 너를 인도하여 회개하게 하심을 알지 못하여 그의 인자하심과 용납하심과 길이 참으심이 풍성함을 멸시하느냐 다만 네 고집과 회개하지 아니한 마음을 따라 진노의 날 곧 하나님의 의로우신 심판이 나타나는 그 날에 임할 진노를 네게 쌓는도다

14문답

문. 단지 피조물에 지나지 않은 것으로서 우리를 대신해 하나님의 공의를 만족시킬 수 있는 존재가 세상에 있습니까?

답. 하나도 없습니다. 우선, 하나님께서는 사람이 범한 죄 때문에 다른 피조물 벌하기를 원하지 않으십니다.[1] 더군다나 단지 피조물에 지나지 않은 어떠한 피조물도 죄에 대한 하나님의 영원한 진노의 무게를 감당할 수 없으며, 다른 피조물을 그 진노에서 구원할 수도 없습니다.[2]

[1] 겔 18:4; 히 2:14-17. [2] 시 49:7-8; 130:3; 나 1:6; 히 10:4.

겔 18:4 모든 영혼이 다 내게 속한지라 아버지의 영혼이 내게 속함 같이 그의 아들의 영혼도 내게 속하였나니 범죄하는 그 영혼은 죽으리라

히 2:14-17 자녀들은 혈과 육에 속하였으매 그도 또한 같은 모양으로 혈과 육을 함께 지니심은 죽음을 통하여 죽음의 세력을 잡은 자 곧 마귀를 멸하시며 또 죽기를 무서워하므로 한평생 매여 종 노릇 하는 모든 자들을 놓아 주려 하심이니 이는 확실히 천사들을 붙들어 주려 하심이 아니요 오직 아브라함의 자손을 붙들어 주

려 하심이라 그러므로 그가 범사에 형제들과 같이 되심이 마땅하도다 이는 하나님의 일에 자비하고 신실한 대제사장이 되어 백성의 죄를 속량하려 하심이라

시 49:7-8; 130:3 ⁴⁹:⁷⁻⁸아무도 자기의 형제를 구원하지 못하며 그를 위한 속전을 하나님께 바치지도 못할 것은 그들의 생명을 속량하는 값이 너무 엄청나서 영원히 마련하지 못할 것임이니라 ¹³⁰:³여호와여 주께서 죄악을 지켜보실진대 주여 누가 서리이까

나 1:6 누가 능히 그의 분노 앞에 서며 누가 능히 그의 진노를 감당하랴 그의 진노가 불처럼 쏟아지니 그로 말미암아 바위들이 깨지는도다

히 10:4 이는 황소와 염소의 피가 능히 죄를 없이 하지 못함이라

15문답

문. 그렇다면 우리는 어떠한 중보자와 구원자를 찾아야 합니까?

답. 참 사람이시면서,¹⁾ 완전히 의로우시고,²⁾ 동시에 모든 피조물보다 능력이 뛰어나신 참 하나님을 찾아야 합니다.³⁾

¹⁾ **고전 15:21; 히 2:17.** ²⁾ **고후 5:21; 히 7:26.** ³⁾ **사 7:14; 9:6; 렘 23:6; 요 1:1; 롬 8:3-4.**

고전 15:21 사망이 한 사람으로 말미암았으니 죽은 자의 부활도 한 사람으로 말미암는도다

히 2:17 그러므로 그가 범사에 형제들과 같이 되심이 마땅하도다 이는 하나님의 일에 자비하고 신실한 대제사장이 되어 백성의 죄를 속량하려 하심이라

고후 5:21 하나님이 죄를 알지도 못하신 이를 우리를 대신하여 죄로 삼으신 것은

우리로 하여금 그 안에서 하나님의 의가 되게 하려 하심이라

히 7:26 이러한 대제사장은 우리에게 합당하니 거룩하고 악이 없고 더러움이 없고 죄인에게서 떠나 계시고 하늘보다 높이 되신 이라

사 7:14; 9:6 $^{7:14}$그러므로 주께서 친히 징조를 너희에게 주실 것이라 보라 처녀가 잉태하여 아들을 낳을 것이요 그의 이름을 임마누엘이라 하리라 $^{9:6}$이는 한 아기가 우리에게 났고 한 아들을 우리에게 주신 바 되었는데 그의 어깨에는 정사를 메었고 그의 이름은 기묘자라, 모사라, 전능하신 하나님이라, 영존하시는 아버지라, 평강의 왕이라 할 것임이라

렘 23:6 그의 날에 유다는 구원을 받겠고 이스라엘은 평안히 살 것이며 그의 이름은 여호와 우리의 공의라 일컬음을 받으리라

요 1:1 태초에 말씀이 계시니라 이 말씀이 하나님과 함께 계셨으니 이 말씀은 곧 하나님이시니라

롬 8:3-4 율법이 육신으로 말미암아 연약하여 할 수 없는 그것을 하나님은 하시나니 곧 죄로 말미암아 자기 아들을 죄 있는 육신의 모양으로 보내어 육신에 죄를 정하사 육신을 따르지 않고 그 영을 따라 행하는 우리에게 율법의 요구가 이루어지게 하려 하심이니라

6주일

16문답

문. 중보자는 왜 참 사람이시면서 완전히 의로우신 분이셔야 합니까?

답. 하나님의 공의는 죄지은 사람이 그 죗값 치르기를 요구합니다.[1] 하지만 그 자신이 죄인인 사람은 다른 사람을 위해 죗값을 치를 수 없기 때문입니다.[2]

[1] 사 53:3–5; 렘 33:15; 겔 18:4, 20; 롬 5:12, 15; 고전 15:21; 히 2:14–16. [2] 시 49:7–8; 히 7:26–27; 벧전 3:18.

사 53:3–5 그는 멸시를 받아 사람들에게 버림 받았으며 간고를 많이 겪었으며 질고를 아는 자라 마치 사람들이 그에게서 얼굴을 가리는 것 같이 멸시를 당하였고 우리도 그를 귀히 여기지 아니하였도다 그는 실로 우리의 질고를 지고 우리의 슬픔을 당하였거늘 우리는 생각하기를 그는 징벌을 받아 하나님께 맞으며 고난을 당한다 하였노라 그가 찔림은 우리의 허물 때문이요 그가 상함은 우리의 죄악 때문이라 그가 징계를 받으므로 우리는 평화를 누리고 그가 채찍에 맞으므로 우리는 나음을 받았도다

렘 33:15 그 날 그 때에 내가 다윗에게서 한 공의로운 가지가 나게 하리니 그가 이 땅에 정의와 공의를 실행할 것이라

겔 18:4, 20 ⁴모든 영혼이 다 내게 속한지라 아버지의 영혼이 내게 속함 같이 그의 아들의 영혼도 내게 속하였나니 범죄하는 그 영혼은 죽으리라 ²⁰범죄하는 그 영혼은 죽을지라 아들은 아버지의 죄악을 담당하지 아니할 것이요 아버지는 아

들의 죄악을 담당하지 아니하리니 의인의 공의도 자기에게로 돌아가고 악인의 악도 자기에게로 돌아가리라

롬 5:12, 15 ¹²그러므로 한 사람으로 말미암아 죄가 세상에 들어오고 죄로 말미암아 사망이 들어왔나니 이와 같이 모든 사람이 죄를 지었으므로 사망이 모든 사람에게 이르렀느니라 ¹⁵그러나 이 은사는 그 범죄와 같지 아니하니 곧 한 사람의 범죄를 인하여 많은 사람이 죽었은즉 더욱 하나님의 은혜와 또한 한 사람 예수 그리스도의 은혜로 말미암은 선물은 많은 사람에게 넘쳤느니라

고전 15:21 사망이 한 사람으로 말미암았으니 죽은 자의 부활도 한 사람으로 말미암는도다

히 2:14-16 자녀들은 혈과 육에 속하였으매 그도 또한 같은 모양으로 혈과 육을 함께 지니심은 죽음을 통하여 죽음의 세력을 잡은 자 곧 마귀를 멸하시며 또 죽기를 무서워하므로 한평생 매여 종 노릇 하는 모든 자들을 놓아 주려 하심이니 이는 확실히 천사들을 붙들어 주려 하심이 아니요 오직 아브라함의 자손을 붙들어 주려 하심이라

시 49:7-8 아무도 자기의 형제를 구원하지 못하며 그를 위한 속전을 하나님께 바치지도 못할 것은 그들의 생명을 속량하는 값이 너무 엄청나서 영원히 마련하지 못할 것임이니라

히 7:26-27 이러한 대제사장은 우리에게 합당하니 거룩하고 악이 없고 더러움이 없고 죄인에게서 떠나 계시고 하늘보다 높이 되신 이라 그는 저 대제사장들이 먼저 자기 죄를 위하고 다음에 백성의 죄를 위하여 날마다 제사 드리는 것과 같이 할 필요가 없으니 이는 그가 단번에 자기를 드려 이루셨음이라

벧전 3:18 그리스도께서도 단번에 죄를 위하여 죽으사 의인으로서 불의한 자를 대신하셨으니 이는 우리를 하나님 앞으로 인도하려 하심이라 육체로는 죽임을 당하시고 영으로는 살리심을 받으셨으니

17문답

문. 중보자는 왜 동시에 참 하나님이셔야 합니까?

답. 중보자가 그의 신적 능력으로[1] 하나님의 진노의 무게를[2] 그의 인성에 짊어지시며,[3] 우리에게 의와 생명을 회복시켜 주시기 위함입니다.

[1] 사 9:6; 롬 1:4; 히 1:3. [2] 신 4:24; 시 130:3; 나 1:6. [3] 사 53:4, 11; 요 10:17-18. [4] 사 53:5, 11; 54:8; 요 3:16; 행 20:28; 고후 5:21; 벧전 3:18.

사 9:6 이는 한 아기가 우리에게 났고 한 아들을 우리에게 주신 바 되었는데 그의 어깨에는 정사를 메었고 그의 이름은 기묘자라, 모사라, 전능하신 하나님이라, 영존하시는 아버지라, 평강의 왕이라 할 것임이라

롬 1:4 성결의 영으로는 죽은 자들 가운데서 부활하사 능력으로 하나님의 아들로 선포되셨으니 곧 우리 주 예수 그리스도시니라

히 1:3 이는 하나님의 영광의 광채시요 그 본체의 형상이시라 그의 능력의 말씀으로 만물을 붙드시며 죄를 정결하게 하는 일을 하시고 높은 곳에 계신 지극히 크신 이의 우편에 앉으셨느니라

신 4:24 네 하나님 여호와는 소멸하는 불이시요 질투하시는 하나님이시니라

시 130:3 여호와여 주께서 죄악을 지켜보실진대 주여 누가 서리이까

나 1:6 누가 능히 그의 분노 앞에 서며 누가 능히 그의 진노를 감당하랴 그의 진노가 불처럼 쏟아지니 그로 말미암아 바위들이 깨지는도다

사 53:4, 11 [4]이는 한 아기가 우리에게 났고 한 아들을 우리에게 주신 바 되었는데 그의 어깨에는 정사를 메었고 그의 이름은 기묘자라, 모사라, 전능하신 하나님이라, 영존하시는 아버지라, 평강의 왕이라 할 것임이라 [11]그가 자기 영혼의 수고한 것을 보고 만족하게 여길 것이라 나의 의로운 종이 자기 지식으로 많은 사람을 의롭게 하며 또 그들의 죄악을 친히 담당하리로다

요 10:17-18 내가 내 목숨을 버리는 것은 그것을 내가 다시 얻기 위함이니 이로 말미암아 아버지께서 나를 사랑하시느니라 이를 내게서 빼앗는 자가 있는 것이 아니라 내가 스스로 버리노라 나는 버릴 권세도 있고 다시 얻을 권세도 있으니 이 계명은 내 아버지에게서 받았노라 하시니라

사 53:5, 11; 54:8 ^{53:5}그가 찔림은 우리의 허물 때문이요 그가 상함은 우리의 죄악 때문이라 그가 징계를 받으므로 우리는 평화를 누리고 그가 채찍에 맞으므로 우리는 나음을 받았도다 ^{53:11}그가 자기 영혼의 수고한 것을 보고 만족하게 여길 것이라 나의 의로운 종이 자기 지식으로 많은 사람을 의롭게 하며 또 그들의 죄악을 친히 담당하리로다 ^{54:8}내가 넘치는 진노로 내 얼굴을 네게서 잠시 가렸으나 영원한 자비로 너를 긍휼히 여기리라 네 구속자 여호와께서 말씀하셨느니라

요 3:16 하나님이 세상을 이처럼 사랑하사 독생자를 주셨으니 이는 그를 믿는 자마다 멸망하지 않고 영생을 얻게 하려 하심이라

행 20:28 여러분은 자기를 위하여 또는 온 양 떼를 위하여 삼가라 성령이 그들 가운데 여러분을 감독자로 삼고 하나님이 자기 피로 사신 교회를 보살피게 하셨느니라

고후 5:21 하나님이 죄를 알지도 못하신 이를 우리를 대신하여 죄로 삼으신 것은 우리로 하여금 그 안에서 하나님의 의가 되게 하려 하심이라

벧전 3:18 그리스도께서도 단번에 죄를 위하여 죽으사 의인으로서 불의한 자를 대신하셨으니 이는 우리를 하나님 앞으로 인도하려 하심이라 육체로는 죽임을 당하시고 영으로는 살리심을 받으셨으니

18문답

문. 그렇다면 참 하나님이시면서[1] 동시에 의로운 참 사람이신[2] 중보자는 누구입니까?[3]

답. 우리 주 예수 그리스도이십니다.[4] 그리스도께서는 하나님으로부터 나와서 우리에게 지혜와 의로움과 거룩함과 구원함이 되셨습니다.[5]

[1] 렘 23:6; 말 3:1; 롬 8:3; 갈 4:4; 요일 5:20. [2] 눅 1:42; 2:6-7; 롬 1:3; 빌 2:7; 히 2:14, 17; 4:15. [3] 사 53:9, 11; 렘 23:5; 눅 1:35; 요 8:46; 히 4:15; 7:26; 벧전 1:19; 2:22; 3:18; 요일 3:5. [4] 마 1:23; 눅 2:11; 요 1:1, 14; 14:6; 롬 9:5; 딤전 2:5; 3:16; 히 2:9. [5] 고전 1:30; 고후 5:21.

렘 23:6 그의 날에 유다는 구원을 받겠고 이스라엘은 평안히 살 것이며 그의 이름은 여호와 우리의 공의라 일컬음을 받으리라

말 3:1 만군의 여호와가 이르노라 보라 내가 내 사자를 보내리니 그가 내 앞에서 길을 준비할 것이요 또 너희가 구하는 바 주가 갑자기 그의 성전에 임하시리니 곧 너희가 사모하는 바 언약의 사자가 임하실 것이라

롬 8:3 율법이 육신으로 말미암아 연약하여 할 수 없는 그것을 하나님은 하시나니 곧 죄로 말미암아 자기 아들을 죄 있는 육신의 모양으로 보내어 육신에 죄를 정하사

갈 4:4 때가 차매 하나님이 그 아들을 보내사 여자에게서 나게 하시고 율법 아래에 나게 하신 것은

요일 5:20 또 아는 것은 하나님의 아들이 이르러 우리에게 지각을 주사 우리로 참된 자를 알게 하신 것과 또한 우리가 참된 자 곧 그의 아들 예수 그리스도 안에 있는 것이니 그는 참 하나님이시요 영생이시라

눅 1:42; 2:6-7 [1:42]큰 소리로 불러 이르되 여자 중에 네가 복이 있으며 네 태중의

아이도 복이 있도다 ^{2:6-7}거기 있을 그 때에 해산할 날이 차서 첫아들을 낳아 강보로 싸서 구유에 뉘었으니 이는 여관에 있을 곳이 없음이러라

롬 1:3 그의 아들에 관하여 말하면 육신으로는 다윗의 혈통에서 나셨고

빌 2:7 오히려 자기를 비워 종의 형체를 가지사 사람들과 같이 되셨고

히 2:14, 17; 4:15 ^{2:14}자녀들은 혈과 육에 속하였으매 그도 또한 같은 모양으로 혈과 육을 함께 지니심은 죽음을 통하여 죽음의 세력을 잡은 자 곧 마귀를 멸하시며 ^{2:17}그러므로 그가 범사에 형제들과 같이 되심이 마땅하도다 이는 하나님의 일에 자비하고 신실한 대제사장이 되어 백성의 죄를 속량하려 하심이라 ^{4:15}우리에게 있는 대제사장은 우리의 연약함을 동정하지 못하실 이가 아니요 모든 일에 우리와 똑같이 시험을 받으신 이로되 죄는 없으시니라

사 53:9, 11 ⁹그는 강포를 행하지 아니하였고 그의 입에 거짓이 없었으나 그의 무덤이 악인들과 함께 있었으며 그가 죽은 후에 부자와 함께 있었도다 ¹¹그가 자기 영혼의 수고한 것을 보고 만족하게 여길 것이라 나의 의로운 종이 자기 지식으로 많은 사람을 의롭게 하며 또 그들의 죄악을 친히 담당하리로다

렘 23:5 여호와의 말씀이니라 보라 때가 이르리니 내가 다윗에게 한 의로운 가지를 일으킬 것이라 그가 왕이 되어 지혜롭게 다스리며 세상에서 정의와 공의를 행할 것이며

눅 1:35 천사가 대답하여 이르되 성령이 네게 임하시고 지극히 높으신 이의 능력이 너를 덮으시리니 이러므로 나실 바 거룩한 이는 하나님의 아들이라 일컬어지리라

요 8:46 너희 중에 누가 나를 죄로 책잡겠느냐 내가 진리를 말하는데도 어찌하여 나를 믿지 아니하느냐

히 4:15; 7:26 ^{4:15}우리에게 있는 대제사장은 우리의 연약함을 동정하지 못하실 이가 아니요 모든 일에 우리와 똑같이 시험을 받으신 이로되 죄는 없으시니라 ^{7:26}이러한 대제사장은 우리에게 합당하니 거룩하고 악이 없고 더러움이 없고 죄인에게서 떠나 계시고 하늘보다 높이 되신 이라

벧전 1:19; 2:22; 3:18 ^{1:19}오직 흠 없고 점 없는 어린 양 같은 그리스도의 보배로

운 피로 된 것이니라 ²:²²그는 죄를 범하지 아니하시고 그 입에 거짓도 없으시며 ³:¹⁸그리스도께서도 단번에 죄를 위하여 죽으사 의인으로서 불의한 자를 대신하셨으니 이는 우리를 하나님 앞으로 인도하려 하심이라 육체로는 죽임을 당하시고 영으로는 살리심을 받으셨으니

요일 3:5 그가 우리 죄를 없애려고 나타나신 것을 너희가 아나니 그에게는 죄가 없느니라

마 1:23 보라 처녀가 잉태하여 아들을 낳을 것이요 그의 이름은 임마누엘이라 하리라 하셨으니 이를 번역한즉 하나님이 우리와 함께 계시다 함이라

눅 2:11 오늘 다윗의 동네에 너희를 위하여 구주가 나셨으니 곧 그리스도 주시니라

요 1:1, 14; 14:6 ¹:¹태초에 말씀이 계시니라 이 말씀이 하나님과 함께 계셨으니 이 말씀은 곧 하나님이시니라 ¹:¹⁴말씀이 육신이 되어 우리 가운데 거하시매 우리가 그의 영광을 보니 아버지의 독생자의 영광이요 은혜와 진리가 충만하더라 ¹⁴:⁶예수께서 이르시되 내가 곧 길이요 진리요 생명이니 나로 말미암지 않고는 아버지께로 올 자가 없느니라

롬 9:5 조상들도 그들의 것이요 육신으로 하면 그리스도가 그들에게서 나셨으니 그는 만물 위에 계셔서 세세에 찬양을 받으실 하나님이시니라 아멘

딤전 2:5; 3:16 ²:⁵하나님은 한 분이시요 또 하나님과 사람 사이에 중보자도 한 분이시니 곧 사람이신 그리스도 예수라 ³:¹⁶크도다 경건의 비밀이여, 그렇지 않다 하는 이 없도다 그는 육신으로 나타난 바 되시고 영으로 의롭다 하심을 받으시고 천사들에게 보이시고 만국에서 전파되시고 세상에서 믿은 바 되시고 영광 가운데서 올려지셨느니라

히 2:9 오직 우리가 천사들보다 잠시 동안 못하게 하심을 입은 자 곧 죽음의 고난 받으심으로 말미암아 영광과 존귀로 관을 쓰신 예수를 보니 이를 행하심은 하나님의 은혜로 말미암아 모든 사람을 위하여 죽음을 맛보려 하심이라

고전 1:30 너희는 하나님으로부터 나서 그리스도 예수 안에 있고 예수는 하나님으로부터 나와서 우리에게 지혜와 의로움과 거룩함과 구원함이 되셨으니

고후 5:21 하나님이 죄를 알지도 못하신 이를 우리를 대신하여 죄로 삼으신 것은 우리로 하여금 그 안에서 하나님의 의가 되게 하려 하심이라

19문답

문. 당신은 이것을 어떻게 압니까?

답. 거룩한 복음을 통해 압니다. 하나님께서는 친히 이 복음을 에덴동산에서 처음 계시하셨고,[1] 이후에는 족장들과 [2] 선지자들을[3] 통해 선포하셨으며, 율법 제사들과 여러 의식으로써 나타내셨고,[4] 마지막에는 하나님의 독생자를 통해 이 복음을 성취하셨습니다.[5]

[1] 창 3:15. [2] 창 12:3; 22:18; 26:4; 28:14; 49:10. [3] 사 42:1-4; 43:25; 49:6; 52:13-53:12; 렘 23:5-6; 31:32-33; 미 7:18-20; 요 5:46; 행 3:22-24; 10:43; 롬 1:2; 히 1:1. [4] 레 1-7; 골 2:17; 히 10:1, 7. [5] 롬 10:4; 갈 3:24; 4:4-5; 골 2:17; 히 1:1-2.

창 3:15 내가 너로 여자와 원수가 되게 하고 네 후손도 여자의 후손과 원수가 되게 하리니 여자의 후손은 네 머리를 상하게 할 것이요 너는 그의 발꿈치를 상하게 할 것이니라 하시고

창 12:3; 22:18; 26:4; 28:14; 49:10 ¹²:³너를 축복하는 자에게는 내가 복을 내리고 너를 저주하는 자에게는 내가 저주하리니 땅의 모든 족속이 너로 말미암아 복을 얻을 것이라 하신지라 ²²:¹⁸또 네 씨로 말미암아 천하 만민이 복을 받으리니 이는 네가 나의 말을 준행하였음이니라 하셨다 하니라 ²⁶:⁴네 자손을 하늘의 별과 같이 번성하게 하며 이 모든 땅을 네 자손에게 주리니 네 자손으로 말미암아 천하 만민

이 복을 받으리라 ²⁸:¹⁴네 자손이 땅의 티끌 같이 되어 네가 서쪽과 동쪽과 북쪽과 남쪽으로 퍼져나갈지며 땅의 모든 족속이 너와 네 자손으로 말미암아 복을 받으리라 ⁴⁹:¹⁰규가 유다를 떠나지 아니하며 통치자의 지팡이가 그 발 사이에서 떠나지 아니하기를 실로가 오시기까지 이르리니 그에게 모든 백성이 복종하리로다

사 42:1-4; 43:25; 49:6; 52:13-53:12 ⁴²:¹⁻⁴내가 붙드는 나의 종 내 마음에 기뻐하는 자 곧 내가 택한 사람을 보라 내가 나의 영을 그에게 주었은즉 그가 이방에 정의를 베풀리라 그는 외치지 아니하며 목소리를 높이지 아니하며 그 소리를 거리에 들리게 하지 아니하며 상한 갈대를 꺾지 아니하며 꺼져가는 등불을 끄지 아니하고 진실로 정의를 시행할 것이며 그는 쇠하지 아니하며 낙담하지 아니하고 세상에 정의를 세우기에 이르리니 섬들이 그 교훈을 앙망하리라 ⁴³:²⁵나 곧 나는 나를 위하여 네 허물을 도말하는 자니 네 죄를 기억하지 아니하리라 ⁴⁹:⁶그가 이르시되 네가 나의 종이 되어 야곱의 지파들을 일으키며 이스라엘 중에 보전된 자를 돌아오게 할 것은 매우 쉬운 일이라 내가 또 너를 이방의 빛으로 삼아 나의 구원을 베풀어서 땅 끝까지 이르게 하리라 ⁵²:¹³⁻⁵³:¹²보라 내 종이 형통하리니 받들어 높이 들려서 지극히 존귀하게 되리라 전에는 그의 모양이 타인보다 상하였고 그의 모습이 사람들보다 상하였으므로 많은 사람이 그에 대하여 놀랐거니와 그가 나라들을 놀라게 할 것이며 왕들은 그로 말미암아 그들의 입을 봉하리니 이는 그들이 아직 그들에게 전파되지 아니한 것을 볼 것이요 아직 듣지 못한 것을 깨달을 것임이라 우리가 전한 것을 누가 믿었느냐 여호와의 팔이 누구에게 나타났느냐 그는 주 앞에서 자라나기를 연한 순 같고 마른 땅에서 나온 뿌리 같아서 고운 모양도 없고 풍채도 없은즉 우리가 보기에 흠모할 만한 아름다운 것이 없도다 그는 멸시를 받아 사람들에게 버림 받았으며 간고를 많이 겪었으며 질고를 아는 자라 마치 사람들이 그에게서 얼굴을 가리는 것 같이 멸시를 당하였고 우리도 그를 귀히 여기지 아니하였도다 그는 실로 우리의 질고를 지고 우리의 슬픔을 당하였거늘 우리는 생각하기를 그는 징벌을 받아 하나님께 맞으며 고난을 당한다 하였노라 그가 찔림은 우리의 허물 때문이요 그가 상함은 우리의 죄악 때문이라 그가 징계를 받으므로 우리는 평화를 누리고 그가 채찍에 맞으므로 우리는 나음을 받

앉도다 우리는 다 양 같아서 그릇 행하여 각기 제 길로 갔거늘 여호와께서는 우리 모두의 죄악을 그에게 담당시키셨도다 그가 곤욕을 당하여 괴로울 때에도 그의 입을 열지 아니하였음이여 마치 도수장으로 끌려 가는 어린 양과 털 깎는 자 앞에서 잠잠한 양 같이 그의 입을 열지 아니하였도다 그는 곤욕과 심문을 당하고 끌려 갔으나 그 세대 중에 누가 생각하기를 그가 살아 있는 자들의 땅에서 끊어짐은 마땅히 형벌 받을 내 백성의 허물 때문이라 하였으리요 그는 강포를 행하지 아니하였고 그의 입에 거짓이 없었으나 그의 무덤이 악인들과 함께 있었으며 그가 죽은 후에 부자와 함께 있었도다 여호와께서 그에게 상함을 받게 하시기를 원하사 질고를 당하게 하셨은즉 그의 영혼을 속건제물로 드리기에 이르면 그가 씨를 보게 되며 그의 날은 길 것이요 또 그의 손으로 여호와께서 기뻐하시는 뜻을 성취하리로다 그가 자기 영혼의 수고한 것을 보고 만족하게 여길 것이라 나의 의로운 종이 자기 지식으로 많은 사람을 의롭게 하며 또 그들의 죄악을 친히 담당하리로다 그러므로 내가 그에게 존귀한 자와 함께 몫을 받게 하며 강한 자와 함께 탈취한 것을 나누게 하리니 이는 그가 자기 영혼을 버려 사망에 이르게 하며 범죄자 중 하나로 헤아림을 받았음이니라 그러나 그가 많은 사람의 죄를 담당하며 범죄자를 위하여 기도하였느니라

렘 23:5-6; 31:32-33 [23:5-6]여호와의 말씀이니라 보라 때가 이르리니 내가 다윗에게 한 의로운 가지를 일으킬 것이라 그가 왕이 되어 지혜롭게 다스리며 세상에서 정의와 공의를 행할 것이며 그의 날에 유다는 구원을 받겠고 이스라엘은 평안히 살 것이며 그의 이름은 여호와 우리의 공의라 일컬음을 받으리라 [31:32-33]이 언약은 내가 그들의 조상들의 손을 잡고 애굽 땅에서 인도하여 내던 날에 맺은 것과 같지 아니할 것은 내가 그들의 남편이 되었어도 그들이 내 언약을 깨뜨렸음이라 여호와의 말씀이니라 그러나 그 날 후에 내가 이스라엘 집과 맺을 언약은 이러하니 곧 내가 나의 법을 그들의 속에 두며 그들의 마음에 기록하여 나는 그들의 하나님이 되고 그들은 내 백성이 될 것이라 여호와의 말씀이니라

미 7:18-20 주와 같은 신이 어디 있으리이까 주께서는 죄악과 그 기업에 남은 자의 허물을 사유하시며 인애를 기뻐하시므로 진노를 오래 품지 아니하시나이다

다시 우리를 불쌍히 여기셔서 우리의 죄악을 발로 밟으시고 우리의 모든 죄를 깊은 바다에 던지시리이다 주께서 옛적에 우리 조상들에게 맹세하신 대로 야곱에게 성실을 베푸시며 아브라함에게 인애를 더하시리이다

요 5:46 모세를 믿었더라면 또 나를 믿었으리니 이는 그가 내게 대하여 기록하였음이라

행 3:22-24; 10:43 ³:²²⁻²⁴모세가 말하되 주 하나님이 너희를 위하여 너희 형제 가운데서 나 같은 선지자 하나를 세울 것이니 너희가 무엇이든지 그의 모든 말을 들을 것이라 누구든지 그 선지자의 말을 듣지 아니하는 자는 백성 중에서 멸망 받으리라 하였고 또한 사무엘 때부터 이어 말한 모든 선지자도 이 때를 가리켜 말하였느니라 ¹⁰:⁴³그에 대하여 모든 선지자도 증언하되 그를 믿는 사람들이 다 그의 이름을 힘입어 죄 사함을 받는다 하였느니라

롬 1:2 이 복음은 하나님이 선지자들을 통하여 그의 아들에 관하여 성경에 미리 약속하신 것이라

히 1:1 옛적에 선지자들을 통하여 여러 부분과 여러 모양으로 우리 조상들에게 말씀하신 하나님이

레 1-7 ¹:⁸여호와께서 회막에서 모세를 부르시고 그에게 말씀하여 이르시되 이스라엘 자손에게 말하여 이르라 너희 중에 누구든지 여호와께 예물을 드리려거든 가축 중에서 소나 양으로 예물을 드릴지니라 그 예물이 소의 번제이면 흠 없는 수컷으로 회막 문에서 여호와 앞에 기쁘게 받으시도록 드릴지니라 그는 번제물의 머리에 안수할지니 그를 위하여 기쁘게 받으심이 되어 그를 위하여 속죄가 될 것이라 그는 여호와 앞에서 그 수송아지를 잡을 것이요 아론의 자손 제사장들은 그 피를 가져다가 회막 문 앞 제단 사방에 뿌릴 것이며 그는 또 그 번제물의 가죽을 벗기고 각을 뜰 것이요 제사장 아론의 자손들은 제단 위에 불을 붙이고 불 위에 나무를 벌여 놓고 아론의 자손 제사장들은 그 뜬 각과 머리와 기름을 제단 위의 불 위에 있는 나무에 벌여 놓을 것이며 그 내장과 정강이를 물로 씻을 것이요 제사장은 그 전부를 제단 위에서 불살라 번제를 드릴지니 이는 화제라 여호와께 향기로운 냄새니라 만일 그 예물이 가축 떼의 양이나 염소의 번제이면 흠 없는 수컷

으로 드릴지니 그가 제단 북쪽 여호와 앞에서 그것을 잡을 것이요 아론의 자손 제사장들은 그것의 피를 제단 사방에 뿌릴 것이며 그는 그것의 각을 뜨고 그것의 머리와 그것의 기름을 베어낼 것이요 제사장은 그것을 다 제단 위의 불 위에 있는 나무 위에 벌여 놓을 것이며 그 내장과 그 정강이를 물로 씻을 것이요 제사장은 그 전부를 가져다가 제단 위에서 불살라 번제를 드릴지니 이는 화제라 여호와께 향기로운 냄새니라 만일 여호와께 드리는 예물이 새의 번제이면 산비둘기나 집비둘기 새끼로 예물을 드릴 것이요 제사장은 그것을 제단으로 가져다가 그것의 머리를 비틀어 끊고 제단 위에서 불사르고 피는 제단 곁에 흘릴 것이며 그것의 모이주머니와 그 더러운 것은 제거하여 제단 동쪽 재 버리는 곳에 던지고 또 그 날개 자리에서 그 몸을 찢되 아주 찢지 말고 제사장이 그것을 제단 위의 불 위에 있는 나무 위에서 불살라 번제를 드릴지니 이는 화제라 여호와께 향기로운 냄새니라 ^{2장}누구든지 소제의 예물을 여호와께 드리려거든 고운 가루로 예물을 삼아 그 위에 기름을 붓고 또 그 위에 유향을 놓아 아론의 자손 제사장들에게로 가져갈 것이요 제사장은 그 고운 가루 한 움큼과 기름과 그 모든 유향을 가져다가 기념물로 제단 위에서 불사를지니 이는 화제라 여호와께 향기로운 냄새니라 그 소제물의 남은 것은 아론과 그의 자손에게 돌릴지니 이는 여호와의 화제물 중에 지극히 거룩한 것이니라 네가 화덕에 구운 것으로 소제의 예물을 드리려거든 고운 가루에 기름을 섞어 만든 무교병이나 기름을 바른 무교전병을 드릴 것이요 철판에 부친 것으로 소제의 예물을 드리려거든 고운 가루에 누룩을 넣지 말고 기름을 섞어 조각으로 나누고 그 위에 기름을 부을지니 이는 소제니라 네가 냄비의 것으로 소제를 드리려거든 고운 가루와 기름을 섞어 만들지니라 너는 이것들로 만든 소제물을 여호와께로 가져다가 제사장에게 줄 것이요 제사장은 그것을 제단으로 가져가서 그 소제물 중에서 기념할 것을 가져다가 제단 위에서 불사를지니 이는 화제라 여호와께 향기로운 냄새니라 소제물의 남은 것은 아론과 그의 아들들에게 돌릴지니 이는 여호와의 화제물 중에 지극히 거룩한 것이니라 너희가 여호와께 드리는 모든 소제물에는 누룩을 넣지 말지니 너희가 누룩이나 꿀을 여호와께 화제로 드려 사르지 못할지니라 처음 익은 것으로는 그것을 여호와께 드리려니와 향기로운 냄새를 위하여는 제단에 올리지 말지며 네 모든 소제물에 소금을 치라 네 하나님의 언약의 소금을 네 소제에 빼지 못할지니 네 모든 예물에 소금을 드릴지니라 너는 첫 이삭의 소제를 여호와께 드리거든 첫 이삭을 볶아 찧은 것으로 네 소제를 삼되 그 위에 기름을 붓고 그 위에 유향을 더할지니 이는 소제니라 제사장은 찧은 곡식과 기름을 모든 유향과 함께 기념물로 불사를지니 이는 여호와께 드리는 화제니라 ³⁾사람이 만일 화목제의 제물을 예물로 드리되 소로 드리려면 수컷이나 암컷이나 흠 없는 것으로 여호와 앞에 드릴지니 그 예물의 머리에 안수하고 회막 문에서 잡을 것이요 아론의 자손 제사장들은 그 피를 제단 사방에 뿌릴 것이며 그는 또 그 화목제의 제물 중에서 여호와께 화제를 드릴지니 곧 내장에 덮인 기름과 내장에 붙은 모든 기름과 두 콩팥과 그 위의 기름 곧 허리 쪽에 있는 것과 간에 덮인 꺼풀을 콩팥과 함께 떼어낼 것이요 아론의 자손은 그것을 제단 위의 불 위에 있는 나무 위의 번제물 위에서 사를지니 이는 화제라 여호와께 향기로운 냄새니라 만일 여호와께 예물로 드리는 화목제의 제물이 양이면 수컷이나 암컷이나 흠 없는 것으로 드리며 만일 그의 예물로 드리는 것이 어린 양이면 그것을 여호와 앞으로 끌어다가 그 예물의 머리에 안수하고 회막 앞에서 잡을 것이요 아론의 자손은 그 피를 제단 사방에 뿌릴 것이며 그는 그 화목제의 제물 중에서 여호와께 화제를 드릴지니 그 기름 곧 미골에서 벤 기름진 꼬리와 내장에 덮인 기름과 내장에 붙은 모든 기름과 두 콩팥과 그 위의 기름 곧 허리쪽에 있는 것과 간에 덮인 꺼풀을 콩팥과 함께 떼어낼 것이요 제사장은 그것을 제단 위에서 불사를지니 이는 화제로 여호와께 드리는 음식이니라 만일 그의 예물이 염소면 그것을 여호와 앞으로 끌어다가 그것의 머리에 안수하고 회막 앞에서 잡을 것이요 아론의 자손은 그 피를 제단 사방에 뿌릴 것이며 그는 그 중에서 예물을 가져다가 여호와께 화제를 드릴지니 곧 내장에 덮인 기름과 내장에 붙은 모든 기름과 두 콩팥과 그 위의 기름 곧 허리 쪽에 있는 것과 간에 덮인 꺼풀을 콩팥과 함께 떼어낼 것이요 제사장은 그것을 제단 위에서 불사를지니 이는 화제로 드리는 음식이요 향기로운 냄새라 모든 기름은 여호와의 것이니라 너희는 기름과 피를 먹지 말라 이는 너희의 모든 처소에서 너희 대대로 지킬 영원한 규례니라 ⁴⁾여호와께서 모세에게 말씀하여 이르시되 이스라엘 자손에게 말하여 이르라 누구든지 여호와의 계명 중 하나라도 그릇 범하였으되 만일 기름 부음을 받은 제사장이 범죄하여 백성의 허물이 되었으면 그가 범한 죄로 말미암아 흠 없는 수송아지로 속죄제물을 삼아 여호와께 드릴지니 그 수송아지를 회막 문 여호와 앞으로 끌어다가 그 수송아지의 머리에 안수하고 그것을 여호와 앞에서 잡을 것이요 기름 부음을 받은 제사장은 그 수송아지의 피를 가지고 회막에 들어가서 그 제사장이 손가락에 그 피를 찍어 여호와 앞 곧 성소의 휘장 앞에 일곱 번 뿌릴 것이며 제사장은 또 그 피를 여호와 앞 곧 회막 안 향단 뿔들에 바르고 그 송아지의 피 전부를 회막 문 앞 번제단 밑에 쏟을 것이며 또 그 속죄제물이 된 수송아지의 모든 기름을 떼어낼지니 곧 내장에 덮인 기름과 내장에 붙은 모든 기름과 두 콩팥과 그 위의 기름 곧 허리쪽에 있는 것과 간에 덮인 꺼풀을 콩팥과 함께 떼어내되 화목제 제물의 소에게서 떼어 냄 같이 할 것이요 제사장은 그것을 번제단 위에서 불사를 것이며 그 수송아지의 가죽과 그 모든 고기와 그것의 머리와 정강이와 내장과 똥 곧 그 송아지의 전체를 진영 바깥 재 버리는 곳인 정결한 곳으로 가져다가 불로 나무 위에서 사르되 곧 재 버리는 곳에서 불사를지니라 만일 이스라엘 온 회중이 여호와의 계명 중 하나라도 부지중에 범하여 허물이 있으나 스스로 깨닫지 못하다가 그 범한 죄를 깨달으면 회중은 수송아지를 속죄제로 드릴지니 그것을 회막 앞으로 끌어다가 회중의 장로들이 여호와 앞에서 그 수송아지 머리에 안수하고 그것을 여호와 앞에서 잡을 것이요 기름 부음을 받은 제사장은 그 수송아지의 피를 가지고 회막에 들어가서 그 제사장이 손가락으로 그 피를 찍어 여호와 앞, 휘장 앞에 일곱 번 뿌릴 것이며 또 그 피로 회막 안 여호와 앞에 있는 제단 뿔들에 바르고 그 피 전부는 회막 문 앞 번제단 밑에 쏟을 것이며 그것의 기름은 다 떼어 제단 위에서 불사르되 그 송아지를 속죄제의 수송아지에게 한 것 같이 할지며 제사장이 그것으로 회중을 위하여 속죄한즉 그들이 사함을 받으리라 그는 그 수송아지를 진영 밖으로 가져다가 첫번 수송아지를 사름 같이 불사를지니 이는 회중의 속죄제니라 만일 족장이 그의 하나님 여호와의 계명 중 하나라도 부지중에 범하여 허물이 있었는데 그가 범한 죄를 누가 그에게 깨우쳐 주면 그는 흠 없는 숫염소를 예물로 가져다가 그 숫염소의 머리에 안수하고 여호와 앞 번제물을 잡는 곳에서 잡을지니 이는 속죄제라 제사장은 그 속죄 제물의 피를 손가락에 찍어 번제단 뿔들에 바르고 그 피는 번제단 밑에 쏟고 그 모든 기름은 화목제 제물의 기름 같이 제단 위에서 불사를지니 이같이 제사장이 그 범한 죄에 대하여 그를 위하여 속죄한즉 그가 사함을 얻으리라 만일 평민의 한 사람이 여호와의 계명 중 하나라도 부지중에 범하여 허물이 있었는데 그가 범한 죄를 누가 그에게 깨우쳐 주면 그는 흠 없는 암염소를 끌고 와서 그 범한 죄로 말미암아 그것을 예물로 삼아 그 속죄제물의 머리에 안수하고 그 제물을 번제물을 잡는 곳에서 잡을 것이요 제사장은 손가락으로 그 피를 찍어 번제단 뿔들에 바르고 그 피 전부를 제단 밑에 쏟고 그 모든 기름을 화목제 물의 기름을 떼어낸 것 같이 떼어내 제단 위에서 불살라 여호와께 향기롭게 할지니 제사장이 그를 위하여 속죄한즉 그가 사함을 받으리라 그가 만일 어린 양을 속죄제물로 가져오려거든 흠 없는 암컷을 끌어다가 그 속죄제 제물의 머리에 안수하고 번제물을 잡는 곳에서 속죄제물로 잡을 것이요 제사장은 그 속죄제물의 피를 손가락으로 찍어 번제단 뿔들에 바르고 그 피는 전부 제단 밑에 쏟고 그 모든 기름을 화목제 어린 양의 기름을 떼낸 것 같이 떼어내 제단 위 여호와의 화제물 위에서 불사를지니 이같이 제사장이 그가 범한 죄에 대하여 그를 위하여 속죄한즉 그가 사함을 받으리라 ⁵¹만일 누구든지 저주하는 소리를 듣고서도 증인이 되어 그가 본 것이나 알고 있는 것을 알리지 아니하면 그는 자기의 죄를 져야 할 것이요 그 허물이 그에게로 돌아갈 것이며 만일 누구든지 부정한 것들 곧 부정한 들짐승의 사체나 부정한 가축의 사체나 부정한 곤충의 사체를 만졌으면 부지중이라고 할지라도 그 몸이 더러워져서 허물이 있을 것이요 만일 부지중에 어떤 사람의 부정에 닿았는데 그 사람의 부정이 어떠한 부정이든지 그것을 깨달았을 때에는 허물이 있을 것이요 만일 누구든지 입술로 맹세하여 악한 일이든지 선한 일이든지 하리라고 함부로 말하면 그 사람이 함부로 말하여 맹세한 것이 무엇이든지 그가 깨닫지 못하다가 그것을 깨닫게 되었을 때에는 그 중 하나에 그에게 허물이 있을 것이니 이 중 하나에 허물이 있을 때에는 아무 일에 잘못하였노라 자복하고 그 잘못으로 말미암아 여호와께 속죄제를 드리되 양 떼의 암컷 어린 양이나 염소를 끌어다가 속죄제를 드릴 것이요 제사장은 그의 허물을 위하여 속죄할지니라 만일 그의 힘이 어린 양을 바치는 데에 미치지 못하면 그가 지은 죄를 속죄하기 위하여 산비둘기 두 마리나 집비둘기 새끼 두 마리를 여호와께로 가져가되 하나는 속죄제물을 삼고 하나는 번제물을 삼아 제사장에게로 가져갈 것이요 제사장은 그 속죄제물을 먼저 드리되 그 머리를 목에서 비틀어 끊고 몸은 아주 쪼개지 말며 그 속죄제물의 피를 제단 곁에 뿌리고 그 남은 피는 제단 밑에 흘릴지니 이는 속죄제요 그 다음 것은 규례대로 번제를 드릴지니 제사장이 그의 잘못을 위하여 속죄한즉 그가 사함을 받으리라 만일 그의 손이 산비둘기 두 마리나 집비둘기 두 마리에도 미치지 못하면 그의 범죄로 말미암아 고운 가루 십분의 일 에바를 예물로 가져다가 속죄제물로 드리되 이는 속죄제인즉 그 위에 기름을 붓지 말며 유향을 놓지 말고 그것을 제사장에게로 가져갈 것이요 제사장은 그것을 기념물로 한 움큼을 가져다가 제단 위 여호와의 화제물 위에서 불사를지니 이는 속죄제라 제사장이 그가 이 중에서 하나를 범하여 얻은 허물을 위하여 속죄한즉 그가 사함을 받으리라 그 나머지는 소제물 같이 제사장에게 돌릴지니라 여호와께서 모세에게 말씀하여 이르시되 누구든지 여호와의 성물에 대하여 부지중에 범죄하였으면 여호와께 속건제를 드리되 네가 지정한 가치를 따라 성소의 세겔로 몇 세겔 은에 상당한 흠 없는 숫양을 양 떼 중에서 끌어다가 속건제로 드려서 성물에 대한 잘못을 보상하되 그것에 오분의 일을 더하여 제사장에게 줄 것이요 제사장은 그 속건제의 숫양으로 그를 위하여 속죄한즉 그가 사함을 받으리라 만일 누구든지 여호와의 계명 중 하나를 부지중에 범하여도 허물이라 벌을 당할 것이니 그는 네가 지정한 가치대로 양 떼 중 흠 없는 숫양을 속건제물로 제사장에게로 가져갈 것이요 제사장은 그가 부지중에 범죄한 허물을 위하여 속죄한즉 그가 사함을 받으리라 이는 속건제니 그가 여호와 앞에 참으로 잘못을 저질렀음이니라 [6장]여호와께서 모세에게 말씀하여 이르시되 누구든지 여호와께 신실하지 못하여 범죄하되 곧 이웃이 맡긴 물건이나 전당물을 속이거나 도둑질하거나 착취하고도 사실을 부인하거나 남의 잃은 물건을 줍고도 사실을 부인하여 거짓 맹세하는 등 사람이 이 모든 일 중의 하나라도 행하여 범죄하면 이는 죄를 범하였고 죄가 있는 자니 그 훔친 것이나 착취한 것이나 맡은 것이나 잃은 물건을 주운 것이나 그 거짓 맹세한 모든 물건을 돌려보내되 곧 그 본래 물건에 오분의 일을 더하여 돌려보낼 것이니 그 죄가 드러나는 날에 그 임자에게 줄 것이요 그는 또 그 속건제물을 여호와께 가져갈지니 곧 네가 지정한 가치대로 양 떼 중 흠 없는 숫양을 속건제물을 위하여 제사장에게로 끌고 갈 것이요 제사장은 여호와 앞에서 그를 위하여 속죄한즉 그는 무슨 허물이든지 사함을 받으리라 여호와께서 모세에게 말씀하여 이르시되 아론과 그의 자손에게 명령하여 이르라 번제의 규례는 이러하니라 번제물은 아침까지 제단 위에 있는 석쇠 위에 두고 제단의 불이 그 위에서 꺼지지 않게 할 것이요 제사장은 세마포 긴 옷을 입고 세마포 속바지로 하체를 가리고 제단 위에서 불태운 번제의 재를 가져다가 제단 곁에 두고 그 옷을 벗고 다른 옷을 입고 그 재를 진영 바깥 정결한 곳으로 가져갈 것이요 제단 위의 불은 항상 피워 꺼지지 않게 할지니 제사장은 아침마다 나무를 그 위에서 태우고 번제물을 그 위에 벌여 놓고 화목제의 기름을 그 위에서 불사를지며 불은 끊임이 없이 제단 위에 피워 꺼지지 않게 할지니라 소제의 규례는 이러하니라 아론의 자손은 그것을 제단 앞 여호와 앞에 드리되 그 소제의 고운 가루 한 움큼과 기름과 소제물 위의 유향을 다 가져다가 기념물로 제단 위에서 불살라 여호와 앞에 향기로운 냄새가 되게 하고 그 나머지는 아론과 그의 자손이 먹되 누룩을 넣지 말고 거룩한 곳 회막 뜰에서 먹을지니라 그것에 누룩을 넣어 굽지 말라 이는 나의 화제물 중에서 내가 그들에게 주어 그들의 소득이 되게 하는 것이라 속죄제와 속건제 같이 지극히 거룩한즉 아론 자손의 남자는 모두 이를 먹을지니 이는 여호와의 화제물 중에서 대대로 그들의 영원한 소득이 됨이라 이를 만지는 자마다 거룩하리라 여호와께서 모세에게 말씀하여 이르시되 아론과 그의 자손이 기름 부음을 받는 날에 여호와께 드릴 예물은 이러하니라 고운 가루 십분의 일 에바를 항상 드리는 소제물로 삼아 그 절반은 아침에, 절반은 저녁에 드리되 그것을 기름으로 반죽하여 철판에 굽고 기름에 적셔 썰어서 소제로 여호와께 드려 향기로운 냄새가 되게 하라 이 소제는 아론의 자손 중 기름 부음을 받고 그를 이어 제사장 된 자가 드릴 것이요 영원한 규례로 여호와께 온전히 불사를 것이니 제사장의 모든 소제물은 온전히 불사르고 먹지 말지니라 여호와께서 모세에게 말씀하여 이르시되 아론과 그의 아들들에게 말하여 이르라 속죄제의 규례는 이러하니라 속죄제 제물은 지극히 거룩하니 여호와 앞 번제물을 잡는 곳에서 그 속죄제 제물을 잡을 것이요 죄를 위하여 제사 드리는 제사장이 그것을 먹되 곧 회막 뜰 거룩한 곳에서 먹을 것이며 그 고기에 접촉하는 모든 자는 거룩할 것이며 그 피가 어떤 옷에든지 묻었으면 묻은 그것을 거룩한 곳에서 빨 것이요 그 고기를 토기에 삶았으면 그 그릇을 깨뜨릴 것이요 유기에 삶았으면 그 그릇을 닦고 물에 씻을 것이며 제사장인 남자는 모두 그것을 먹을지니 그것은 지극히 거룩하니라 그러나 피를 가지고 회막에 들어가 성소에서 속죄하게 한 속죄제 제물의 고기는 먹지 못할지니 불사를지니라 [7:8]속건제의 규례는 이러하니라 이는 지극히 거룩하니 번제물을 잡는 곳에서 속건제의 번제물을 잡을 것이요 제사장은 그 피를 제단 사방에 뿌릴 것이며 그 기름을 모두 드리되 곧 그 기름진 꼬리와 내장에 덮인 기름과 두 콩팥과 그 위의 기름 곧 허리 쪽에 있는 것과 간에 덮인 꺼풀을 콩팥과 함께 떼어내고 제사장은 그것을 다 제단 위에서 불살라 여호와께 화제로 드릴 것이니 이는 속건제니라 제사장인 남자는 모두 그것을 먹되 거룩한 곳에서 먹을지니라 그것은 지극히 거룩하니라 속죄제와 속건제는 규례가 같으니 그 제물은 속죄하는 제사장에게로 돌아갈 것이요 사람을 위하여 번제를 드리는 제사장 곧 그 제사장은 그 드린 번제물의 가죽을 자기가 가질 것이며 화덕에 구운 소제물과 냄비에나 철판에서 만든 소제물은 모두 그 드린 제사장에게로 돌아갈 것이니 소제물은 기름 섞은 것이나 마른 것이나 모두 아론의 모든 자손이 균등하게 분배할 것이니라 여호와께 드릴 화목제물의 규례는 이러하니라 만일 그것을 감사함으로 드리려면 기름 섞은 무교병과 기름 바른 무교전병과 고운 가루에 기름 섞어 구운 과자를 그 감사제물과 함께 드리고 또 유교병을 화목제의 감사제물과 함께 그 예물로 드리되 그 전체의 예물 중에서 하나씩 여호와께 거제로 드리고 그것을 화목제의 피 뿌린 제사장들에게로 돌릴지니라 감사함으로 드리는 화목제물의 고기는 드리는 그 날에 먹을 것이요 조금이라도 이튿날 아침까지 두지 말 것이니라 그러나 그의 예물의 제물이 서원이나 자원하는 것이면 그 제물을 드린 날에 먹을 것이요 그 남은 것은 이튿날에도 먹되 그 제물의 고기가 셋째 날까지 남았으면 불사를지니 만일 그 화목제물의 고기를 셋째 날에 조금이라도 먹으면 그 제사는 기쁘게 받아들여지지 않을 것이라 드린 자에게도 예물답게 되지 못하고 도리어 가증한 것이 될 것이며 그것을 먹는 자는 그 죄를 짊어지리라 그 고기가 부정한 물건에 접촉되었으면 먹지 말고 불사를 것이라 그 고기는 깨끗한 자만 먹을 것이니 만일 몸이 부정한 자가 여호와께 속한 화목제물의 고기를 먹으면 그 사람은 자기 백성 중에서 끊어질 것이요 만일 누구든지 부정한 것 곧 사람의 부정이나 부정한 짐승이나 부정하고 가증한 무슨 물건을 만지고 여호와께 속한 화목제물의 고기를 먹으면 그 사람도 자기 백성 중에서 끊어지리라 여호와께서 모세에게 말씀하여 이르시되 이스라엘 자손에게 말하여 이르라 너희는 소나 양이나 염소의 기름을 먹지 말 것이요 스스로 죽은 것의 기름이나 짐승에게 찢긴 것의 기름은 다른 데는 쓰려니와 결단코 먹지는 말지니라 사람이 여호와께 화제로 드리는 제물의 기름을 먹으면 그 먹는 자는 자기 백성 중에서 끊어지리라 너희가 사는 모든 곳에서 새나 짐승의 피나 무슨 피든지 먹지 말라 무슨 피든지 먹는 사람이 있으면 그 사람은 다 자기 백성 중에서 끊어지리라 여호와께서 모세에게 말씀하여 이르시되 이스라엘 자손에게 말하여 이르라 화목제물을 여호와께 드리려는 자는 그 화목제물 중에서 그의 예물을 여호와께 가져오되 여호와의 화제물은 그 사람이 자기 손으로 가져올지니 곧 그 제물의 기름과 가슴을 가져올 것이요 제사장은 그 가슴을 여호와 앞에 흔들어 요제를 삼고 그 기름은 제단 위에서 불사를 것이며 가슴은 아론과 그의 자손에게 돌릴 것이며 또 너희는 그 화목제물의 오른쪽 뒷다리를 제사장에게 주어 거제를 삼을지니 아론의 자손 중에서 화목제물의 피와 기름을 드리는 자는 그 오른쪽 뒷다리를 자기의 소득으로 삼을 것이니라 내가 이스라엘 자손의 화목제물 중에서 그 흔든 가슴과 든 뒷다리를 가져다가 제사장 아론과 그의 자손에게 주었나니 이는 이스라엘 자손에게서 받을 영원한 소득이니라 이는 여호와의 화제물 중에서 아론에게 돌릴 것과 그의 아들들에게 돌릴 것이니 그들을 세워 여호와의 제사장의 직분을 행하게 한 날 곧 그들에게 기름 부은 날에 여호와께서 명령하사 이스라엘 자손 중에서 그들에게 돌리게 하신 것이라 대대로 영원히 받을 소득이니라 이는 번제와 소제와 속죄제와 속건제와 위임식과 화목제의 규례라 여호와께서 시내 광야에서 이스라엘 자손에게 그 예물을 여호와께 드리라 명령하신 날에 시내 산에서 이같이 모세에게 명령하셨더라

골 2:17 이것들은 장래 일의 그림자이나 몸은 그리스도의 것이니라

히 10:1, 7 ¹율법은 장차 올 좋은 일의 그림자일 뿐이요 참 형상이 아니므로 해마다 늘 드리는 같은 제사로는 나아오는 자들을 언제나 온전하게 할 수 없느니라 ⁷이에 내가 말하기를 하나님이여 보시옵소서 두루마리 책에 나를 가리켜 기록된 것과 같이 하나님의 뜻을 행하러 왔나이다 하셨느니라

롬 10:4 그리스도는 모든 믿는 자에게 의를 이루기 위하여 율법의 마침이 되시니라

갈 3:24; 4:4-5 이같이 율법이 우리를 그리스도께로 인도하는 초등교사가 되어 우리로 하여금 믿음으로 말미암아 의롭다 함을 얻게 하려 함이라
때가 차매 하나님이 그 아들을 보내사 여자에게서 나게 하시고 율법 아래에 나게 하신 것은 율법 아래에 있는 자들을 속량하시고 우리로 아들의 명분을 얻게 하려 하심이라

골 2:17 이것들은 장래 일의 그림자이나 몸은 그리스도의 것이니라

히 1:1-2 옛적에 선지자들을 통하여 여러 부분과 여러 모양으로 우리 조상들에게 말씀하신 하나님이 이 모든 날 마지막에는 아들을 통하여 우리에게 말씀하셨으니 이 아들을 만유의 상속자로 세우시고 또 그로 말미암아 모든 세계를 지으셨느니라

7주일

20문답

문. 그러면 아담 안에서 모든 사람이 멸망한 것처럼, 그리스도로 말미암아 모든 사람이 구원받습니까?

답. 아닙니다.[1] 오직 참된 믿음으로 그리스도께 접붙여지고 그리스도께서 베푸시는 모든 은택을 받아들이는 사람들만 구원받습니다.[2]

[1] 마 7:14; 22:14. [2] 시 2:12; 막 16:16; 요 1:12-13; 3:16, 18, 36; 롬 3:22; 11:20; 히 4:2-3; 5:9; 10:39; 11:6.

마 7:14; 22:14 ⁷:¹⁴생명으로 인도하는 문은 좁고 길이 협착하여 찾는 자가 적음이라 ²²:¹⁴청함을 받은 자는 많되 택함을 입은 자는 적으니라

시 2:12 그의 아들에게 입맞추라 그렇지 아니하면 진노하심으로 너희가 길에서 망하리니 그의 진노가 급하심이라 여호와께 피하는 모든 사람은 다 복이 있도다

막 16:16 믿고 세례를 받는 사람은 구원을 얻을 것이요 믿지 않는 사람은 정죄를 받으리라

요 1:12-13; 3:16, 18, 36 ¹:¹²⁻¹³영접하는 자 곧 그 이름을 믿는 자들에게는 하나님의 자녀가 되는 권세를 주셨으니 이는 혈통으로나 육정으로나 사람의 뜻으로 나지 아니하고 오직 하나님께로부터 난 자들이니라 ³:¹⁶하나님이 세상을 이처럼 사랑하사 독생자를 주셨으니 이는 그를 믿는 자마다 멸망하지 않고 영생을 얻게 하려 하심이라 ³:¹⁸그를 믿는 자는 심판을 받지 아니하는 것이요 믿지 아니하는 자는 하나님의 독생자의 이름을 믿지 아니하므로 벌써 심판을 받은 것이니라 ³:³⁶아들

을 믿는 자에게는 영생이 있고 아들에게 순종하지 아니하는 자는 영생을 보지 못하고 도리어 하나님의 진노가 그 위에 머물러 있느니라

롬 3:22; 11:20 ³:²²곧 예수 그리스도를 믿음으로 말미암아 모든 믿는 자에게 미치는 하나님의 의니 차별이 없느니라 ¹¹:²⁰옳도다 그들은 믿지 아니하므로 꺾이고 너는 믿으므로 섰느니라 높은 마음을 품지 말고 도리어 두려워하라

히 4:2-3; 5:9; 10:39; 11:6 ⁴:²⁻³그들과 같이 우리도 복음 전함을 받은 자이나 들은 바 그 말씀이 그들에게 유익하지 못한 것은 듣는 자가 믿음과 결부시키지 아니함이라 이미 믿는 우리들은 저 안식에 들어가는도다 그가 말씀하신 바와 같으니 내가 노하여 맹세한 바와 같이 그들이 내 안식에 들어오지 못하리라 하셨다 하였으나 세상을 창조할 때부터 그 일이 이루어졌느니라 ⁵:⁹온전하게 되셨은즉 자기에게 순종하는 모든 자에게 영원한 구원의 근원이 되시고 ¹⁰:³⁹우리는 뒤로 물러가 멸망할 자가 아니요 오직 영혼을 구원함에 이르는 믿음을 가진 자니라 ¹¹:⁶믿음이 없이는 하나님을 기쁘시게 하지 못하나니 하나님께 나아가는 자는 반드시 그가 계신 것과 또한 그가 자기를 찾는 자들에게 상 주시는 이심을 믿어야 할지니라

21문답

문. 참된 믿음이란 무엇입니까?

답. 참된 믿음은 하나님께서 그분의 말씀에서 우리에게 계시하신 모든 것을 진리로 받아들이는 확실한 지식이며,¹⁾ 동시에 성령께서²⁾ 복음을 통해³⁾ 제 마음속에 일으키시는 굳은 확신입니다.⁴⁾ 이 확신은 순전히 은혜로, 오직 그리스도의 공로 덕분에 하나님께서 죄사함과 영원한 의로움과 구원을⁵⁾ 다른 사람뿐만 아니라 저에게도 값없이

주심을⁶⁾ 믿는 것입니다.⁷⁾

¹⁾ 요 17:3; 롬 4:20–21; 히 11:1, 3; 약 1:6. ²⁾ 마 16:17; 요 3:5; 행 16:14; 고후 4:13; 빌 1:19. ³⁾ 막 16:15; 행 10:44; 16:14; 롬 1:16; 10:17; 고전 1:21. ⁴⁾ 시 9:10; 롬 4:16–21; 5:1; 10:10; 엡 3:12; 히 4:16. ⁵⁾ 눅 1 77–78; 요 20:31; 행 10:43; 롬 3:24; 5:19; 갈 2:16; 엡 2:8; 히 10:10. ⁶⁾ 딤후 4:8. ⁷⁾ 합 2:4; 롬 1:17; 갈 3:11; 히 10:38.

요 17:3 영생은 곧 유일하신 참 하나님과 그가 보내신 자 예수 그리스도를 아는 것이니이다

롬 4:20–21 믿음이 없어 하나님의 약속을 의심하지 않고 믿음으로 견고하여져서 하나님께 영광을 돌리며 약속하신 그것을 또한 능히 이루실 줄을 확신하였으니

히 11:1, 3 ¹믿음은 바라는 것들의 실상이요 보이지 않는 것들의 증거니 ³믿음으로 모든 세계가 하나님의 말씀으로 지어진 줄을 우리가 아나니 보이는 것은 나타난 것으로 말미암아 된 것이 아니니라

약 1:6 오직 믿음으로 구하고 조금도 의심하지 말라 의심하는 자는 마치 바람에 밀려 요동하는 바다 물결 같으니

마 16:17 예수께서 대답하여 이르시되 바요나 시몬아 네가 복이 있도다 이를 네게 알게 한 이는 혈육이 아니요 하늘에 계신 내 아버지시니라

요 3:5 예수께서 대답하시되 진실로 진실로 네게 이르노니 사람이 물과 성령으로 나지 아니하면 하나님의 나라에 들어갈 수 없느니라

행 16:14 두아디라 시에 있는 자색 옷감 장사로서 하나님을 섬기는 루디아라 하는 한 여자가 말을 듣고 있을 때 주께서 그 마음을 열어 바울의 말을 따르게 하신지라

고후 4:13 기록된 바 내가 믿었으므로 말하였다 한 것 같이 우리가 같은 믿음의 마음을 가졌으니 우리도 믿었으므로 또한 말하노라

빌 1:19 이것이 너희의 간구와 예수 그리스도의 성령의 도우심으로 나를 구원에 이르게 할 줄 아는 고로

막 16:15 또 이르시되 너희는 온 천하에 다니며 만민에게 복음을 전파하라

행 10:44; 16:14 ¹⁰:⁴⁴베드로가 이 말을 할 때에 성령이 말씀 듣는 모든 사람에게 내려오시니 ¹⁶:¹⁴두아디라 시에 있는 자색 옷감 장사로서 하나님을 섬기는 루디아라 하는 한 여자가 말을 듣고 있을 때 주께서 그 마음을 열어 바울의 말을 따르게 하신지라

롬 1:16; 10:17 ¹:¹⁶내가 복음을 부끄러워하지 아니하노니 이 복음은 모든 믿는 자에게 구원을 주시는 하나님의 능력이 됨이라 먼저는 유대인에게요 그리고 헬라인에게로다 ¹⁰:¹⁷그러므로 믿음은 들음에서 나며 들음은 그리스도의 말씀으로 말미암았느니라

고전 1:21 하나님의 지혜에 있어서는 이 세상이 자기 지혜로 하나님을 알지 못하므로 하나님께서 전도의 미련한 것으로 믿는 자들을 구원하시기를 기뻐하셨도다

시 9:10 여호와여 주의 이름을 아는 자는 주를 의지하오리니 이는 주를 찾는 자들을 버리지 아니하심이니이다

롬 4:16-21; 5:1; 10:10 ⁴:¹⁶⁻²¹그러므로 상속자가 되는 그것이 은혜에 속하기 위하여 믿음으로 되나니 이는 그 약속을 그 모든 후손에게 굳게 하려 하심이라 율법에 속한 자에게뿐만 아니라 아브라함의 믿음에 속한 자에게도 그러하니 아브라함은 우리 모든 사람의 조상이라 기록된 바 내가 너를 많은 민족의 조상으로 세웠다 하심과 같으니 그가 믿은 바 하나님은 죽은 자를 살리시며 없는 것을 있는 것으로 부르시는 이시니라 아브라함이 바랄 수 없는 중에 바라고 믿었으니 이는 네 후손이 이같으리라 하신 말씀대로 많은 민족의 조상이 되게 하려 하심이라 그가 백 세나 되어 자기 몸이 죽은 것 같고 사라의 태가 죽은 것 같음을 알고도 믿음이 약하여지지 아니하고 믿음이 없어 하나님의 약속을 의심하지 않고 믿음으로 견고하여져서 하나님께 영광을 돌리며 약속하신 그것을 또한 능히 이루실 줄을 확신하였으니 ⁵:¹그러므로 우리가 믿음으로 의롭다 하심을 받았으니 우리 주 예수 그리스도로 말미암아 하나님과 화평을 누리자 ¹⁰:¹⁰사람이 마음으로 믿어 의에 이르고 입으로 시인하여 구원에 이르느니라

엡 3:12 우리가 그 안에서 그를 믿음으로 말미암아 담대함과 확신을 가지고 하나

님께 나아감을 얻느니라

히 4:16 그러므로 우리는 긍휼하심을 받고 때를 따라 돕는 은혜를 얻기 위하여 은혜의 보좌 앞에 담대히 나아갈 것이니라

눅 1:77-78 주의 백성에게 그 죄 사함으로 말미암는 구원을 알게 하리니 이는 우리 하나님의 긍휼로 인함이라 이로써 돋는 해가 위로부터 우리에게 임하여

요 20:31 오직 이것을 기록함은 너희로 예수께서 하나님의 아들 그리스도이심을 믿게 하려 함이요 또 너희로 믿고 그 이름을 힘입어 생명을 얻게 하려 함이니라

행 10:43 그에 대하여 모든 선지자도 증언하되 그를 믿는 사람들이 다 그의 이름을 힘입어 죄 사함을 받는다 하였느니라

롬 3:24; 5:19 $^{3:24}$그리스도 예수 안에 있는 속량으로 말미암아 하나님의 은혜로 값 없이 의롭다 하심을 얻은 자 되었느니라 $^{5:19}$한 사람이 순종하지 아니함으로 많은 사람이 죄인 된 것 같이 한 사람이 순종하심으로 많은 사람이 의인이 되리라

갈 2:16 사람이 의롭게 되는 것은 율법의 행위로 말미암음이 아니요 오직 예수 그리스도를 믿음으로 말미암는 줄 알므로 우리도 그리스도 예수를 믿나니 이는 우리가 율법의 행위로써가 아니고 그리스도를 믿음으로써 의롭다 함을 얻으려 함이라 율법의 행위로써는 의롭다 함을 얻을 육체가 없느니라

엡 2:8 너희는 그 은혜에 의하여 믿음으로 말미암아 구원을 받았으니 이것은 너희에게서 난 것이 아니요 하나님의 선물이라

히 10:10 이 뜻을 따라 예수 그리스도의 몸을 단번에 드리심으로 말미암아 우리가 거룩함을 얻었노라

딤후 4:8 이제 후로는 나를 위하여 의의 면류관이 예비되었으므로 주 곧 의로우신 재판장이 그 날에 내게 주실 것이며 내게만 아니라 주의 나타나심을 사모하는 모든 자에게도니라

합 2:4 보라 그의 마음은 교만하며 그 속에서 정직하지 못하나 의인은 그의 믿음으로 말미암아 살리라

롬 1:17 복음에는 하나님의 의가 나타나서 믿음으로 믿음에 이르게 하나니 기록된 바 오직 의인은 믿음으로 말미암아 살리라 함과 같으니라

갈 3:11 또 하나님 앞에서 아무도 율법으로 말미암아 의롭게 되지 못할 것이 분명하니 이는 의인은 믿음으로 살리라 하였음이라

히 10:38 나의 의인은 믿음으로 말미암아 살리라 또한 뒤로 물러가면 내 마음이 그를 기뻐하지 아니하리라 하셨느니라

22문답

문. 그러면 그리스도인은 무엇을 믿어야 합니까?

답. 복음에서 우리에게 약속된 모든 것을 믿어야 합니다.[1] 이 복음은 보편적으로 의심의 여지 없이 우리 기독교 신앙의 조항으로 받아들여지는 사도신경에 요약되어 있습니다.

[1] 마 28:19-20; 막 1:15; 요 20:31.

마 28:19-20 그러므로 너희는 가서 모든 민족을 제자로 삼아 아버지와 아들과 성령의 이름으로 세례를 베풀고 내가 너희에게 분부한 모든 것을 가르쳐 지키게 하라 볼지어다 내가 세상 끝날까지 너희와 항상 함께 있으리라 하시니라

막 1:15 이르시되 때가 찼고 하나님의 나라가 가까이 왔으니 회개하고 복음을 믿으라 하시더라

요 20:31 오직 이것을 기록함은 너희로 예수께서 하나님의 아들 그리스도이심을 믿게 하려 함이요 또 너희로 믿고 그 이름을 힘입어 생명을 얻게 하려 함이니라

23문답

문. 사도신경의 내용은 무엇입니까?

답. I. 1. 전능하사 천지를 만드신 하나님 아버지를 내가 믿사오며
2. 그 외아들 우리 주 예수 그리스도를 믿사오니

II. 3. 이는 성령으로 잉태하사 동정녀 마리아에게서 나시고
4. 본디오 빌라도에게 고난을 받으사 십자가에 못 박혀 죽으시고
(지옥에 내려가셨다가)*
장사한지
5. 사흘만에 죽은 자 가운데서 다시 살아나시며
6. 하늘에 오르사 전능하신 하나님 우편에 앉아 계시다가
7. 저리로서 산 자와 죽은 자를 심판하러 오시리라.

III. 8. 성령을 믿사오며
9. 거룩한 공회와, 성도가 서로 교통하는 것과
10. 죄를 사하여 주시는 것과
11. 몸이 다시 사는 것과
12. 영원히 사는 것을 믿사옵나이다. 아멘.

* 우리 한글 번역에는 빠져 있습니다.

8주일

24문답

문. 사도신경은 어떻게 나누어집니까?

답. 세 부분으로 나누어지는데, 곧 첫째, 성부 하나님과 우리의 창조, 둘째, 성자 하나님과 우리의 구속, 셋째, 성령 하나님과 우리의 성화에 관한 것으로 나누어집니다.

25문답

문. 하나님께서는 본질상 오직 한 분이신데,[1] 당신은 왜 삼위, 곧 성부, 성자, 성령을 말합니까?

답. 왜냐하면 하나님께서 당신의 말씀에서 당신을 그렇게 계시하셨기 때문입니다. 이 구별된 삼위는 참되고 영원하신 한 분 하나님이십니다.[2]

[1] 신 6:4; 사 44:6; 45:5; 고전 8:4, 6; 엡 4:5–6. [2] 창 1:2–3; 사 61:1; 63:8–10; 마 3:16–17; 28:19; 눅 1:35; 4:18; 요 14:26; 15:26; 행 2:32–33; 고후 13:13; 갈 4:6; 엡 2:18; 딛 3:4–6.

신 6:4 이스라엘아 들으라 우리 하나님 여호와는 오직 유일한 여호와이시니
사 44:6; 45:5 44:6이스라엘의 왕인 여호와, 이스라엘의 구원자인 만군의 여호와

가 이같이 말하노라 나는 처음이요 나는 마지막이라 나 외에 다른 신이 없느니라 ⁴⁵:⁵나는 여호와라 나 외에 다른 이가 없나니 나 밖에 신이 없느니라 너는 나를 알지 못하였을지라도 나는 네 띠를 동일 것이요

고전 8:4, 6 ⁴그러므로 우상의 제물을 먹는 일에 대하여는 우리가 우상은 세상에 아무 것도 아니며 또한 하나님은 한 분밖에 없는 줄 아노라 ⁶그러나 우리에게는 한 하나님 곧 아버지가 계시니 만물이 그에게서 났고 우리도 그를 위하여 있고 또한 한 주 예수 그리스도께서 계시니 만물이 그로 말미암고 우리도 그로 말미암아 있느니라

엡 4:5-6 주도 한 분이시요 믿음도 하나요 세례도 하나요 하나님도 한 분이시니 곧 만유의 아버지시라 만유 위에 계시고 만유를 통일하시고 만유 가운데 계시도다

창 1:2-3 땅이 혼돈하고 공허하며 흑암이 깊음 위에 있고 하나님의 영은 수면 위에 운행하시니라 하나님이 이르시되 빛이 있으라 하시니 빛이 있었고

사 61:1; 63:8-10 ⁶¹:¹주 여호와의 영이 내게 내리셨으니 이는 여호와께서 내게 기름을 부으사 가난한 자에게 아름다운 소식을 전하게 하려 하심이라 나를 보내사 마음이 상한 자를 고치며 포로된 자에게 자유를, 갇힌 자에게 놓임을 선포하며 ⁶³:⁸⁻¹⁰그가 말씀하시되 그들은 실로 나의 백성이요 거짓을 행하지 아니하는 자녀라 하시고 그들의 구원자가 되사 그들의 모든 환난에 동참하사 자기 앞의 사자로 하여금 그들을 구원하시며 그의 사랑과 그의 자비로 그들을 구원하시고 옛적 모든 날에 그들을 드시며 안으셨으나 그들이 반역하여 주의 성령을 근심하게 하였으므로 그가 돌이켜 그들의 대적이 되사 친히 그들을 치셨더니

마 3:16-17; 28:19 ³:¹⁶⁻¹⁷예수께서 세례를 받으시고 곧 물에서 올라오실새 하늘이 열리고 하나님의 성령이 비둘기 같이 내려 자기 위에 임하심을 보시더니 하늘로부터 소리가 있어 말씀하시되 이는 내 사랑하는 아들이요 내 기뻐하는 자라 하시니라 ²⁸:¹⁹그러므로 너희는 가서 모든 민족을 제자로 삼아 아버지와 아들과 성령의 이름으로 세례를 베풀고

눅 1:35; 4:18 ¹:³⁵천사가 대답하여 이르되 성령이 네게 임하시고 지극히 높으신

이의 능력이 너를 덮으시리니 이러므로 나실 바 거룩한 이는 하나님의 아들이라 일컬어지리라 [4:18]주의 성령이 내게 임하셨으니 이는 가난한 자에게 복음을 전하게 하시려고 내게 기름을 부으시고 나를 보내사 포로 된 자에게 자유를, 눈 먼 자에게 다시 보게 함을 전파하며 눌린 자를 자유롭게 하고

요 14:26; 15:26 [14:26]보혜사 곧 아버지께서 내 이름으로 보내실 성령 그가 너희에게 모든 것을 가르치고 내가 너희에게 말한 모든 것을 생각나게 하리라 [15:26]내가 아버지께로부터 너희에게 보낼 보혜사 곧 아버지께로부터 나오시는 진리의 성령이 오실 때에 그가 나를 증언하실 것이요

행 2:32-33 이 예수를 하나님이 살리신지라 우리가 다 이 일에 증인이로다 하나님이 오른손으로 예수를 높이시매 그가 약속하신 성령을 아버지께 받아서 너희가 보고 듣는 이것을 부어 주셨느니라

고후 13:13 주 예수 그리스도의 은혜와 하나님의 사랑과 성령의 교통하심이 너희 무리와 함께 있을지어다

갈 4:6 너희가 아들이므로 하나님이 그 아들의 영을 우리 마음 가운데 보내사 아빠 아버지라 부르게 하셨느니라

엡 2:18 이는 그로 말미암아 우리 둘이 한 성령 안에서 아버지께 나아감을 얻게 하려 하심이라

딛 3:4-6 우리 구주 하나님의 자비와 사람 사랑하심이 나타날 때에 우리를 구원하시되 우리가 행한 바 의로운 행위로 말미암지 아니하고 오직 그의 긍휼하심을 따라 중생의 씻음과 성령의 새롭게 하심으로 하셨나니 우리 구주 예수 그리스도로 말미암아 우리에게 그 성령을 풍성히 부어 주사

성부 하나님과 창조에 관하여
9주일

26문답

문. "전능하사 천지를 만드신 하나님 아버지를 내가 믿사오며"라고 고백할 때 당신은 무엇을 믿습니까?

답. 저는 우리 주 예수 그리스도의 영원하신 아버지께서, 아무것도 없는 가운데서 하늘과 땅과 그 가운데 있는 모든 것을 창조하셨고,[1] 또한 그분의 영원한 작정과 섭리로 이 모든 것을 지금도 보존하고 다스리시며,[2] 이 하나님 아버지께서 자신의 아들 그리스도 때문에 저의 하나님과 저의 아버지가 되심을 믿습니다.[3] 하나님 아버지를 전적으로 신뢰하기에 저는 하나님 아버지께서 저의 몸과 영혼에 필요한 모든 것을 채워 주시며,[4] 이 눈물 골짜기 같은 세상에서 겪게 하시는 어떠한 악도 합력하여 선을 이루게 하실 것을 굳게 믿습니다.[5] 하나님 아버지께서는 전능하신 하나님이시기에 이렇게 하실 수 있으며,[6] 신실하신 아버지이시기에 이렇게 하기를 원하십니다.[7]

[1] 창 1:1; 2:3; 출 20:11; 욥 38:4-11; 시 33:6; 사 40:26; 44:24; 행 4:24; 14:15. [2] 시 104:2-5, 27-30; 115:3; 마 10:29-30; 롬 11:36; 엡 1:11. [3] 요 1:12; 20:17; 롬 8:15; 갈 4:5-7; 엡 1:5. [4] 시 55:22; 마 6:25-26; 눅 12:22-

24. ⁵⁾ 시 84:5-6; 롬 8:28. ⁶⁾ 창 17:1; 18:14; 롬 8:37-39; 10:12; 계 1:8. ⁷⁾ 마 6:32-33; 7:9-11.

창 1:1; 2:3 ¹:¹태초에 하나님이 천지를 창조하시니라 ²:³하나님이 그 일곱째 날을 복되게 하사 거룩하게 하셨으니 이는 하나님이 그 창조하시며 만드시던 모든 일을 마치시고 그 날에 안식하셨음이니라

출 20:11 이는 엿새 동안에 나 여호와가 하늘과 땅과 바다와 그 가운데 모든 것을 만들고 일곱째 날에 쉬었음이라 그러므로 나 여호와가 안식일을 복되게 하여 그 날을 거룩하게 하였느니라

욥 38:4-11 내가 땅의 기초를 놓을 때에 네가 어디 있었느냐 네가 깨달아 알았거든 말할지니라 누가 그것의 도량법을 정하였는지, 누가 그 줄을 그것의 위에 띄웠는지 네가 아느냐 그것의 주추는 무엇 위에 세웠으며 그 모퉁잇돌을 누가 놓았느냐 그 때에 새벽 별들이 기뻐 노래하며 하나님의 아들들이 다 기뻐 소리를 질렀느니라 바다가 그 모태에서 터져 나올 때에 문으로 그것을 가둔 자가 누구냐 그 때에 내가 구름으로 그 옷을 만들고 흑암으로 그 강보를 만들고 한계를 정하여 문빗장을 지르고 이르기를 네가 여기까지 오고 더 넘어가지 못하리니 네 높은 파도가 여기서 그칠지니라 하였노라

시 33:6 여호와의 말씀으로 하늘이 지음이 되었으며 그 만상을 그의 입 기운으로 이루었도다

사 40:26; 44:24 ⁴⁰:²⁶너희는 눈을 높이 들어 누가 이 모든 것을 창조하였나 보라 주께서는 수효대로 만상을 이끌어 내시고 그들의 모든 이름을 부르시나니 그의 권세가 크고 그의 능력이 강하므로 하나도 빠짐이 없느니라 ⁴⁴:²⁴네 구속자요 모태에서 너를 지은 나 여호와가 이같이 말하노라 나는 만물을 지은 여호와라 홀로 하늘을 폈으며 나와 함께 한 자 없이 땅을 펼쳤고

행 4:24; 14:15 ⁴:²⁴그들이 듣고 한마음으로 하나님께 소리를 높여 이르되 대주재여 천지와 바다와 그 가운데 만물을 지은 이시오 ¹⁴:¹⁵이르되 여러분이여 어찌하여

이러한 일을 하느냐 우리도 여러분과 같은 성정을 가진 사람이라 여러분에게 복음을 전하는 것은 이런 헛된 일을 버리고 천지와 바다와 그 가운데 만물을 지으시고 살아 계신 하나님께로 돌아오게 함이라

시 104:2-5, 27-30; 115:3 ^{104:2-5}주께서 옷을 입음 같이 빛을 입으시며 하늘을 휘장 같이 치시며 물에 자기 누각의 들보를 얹으시며 구름으로 자기 수레를 삼으시고 바람 날개로 다니시며 바람을 자기 사신으로 삼으시고 불꽃으로 자기 사역자를 삼으시며 땅에 기초를 놓으사 영원히 흔들리지 아니하게 하셨나이다 ^{104:27-30}이것들은 다 주께서 때를 따라 먹을 것을 주시기를 바라나이다 주께서 주신즉 그들이 받으며 주께서 손을 펴신즉 그들이 좋은 것으로 만족하다가 주께서 낯을 숨기신즉 그들이 떨고 주께서 그들의 호흡을 거두신즉 그들은 죽어 먼지로 돌아가나이다 주의 영을 보내어 그들을 창조하사 지면을 새롭게 하시나이다 ^{115:3}오직 우리 하나님은 하늘에 계셔서 원하시는 모든 것을 행하셨나이다

마 10:29-30 참새 두 마리가 한 앗사리온에 팔리지 않느냐 그러나 너희 아버지께서 허락하지 아니하시면 그 하나도 땅에 떨어지지 아니하리라 너희에게는 머리털까지 다 세신 바 되었나니

롬 11:36 이는 만물이 주에게서 나오고 주로 말미암고 주에게로 돌아감이라 그에게 영광이 세세에 있을지어다 아멘

엡 1:11 모든 일을 그의 뜻의 결정대로 일하시는 이의 계획을 따라 우리가 예정을 입어 그 안에서 기업이 되었으니

요 1:12; 20:17 ^{1:12}영접하는 자 곧 그 이름을 믿는 자들에게는 하나님의 자녀가 되는 권세를 주셨으니 ^{20:17}예수께서 이르시되 나를 붙들지 말라 내가 아직 아버지께로 올라가지 아니하였노라 너는 내 형제들에게 가서 이르되 내가 내 아버지 곧 너희 아버지, 내 하나님 곧 너희 하나님께로 올라간다 하라 하시니

롬 8:15 너희는 다시 무서워하는 종의 영을 받지 아니하고 양자의 영을 받았으므로 우리가 아빠 아버지라고

갈 4:5-7 율법 아래에 있는 자들을 속량하시고 우리로 아들의 명분을 얻게 하려 하심이라 너희가 아들이므로 하나님이 그 아들의 영을 우리 마음 가운데 보내사

아빠 아버지라 부르게 하셨느니라 그러므로 네가 이 후로는 종이 아니요 아들이니 아들이면 하나님으로 말미암아 유업을 받을 자니라

엡 1:5 그 기쁘신 뜻대로 우리를 예정하사 예수 그리스도로 말미암아 자기의 아들들이 되게 하셨으니

시 55:22 네 짐을 여호와께 맡기라 그가 너를 붙드시고 의인의 요동함을 영원히 허락하지 아니하시리로다

마 6:25-26 그러므로 내가 너희에게 이르노니 목숨을 위하여 무엇을 먹을까 무엇을 마실까 몸을 위하여 무엇을 입을까 염려하지 말라 목숨이 음식보다 중하지 아니하며 몸이 의복보다 중하지 아니하냐 공중의 새를 보라 심지도 않고 거두지도 않고 창고에 모아들이지도 아니하되 너희 하늘 아버지께서 기르시나니 너희는 이것들보다 귀하지 아니하냐

눅 12:22-24 또 제자들에게 이르시되 그러므로 내가 너희에게 이르노니 너희 목숨을 위하여 무엇을 먹을까 몸을 위하여 무엇을 입을까 염려하지 말라 목숨이 음식보다 중하고 몸이 의복보다 중하니라 까마귀를 생각하라 심지도 아니하고 거두지도 아니하며 골방도 없고 창고도 없으되 하나님이 기르시나니 너희는 새보다 얼마나 더 귀하냐

시 84:5-6 주께 힘을 얻고 그 마음에 시온의 대로가 있는 자는 복이 있나이다 그들이 눈물 골짜기로 지나갈 때에 그 곳에 많은 샘이 있을 것이며 이른 비가 복을 채워 주나이다

롬 8:28 우리가 알거니와 하나님을 사랑하는 자 곧 그의 뜻대로 부르심을 입은 자들에게는 모든 것이 합력하여 선을 이루느니라

창 17:1; 18:14 [17:1]아브람이 구십구 세 때에 여호와께서 아브람에게 나타나서 그에게 이르시되 나는 전능한 하나님이라 너는 내 앞에서 행하여 완전하라 [18:14]여호와께 능하지 못한 일이 있겠느냐 기한이 이를 때에 내가 네게로 돌아오리니 사라에게 아들이 있으리라

롬 8:37-39; 10:12 [8:37-39]그러나 이 모든 일에 우리를 사랑하시는 이로 말미암아 우리가 넉넉히 이기느니라 내가 확신하노니 사망이나 생명이나 천사들이나 권세

자들이나 현재 일이나 장래 일이나 능력이나 높음이나 깊음이나 다른 어떤 피조물이라도 우리를 우리 주 그리스도 예수 안에 있는 하나님의 사랑에서 끊을 수 없으리라 ^{10:12}유대인이나 헬라인이나 차별이 없음이라 한 분이신 주께서 모든 사람의 주가 되사 그를 부르는 모든 사람에게 부요하시도다

계 1:8 주 하나님이 이르시되 나는 알파와 오메가라 이제도 있고 전에도 있고 장차 올 자요 전능한 자라 하시더라

마 6:32-33; 7:9-11 ^{6:32-33}이는 다 이방인들이 구하는 것이라 너희 하늘 아버지께서 이 모든 것이 너희에게 있어야 할 줄을 아시느니라 그런즉 너희는 먼저 그의 나라와 그의 의를 구하라 그리하면 이 모든 것을 너희에게 더하시리라 ^{7:9-11}너희 중에 누가 아들이 떡을 달라 하는데 돌을 주며 생선을 달라 하는데 뱀을 줄 사람이 있겠느냐 너희가 악한 자라도 좋은 것으로 자식에게 줄 줄 알거든 하물며 하늘에 계신 너희 아버지께서 구하는 자에게 좋은 것으로 주시지 않겠느냐

10주일

27문답

문. 하나님의 섭리란 무엇입니까?

답. 하나님의 섭리란, 언제 어디에나 미치는 하나님의 전능하신 능력으로[1] 하나님께서 마치 당신의 손으로 하시듯이 하늘과 땅과 모든 피조물을 보존하시고 다스리시는 것입니다.[2] 따라서 채소와 목초, 비와 가뭄,[3] 풍년과 흉년, 양식과 음료, 건강과 질병, 부와 가난 등 세상 모든 것은[4] 우연이 아니라 하나님의 아버지 같은 손길에 의해 일어납니다.[5]

[1] 시 94:9-10; 사 29:15-16; 렘 23:23-24; 겔 8:12; 마 17:27; 행 17:25-28. [2] 히 1:3. [3] 렘 5:24; 행 14:17. [4] 잠 22:2; 요 9:3. [5] 잠 16:33; 마 10:29-30.

시 94:9-10 귀를 지으신 이가 듣지 아니하시랴 눈을 만드신 이가 보지 아니하시랴 뭇 백성을 징벌하시는 이 곧 지식으로 사람을 교훈하시는 이가 징벌하지 아니하시랴

사 29:15-16 자기의 계획을 여호와께 깊이 숨기려 하는 자들은 화 있을진저 그들의 일을 어두운 데에서 행하며 이르기를 누가 우리를 보랴 누가 우리를 알랴 하니 너희의 패역함이 심하도다 토기장이를 어찌 진흙 같이 여기겠느냐 지음을 받은 물건이 어찌 자기를 지은 이에게 대하여 이르기를 그가 나를 짓지 아니하였다 하겠으며 빚음을 받은 물건이 자기를 빚은 이에게 대하여 이르기를 그가 총명이

없다 하겠느냐

렘 23:23-24 여호와의 말씀이니라 나는 가까운 데에 있는 하나님이요 먼 데에 있는 하나님은 아니냐 여호와의 말씀이니라 사람이 내게 보이지 아니하려고 누가 자신을 은밀한 곳에 숨길 수 있겠느냐 여호와가 말하노라 나는 천지에 충만하지 아니하냐

겔 8:12 또 내게 이르시되 인자야 이스라엘 족속의 장로들이 각각 그 우상의 방 안 어두운 가운데에서 행하는 것을 네가 보았느냐 그들이 이르기를 여호와께서 우리를 보지 아니하시며 여호와께서 이 땅을 버리셨다 하느니라

마 17:27 그러나 우리가 그들이 실족하지 않게 하기 위하여 네가 바다에 가서 낚시를 던져 먼저 오르는 고기를 가져 입을 열면 돈 한 세겔을 얻을 것이니 가져다가 나와 너를 위하여 주라 하시니라

행 17:25-28 또 무엇이 부족한 것처럼 사람의 손으로 섬김을 받으시는 것이 아니니 이는 만민에게 생명과 호흡과 만물을 친히 주시는 이심이라 인류의 모든 족속을 한 혈통으로 만드사 온 땅에 살게 하시고 그들의 연대를 정하시며 거주의 경계를 한정하셨으니 이는 사람으로 혹 하나님을 더듬어 찾아 발견하게 하려 하심이로되 그는 우리 각 사람에게서 멀리 계시지 아니하도다 우리가 그를 힘입어 살며 기동하며 존재하느니라 너희 시인 중 어떤 사람들의 말과 같이 우리가 그의 소생이라 하니

히 1:3 이는 하나님의 영광의 광채시요 그 본체의 형상이시라 그의 능력의 말씀으로 만물을 붙드시며 죄를 정결하게 하는 일을 하시고 높은 곳에 계신 지극히 크신 이의 우편에 앉으셨느니라

렘 5:24 또 너희 마음으로 우리에게 이른 비와 늦은 비를 때를 따라 주시며 우리를 위하여 추수 기한을 정하시는 우리 하나님 여호와를 경외하자 말하지도 아니하니

행 14:17 그러나 자기를 증언하지 아니하신 것이 아니니 곧 여러분에게 하늘로부터 비를 내리시며 결실기를 주시는 선한 일을 하사 음식과 기쁨으로 여러분의 마음에 만족하게 하셨느니라 하고

잠 22:2 가난한 자와 부한 자가 함께 살거니와 그 모두를 지으신 이는 여호와시니라
요 9:3 예수께서 대답하시되 이 사람이나 그 부모의 죄로 인한 것이 아니라 그에게서 하나님이 하시는 일을 나타내고자 하심이라
잠 16:33 제비는 사람이 뽑으나 모든 일을 작정하기는 여호와께 있느니라
마 10:29-30 참새 두 마리가 한 앗사리온에 팔리지 않느냐 그러나 너희 아버지께서 허락하지 아니하시면 그 하나도 땅에 떨어지지 아니하리라 너희에게는 머리털까지 다 세신 바 되었나니

28문답

문. 하나님께서 모든 것을 창조하시고, 섭리로 여전히 보존하심을 아는 것이 우리에게 어떤 유익을 줍니까?

답. 우리는 어떠한 역경 가운데서도 인내할 수 있고,[1] 형통할 때는 감사할 수 있습니다.[2] 또한 장래에 우리에게 어떤 일이 일어나도, 어떤 피조물이라도 우리를 하나님의 사랑에서 끊을 수 없게 하시는 신실하신 하나님 아버지를 굳게 신뢰할 수 있습니다.[3] 모든 피조물이 다 하나님의 손안에 있으므로 하나님의 뜻이 아니면 어떠한 일도 일어날 수 없습니다.[4]

[1] 욥 1:21-22; 시 39:9; 롬 5:3-4; 약 1:3. [2] 신 8:10; 살전 5:18. [3] 시 55:22; 롬 5:4-5; 8:38-39. [4] 욥 1:12; 2:6; 잠 21:1; 행 17:25-28.

욥 1:21-22 이르되 내가 모태에서 알몸으로 나왔사온즉 또한 알몸이 그리로 돌아가올지라 주신 이도 여호와시요 거두신 이도 여호와시오니 여호와의 이름이 찬송을 받으실지니이다 하고 이 모든 일에 욥이 범죄하지 아니하고 하나님을 향하여 원망하지 아니하니라

시 39:9 내가 잠잠하고 입을 열지 아니함은 주께서 이를 행하신 까닭이니이다

롬 5:3-4 다만 이뿐 아니라 우리가 환난 중에도 즐거워하나니 이는 환난은 인내를, 인내는 연단을, 연단은 소망을 이루는 줄 앎이로다

약 1:3 이는 너희 믿음의 시련이 인내를 만들어 내는 줄 너희가 앎이라

신 8:10 네가 먹어서 배부르고 네 하나님 여호와께서 옥토를 네게 주셨음으로 말미암아 그를 찬송하리라

살전 5:18 범사에 감사하라 이것이 그리스도 예수 안에서 너희를 향하신 하나님의 뜻이니라

시 55:22 네 짐을 여호와께 맡기라 그가 너를 붙드시고 의인의 요동함을 영원히 허락하지 아니하시리로다

롬 5:4-5; 8:38-39 ⁵:⁴⁻⁵인내는 연단을, 연단은 소망을 이루는 줄 앎이로다 소망이 우리를 부끄럽게 하지 아니함은 우리에게 주신 성령으로 말미암아 하나님의 사랑이 우리 마음에 부은 바 됨이니 ⁸:³⁸⁻³⁹내가 확신하노니 사망이나 생명이나 천사들이나 권세자들이나 현재 일이나 장래 일이나 능력이나 높음이나 깊음이나 다른 어떤 피조물이라도 우리를 우리 주 그리스도 예수 안에 있는 하나님의 사랑에서 끊을 수 없으리라

욥 1:12; 2:6 ¹:¹²여호와께서 사탄에게 이르시되 내가 그의 소유물을 다 네 손에 맡기노라 다만 그의 몸에는 네 손을 대지 말지니라 사탄이 곧 여호와 앞에서 물러가니라 ²:⁶여호와께서 사탄에게 이르시되 내가 그를 네 손에 맡기노라 다만 그의 생명은 해하지 말지니라

잠 21:1 왕의 마음이 여호와의 손에 있음이 마치 봇물과 같아서 그가 임의로 인도하시느니라

행 17:25-28 또 무엇이 부족한 것처럼 사람의 손으로 섬김을 받으시는 것이 아

니니 이는 만민에게 생명과 호흡과 만물을 친히 주시는 이심이라 인류의 모든 족속을 한 혈통으로 만드사 온 땅에 살게 하시고 그들의 연대를 정하시며 거주의 경계를 한정하셨으니 이는 사람으로 혹 하나님을 더듬어 찾아 발견하게 하려 하심이로되 그는 우리 각 사람에게서 멀리 계시지 아니하도다 우리가 그를 힘입어 살며 기동하며 존재하느니라 너희 시인 중 어떤 사람들의 말과 같이 우리가 그의 소생이라 하니

성자 하나님과 구속에 관하여
11주일

29문답

문. 왜 하나님의 아들을 구주라는 의미를 지닌 "예수"라고 부릅니까?

답. 그분이 우리를 구원하여 우리를 우리 죄에서 해방해 주시기 때문입니다.[1] 또한 그분 외에는 구원을 구해서도 안 되며, 찾을 수도 없기 때문입니다.[2]

[1] 마 1:21; 히 7:25. [2] 사 43:11; 행 4:11-12; 딤전 2:5; 요일 5:11-12.

마 1:21 아들을 낳으리니 이름을 예수라 하라 이는 그가 자기 백성을 그들의 죄에서 구원할 자이심이라 하니라

히 7:25 그러므로 자기를 힘입어 하나님께 나아가는 자들을 온전히 구원하실 수 있으니 이는 그가 항상 살아 계셔서 그들을 위하여 간구하심이라

사 43:11 나 곧 나는 여호와라 나 외에 구원자가 없느니라

행 4:11-12 이 예수는 너희 건축자들의 버린 돌로서 집 모퉁이의 머릿돌이 되었느니라 다른 이로써는 구원을 받을 수 없나니 천하 사람 중에 구원을 받을 만한 다른 이름을 우리에게 주신 일이 없음이라 하였더라

딤전 2:5 하나님은 한 분이시요 또 하나님과 사람 사이에 중보자도 한 분이시니 곧 사람이신 그리스도 예수라

요일 5:11-12 또 증거는 이것이니 하나님이 우리에게 영생을 주신 것과 이 생명이 그의 아들 안에 있는 그것이니라 아들이 있는 자에게는 생명이 있고 하나님의

아들이 없는 자에게는 생명이 없느니라

30문답

문. 그렇다면 자신의 구원과 복을 성인에게서, 혹은 자기 자신이나 다른 데서 구하는 사람들이 있는데, 그런 사람들은 예수님을 유일한 구주로 믿는 것입니까?

답. 아닙니다. 그들은 말로는 예수님을 자랑하지만, 실제 행위로는 유일한 구주 예수님을 부인합니다.[1] 왜냐하면 예수님이 완전한 구주가 아니시든지, 아니면 참된 믿음으로 이 구주를 영접하는 사람들이 자신들의 구원에 필요한 모든 것을 예수님 안에서 반드시 찾든지 둘 중 하나만 참되기 때문입니다.[2]

[1] 고전 1:13, 30-31; 갈 5:4. [2] 사 9:7; 요 1:16; 골 1:19-20 2:10; 히 12:2; 요일 1:7.

고전 1:13, 30-31 [13]그리스도께서 어찌 나뉘었느냐 바울이 너희를 위하여 십자가에 못 박혔으며 바울의 이름으로 너희가 세례를 받았느냐 [30-31]너희는 하나님으로부터 나서 그리스도 예수 안에 있고 예수는 하나님으로부터 나와서 우리에게 지혜와 의로움과 거룩함과 구원함이 되셨으니 기록된 바 자랑하는 자는 주 안에서 자랑하라 함과 같게 하려 함이라

갈 5:4 율법 안에서 의롭다 함을 얻으려 하는 너희는 그리스도에게서 끊어지고 은혜에서 떨어진 자로다

사 9:7 그 정사와 평강의 더함이 무궁하며 또 다윗의 왕좌와 그의 나라에 군림하여 그 나라를 굳게 세우고 지금 이후로 영원히 정의와 공의로 그것을 보존하실 것이라 만군의 여호와의 열심이 이를 이루시리라

요 1:16 우리가 다 그의 충만한 데서 받으니 은혜 위에 은혜러라

골 1:19-20; 2:10 $^{1:19-20}$아버지께서는 모든 충만으로 예수 안에 거하게 하시고 그의 십자가의 피로 화평을 이루사 만물 곧 땅에 있는 것들이나 하늘에 있는 것들이 그로 말미암아 자기와 화목하게 되기를 기뻐하심이라 $^{2:10}$너희도 그 안에서 충만하여졌으니 그는 모든 통치자와 권세의 머리시라

히 12:2 믿음의 주요 또 온전하게 하시는 이인 예수를 바라보자 그는 그 앞에 있는 기쁨을 위하여 십자가를 참으사 부끄러움을 개의치 아니하시더니 하나님 보좌 우편에 앉으셨느니라

요일 1:7 그가 빛 가운데 계신 것 같이 우리도 빛 가운데 행하면 우리가 서로 사귐이 있고 그 아들 예수의 피가 우리를 모든 죄에서 깨끗하게 하실 것이요

12주일

31문답

문. 왜 예수님을 "기름 부음을 받은 자"라는 의미를 지닌 "그리스도"라고 부릅니까?

답. 왜냐하면 예수님께서는 성부 하나님께로부터 세움을 받으시고 성령으로 기름 부음을 받으심으로[1] 큰 선지자와 선생이 되셔서 우리의 구원을 위한 하나님의 감추어졌던 계획과 뜻을 우리에게 온전히 계시하시고,[2] 대제사장이 되셔서 자신의 몸을 희생제물로 단번에 드려 우리를 구속하시고,[3] 우리를 위해 하나님 아버지께 항상 간구하시며,[4] 우리의 영원한 왕이 되셔서 그분의 말씀과 성령으로 우리를 다스리시고, 우리를 위해 값 주고 사신 그 구원을 우리가 누리도록 우리를 보호하시고 보존하시기 때문입니다.[5]

[1] 시 45:7; 사 61:1; 눅 3:21-22; 4:18; 행 10:38; 히 1:9. [2] 신 18:15; 사 55:4; 마 11:27; 요 1:18; 15:15; 행 3:22; 엡 1:9-10; 골 1:26-27. [3] 시 110:4; 히 7:21; 9:12, 14, 28; 10:12, 14. [4] 롬 8:34; 히 7:25; 9:24; 요일 2:1. [5] 시 2:6; 슥 9:9; 마 21:5; 28:18; 눅 1:33; 요 10:28; 계 12:10-11.

시 45:7 왕은 정의를 사랑하고 악을 미워하시니 그러므로 하나님 곧 왕의 하나님

이 즐거움의 기름을 왕에게 부어 왕의 동료보다 뛰어나게 하셨나이다

사 61:1 주 여호와의 영이 내게 내리셨으니 이는 여호와께서 내게 기름을 부으사 가난한 자에게 아름다운 소식을 전하게 하려 하심이라 나를 보내사 마음이 상한 자를 고치며 포로된 자에게 자유를, 갇힌 자에게 놓임을 선포하며

눅 3:21-22; 4:18 ³:²¹⁻²²백성이 다 세례를 받을새 예수도 세례를 받으시고 기도하실 때에 하늘이 열리며 성령이 비둘기 같은 형체로 그의 위에 강림하시더니 하늘로부터 소리가 나기를 너는 내 사랑하는 아들이라 내가 너를 기뻐하노라 하시니라 ⁴:¹⁸주의 성령이 내게 임하셨으니 이는 가난한 자에게 복음을 전하게 하시려고 내게 기름을 부으시고 나를 보내사 포로 된 자에게 자유를, 눈 먼 자에게 다시 보게 함을 전파하며 눌린 자를 자유롭게 하고

행 10:38 하나님이 나사렛 예수에게 성령과 능력을 기름 붓듯 하셨으매 그가 두루 다니시며 선한 일을 행하시고 마귀에게 눌린 모든 사람을 고치셨으니 이는 하나님이 함께 하셨음이라

히 1:9 주께서 의를 사랑하시고 불법을 미워하셨으니 그러므로 하나님 곧 주의 하나님이 즐거움의 기름을 주께 부어 주를 동류들보다 뛰어나게 하셨도다 하였고

신 18:15 네 하나님 여호와께서 너희 가운데 네 형제 중에서 너를 위하여 나와 같은 선지자 하나를 일으키시리니 너희는 그의 말을 들을지니라

사 55:4 보라 내가 그를 만민에게 증인으로 세웠고 만민의 인도자와 명령자로 삼았나니

마 11:27 내 아버지께서 모든 것을 내게 주셨으니 아버지 외에는 아들을 아는 자가 없고 아들과 또 아들의 소원대로 계시를 받는 자 외에는 아버지를 아는 자가 없느니라

요 1:18; 15:15 ¹:¹⁸본래 하나님을 본 사람이 없으되 아버지 품 속에 있는 독생하신 하나님이 나타내셨느니라 ¹⁵:¹⁵이제부터는 너희를 종이라 하지 아니하리니 종은 주인이 하는 것을 알지 못함이라 너희를 친구라 하였노니 내가 내 아버지께 들은 것을 다 너희에게 알게 하였음이라

행 3:22 모세가 말하되 주 하나님이 너희를 위하여 너희 형제 가운데서 나 같은 선지자 하나를 세울 것이니 너희가 무엇이든지 그의 모든 말을 들을 것이라

엡 1:9-10 그 뜻의 비밀을 우리에게 알리신 것이요 그의 기뻐하심을 따라 그리스도 안에서 때가 찬 경륜을 위하여 예정하신 것이니 하늘에 있는 것이나 땅에 있는 것이 다 그리스도 안에서 통일되게 하려 하심이라

골 1:26-27 이 비밀은 만세와 만대로부터 감추어졌던 것인데 이제는 그의 성도들에게 나타났고 하나님이 그들로 하여금 이 비밀의 영광이 이방인 가운데 얼마나 풍성한지를 알게 하려 하심이라 이 비밀은 너희 안에 계신 그리스도시니 곧 영광의 소망이니라

시 110:4 여호와는 맹세하고 변하지 아니하시리라 이르시기를 너는 멜기세덱의 서열을 따라 영원한 제사장이라 하셨도다

히 7:21; 9:12, 14, 28; 10:12, 14 ⁷:²¹(그들은 맹세 없이 제사장이 되었으되 오직 예수는 자기에게 말씀하신 이로 말미암아 맹세로 되신 것이라 주께서 맹세하시고 뉘우치지 아니하시리니 네가 영원히 제사장이라 하셨도다) ⁹:¹²염소와 송아지의 피로 하지 아니하고 오직 자기의 피로 영원한 속죄를 이루사 단번에 성소에 들어가셨느니라 ⁹:¹⁴하물며 영원하신 성령으로 말미암아 흠 없는 자기를 하나님께 드린 그리스도의 피가 어찌 너희 양심을 죽은 행실에서 깨끗하게 하고 살아 계신 하나님을 섬기게 하지 못하겠느냐 ⁹:²⁸이와 같이 그리스도도 많은 사람의 죄를 담당하시려고 단번에 드리신 바 되셨고 구원에 이르게 하기 위하여 죄와 상관 없이 자기를 바라는 자들에게 두 번째 나타나시리라 ¹⁰:¹²오직 그리스도는 죄를 위하여 한 영원한 제사를 드리시고 하나님 우편에 앉으사 ¹⁰:¹⁴그가 거룩하게 된 자들을 한 번의 제사로 영원히 온전하게 하셨느니라

롬 8:34 누가 정죄하리요 죽으실 뿐 아니라 다시 살아나신 이는 그리스도 예수시니 그는 하나님 우편에 계신 자요 우리를 위하여 간구하시는 자시니라

히 7:25; 9:24 ⁷:²⁵그러므로 자기를 힘입어 하나님께 나아가는 자들을 온전히 구원하실 수 있으니 이는 그가 항상 살아 계셔서 그들을 위하여 간구하심이라 ⁹:²⁴그리스도께서는 참 것의 그림자인 손으로 만든 성소에 들어가지 아니하시고 바로

그 하늘에 들어가사 이제 우리를 위하여 하나님 앞에 나타나시그

요일 2:1 나의 자녀들아 내가 이것을 너희에게 씀은 너희로 죄를 범하지 않게 하려 함이라 만일 누가 죄를 범하여도 아버지 앞에서 우리에게 대언자가 있으니 곧 의로우신 예수 그리스도시라

시 2:6 내가 나의 왕을 내 거룩한 산 시온에 세웠다 하시리로다

슥 9:9 시온의 딸아 크게 기뻐할지어다 예루살렘의 딸아 즐거이 부를지어다 보라 네 왕이 네게 임하시나니 그는 공의로우시며 구원을 베푸시며 겸손하여서 나귀를 타시나니 나귀의 작은 것 곧 나귀 새끼니라

마 21:5; 28:18 [21:5]시온 딸에게 이르기를 네 왕이 네게 임하나니 그는 겸손하여 나귀, 곧 멍에 메는 짐승의 새끼를 탔도다 하라 하였느니라 [28:18]예수께서 나아와 말씀하여 이르시되 하늘과 땅의 모든 권세를 내게 주셨으니

눅 1:33 영원히 야곱의 집을 왕으로 다스리실 것이며 그 나라가 무궁하리라

요 10:28 내가 그들에게 영생을 주노니 영원히 멸망하지 아니할 것이요 또 그들을 내 손에서 빼앗을 자가 없느니라

계 12:10-11 내가 또 들으니 하늘에 큰 음성이 있어 이르되 이제 우리 하나님의 구원과 능력과 나라와 또 그의 그리스도의 권세가 나타났으니 우리 형제들을 참소하던 자 곧 우리 하나님 앞에서 밤낮 참소하던 자가 쫓겨났고 또 우리 형제들이 어린 양의 피와 자기들이 증언하는 말씀으로써 그를 이겼으니 그들은 죽기까지 자기들의 생명을 아끼지 아니하였도다

32문답

문. 그런데 당신은 왜 그리스도인이라고 불립니까?[1]

답. 왜냐하면 제가 믿음으로 그리스도의 지체가 되어 그리스도의 기름 부음에 참여하기 때문입니다.[2] 그럼으로써 저

는 선지자로서 그리스도의 이름을 고백하고,³⁾ 제사장으로서 저 자신을 감사의 산 제물로 그리스도께 드리며,⁴⁾ 왕으로서 이 세상에서 사는 동안 자유롭고 선한 양심으로 죄와 마귀에 대항하여 싸우고,⁵⁾ 이후로는 영원히 그리스도와 함께 모든 피조물을 다스릴 것입니다.⁶⁾

¹⁾ 행 11:26. ²⁾ 사 59:21; 욜 2:28; 행 2:17; 고전 6:15; 12:13; 요일 2:27. ³⁾ 마 10:32-33; 롬 10:10; 히 13:15. ⁴⁾ 출 19:6; 롬 12:1; 벧전 2:5; 계 1:6; 5:8, 10. ⁵⁾ 롬 6:12-13; 갈 5:16-17; 엡 6:11; 딤전 1:18-19; 벧전 2:9, 11. ⁶⁾ 딤후 2:12; 계 22:5.

행 11:26 만나매 안디옥에 데리고 와서 둘이 교회에 일 년간 모여 있어 큰 무리를 가르쳤고 제자들이 안디옥에서 비로소 그리스도인이라 일컬음을 받게 되었더라

사 59:21 여호와께서 이르시되 내가 그들과 세운 나의 언약이 이러하니 곧 네 위에 있는 나의 영과 네 입에 둔 나의 말이 이제부터 영원하도록 네 입에서와 네 후손의 입에서와 네 후손의 후손의 입에서 떠나지 아니하리라 하시니라 여호와의 말씀이니라

욜 2:28 그 후에 내가 내 영을 만민에게 부어 주리니 너희 자녀들이 장래 일을 말할 것이며 너희 늙은이는 꿈을 꾸며 너희 젊은이는 이상을 볼 것이며

행 2:17 하나님이 말씀하시기를 말세에 내가 내 영을 모든 육체에 부어 주리니 너희의 자녀들은 예언할 것이요 너희의 젊은이들은 환상을 보고 너희의 늙은이들은 꿈을 꾸리라

고전 6:15; 12:13 ⁶:¹⁵너희 몸이 그리스도의 지체인 줄 알지 못하느냐 내가 그리스도의 지체를 가지고 창녀의 지체를 만들겠느냐 결코 그럴 수 없느니라 ¹²:¹³우리가 유대인이나 헬라인이나 종이나 자유인이나 다 한 성령으로 세례를 받아 한 몸이 되었고 또 다 한 성령을 마시게 하셨느니라

요일 2:27 너희는 주께 받은 바 기름 부음이 너희 안에 거하나니 아무도 너희를 가르칠 필요가 없고 오직 그의 기름 부음이 모든 것을 너희에게 가르치며 또 참되고 거짓이 없으니 너희를 가르치신 그대로 주 안에 거하라

마 10:32-33 누구든지 사람 앞에서 나를 시인하면 나도 하늘에 계신 내 아버지 앞에서 그를 시인할 것이요 누구든지 사람 앞에서 나를 부인하면 나도 하늘에 계신 내 아버지 앞에서 그를 부인하리라

롬 10:10 사람이 마음으로 믿어 의에 이르고 입으로 시인하여 구원에 이르느니라

히 13:15 그러므로 우리는 예수로 말미암아 항상 찬송의 제사를 하나님께 드리자 이는 그 이름을 증언하는 입술의 열매니라

출 19:6 너희가 내게 대하여 제사장 나라가 되며 거룩한 백성이 되리라 너는 이 말을 이스라엘 자손에게 전할지니라

롬 12:1 그러므로 형제들아 내가 하나님의 모든 자비하심으로 너희를 권하노니 너희 몸을 하나님이 기뻐하시는 거룩한 산 제물로 드리라 이는 너희가 드릴 영적 예배니라

벧전 2:5 너희도 산 돌 같이 신령한 집으로 세워지고 예수 그리스도로 말미암아 하나님이 기쁘게 받으실 신령한 제사를 드릴 거룩한 제사장이 될지니라

계 1:6; 5:8, 10 [1:6]그의 아버지 하나님을 위하여 우리를 나라와 제사장으로 삼으신 그에게 영광과 능력이 세세토록 있기를 원하노라 아멘 [5:8]그 두루마리를 취하시매 네 생물과 이십사 장로들이 그 어린 양 앞에 엎드려 각각 거문고와 향이 가득한 금 대접을 가졌으니 이 향은 성도의 기도들이라 [5:10]그들로 우리 하나님 앞에서 나라와 제사장들을 삼으셨으니 그들이 땅에서 왕 노릇 하리로다 하더라

롬 6:12-13 그러므로 너희는 죄가 너희 죽을 몸을 지배하지 못하게 하여 몸의 사욕에 순종하지 말고 또한 너희 지체를 불의의 무기로 죄에게 내주지 말고 오직 너희 자신을 죽은 자 가운데서 다시 살아난 자 같이 하나님께 드리며 너희 지체를 의의 무기로 하나님께 드리라

갈 5:16-17 내가 이르노니 너희는 성령을 따라 행하라 그리하면 육체의 욕심을

이루지 아니하리라 육체의 소욕은 성령을 거스르고 성령은 육체를 거스르나니 이 둘이 서로 대적함으로 너희가 원하는 것을 하지 못하게 하려 함이니라

엡 6:11 마귀의 간계를 능히 대적하기 위하여 하나님의 전신 갑주를 입으라

딤전 1:18-19 아들 디모데야 내가 네게 이 교훈으로써 명하노니 전에 너를 지도한 예언을 따라 그것으로 선한 싸움을 싸우며 믿음과 착한 양심을 가지라 어떤 이들은 이 양심을 버렸고 그 믿음에 관하여는 파선하였느니라

벧전 2:9, 11 [2:9]그러나 너희는 택하신 족속이요 왕 같은 제사장들이요 거룩한 나라요 그의 소유가 된 백성이니 이는 너희를 어두운 데서 불러 내어 그의 기이한 빛에 들어가게 하신 이의 아름다운 덕을 선포하게 하려 하심이라 [2:11]사랑하는 자들아 거류민과 나그네 같은 너희를 권하노니 영혼을 거슬러 싸우는 육체의 정욕을 제어하라

딤후 2:12 참으면 또한 함께 왕 노릇 할 것이요 우리가 주를 부인하면 주도 우리를 부인하실 것이라

계 22:5 다시 밤이 없겠고 등불과 햇빛이 쓸 데 없으니 이는 주 하나님이 그들에게 비치심이라 그들이 세세토록 왕 노릇 하리로다

13주일

33문답

문. 우리도 하나님의 자녀인데, 왜 그리스도만 하나님의 "독생자"라고 부릅니까?

답. 오직 그리스도께서만 하나님의 영원하신 참 아들이시기 때문입니다.[1] 우리는 그리스도로 말미암아 은혜로 입양된 하나님의 자녀입니다.[2]

[1] 요 1:1, 14, 18; 3:16; 롬 8:32; 히 1:1-2; 요일 4:9. [2] 요 1:12; 20:17; 롬 8:15-17; 갈 4:6; 엡 1:5-6.

요 1:1, 14, 18; 3:16 1:1태초에 말씀이 계시니라 이 말씀이 하나님과 함께 계셨으니 이 말씀은 곧 하나님이시니라 1:14말씀이 육신이 되어 우리 가운데 거하시매 우리가 그의 영광을 보니 아버지의 독생자의 영광이요 은혜와 진리가 충만하더라 1:18본래 하나님을 본 사람이 없으되 아버지 품 속에 있는 독생하신 하나님이 나타내셨느니라 3:16하나님이 세상을 이처럼 사랑하사 독생자를 주셨으니 이는 그를 믿는 자마다 멸망하지 않고 영생을 얻게 하려 하심이라

롬 8:32 자기 아들을 아끼지 아니하시고 우리 모든 사람을 위하여 내주신 이가 어찌 그 아들과 함께 모든 것을 우리에게 주시지 아니하겠느냐

히 1:1-2 옛적에 선지자들을 통하여 여러 부분과 여러 모양으로 우리 조상들에게 말씀하신 하나님이 이 모든 날 마지막에는 아들을 통하여 우리에게 말씀하셨으니 이 아들을 만유의 상속자로 세우시고 또 그로 말미암아 모든 세계를 지으셨느니라

요일 4:9 하나님의 사랑이 우리에게 이렇게 나타난 바 되었으니 하나님이 자기의 독생자를 세상에 보내심은 그로 말미암아 우리를 살리려 하심이라

요 1:12; 20:17 [1:12]영접하는 자 곧 그 이름을 믿는 자들에게는 하나님의 자녀가 되는 권세를 주셨으니 [20:17]예수께서 이르시되 나를 붙들지 말라 내가 아직 아버지께로 올라가지 아니하였노라 너는 내 형제들에게 가서 이르되 내가 내 아버지 곧 너희 아버지, 내 하나님 곧 너희 하나님께로 올라간다 하라 하시니

롬 8:15-17 너희는 다시 무서워하는 종의 영을 받지 아니하고 양자의 영을 받았으므로 우리가 아빠 아버지라고 부르짖느니라 성령이 친히 우리의 영과 더불어 우리가 하나님의 자녀인 것을 증언하시나니 자녀이면 또한 상속자 곧 하나님의 상속자요 그리스도와 함께 한 상속자니 우리가 그와 함께 영광을 받기 위하여 고난도 함께 받아야 할 것이니라

갈 4:6 너희가 아들이므로 하나님이 그 아들의 영을 우리 마음 가운데 보내사 아빠 아버지라 부르게 하셨느니라

엡 1:5-6 그 기쁘신 뜻대로 우리를 예정하사 예수 그리스도로 말미암아 자기의 아들들이 되게 하셨으니 이는 그가 사랑하시는 자 안에서 우리에게 거저 주시는 바 그의 은혜의 영광을 찬송하게 하려는 것이라

34문답

문. 당신은 왜 그리스도를 "우리 주"라고 부릅니까?

답. 그리스도께서 금이나 은이 아니라 그분의 보배로운 피로 우리의 몸과 영혼을 우리의 모든 죄에서 구속하셨고,[1] 우리를 마귀의 모든 권세에서 해방해 주셨으며,[2] 그분의 소유로 삼아 주셨기 때문입니다.[3]

¹⁾ 고전 6:19-20; 7:23; 엡 1:7; 딤전 2:6; 벧전 1:18-19. ²⁾ 골 1:13-14; 히 2:14-15. ³⁾ 요 10:28; 벧전 2:9.

고전 6:19-20; 7:23 ⁶:¹⁹⁻²⁰너희 몸은 너희가 하나님께로부터 받은 바 너희 가운데 계신 성령의 전인 줄을 알지 못하느냐 너희는 너희 자신의 것이 아니라 값으로 산 것이 되었으니 그런즉 너희 몸으로 하나님께 영광을 돌리라 ⁷:²³너희는 값으로 사신 것이니 사람들의 종이 되지 말라

엡 1:7 우리는 그리스도 안에서 그의 은혜의 풍성함을 따라 그의 피로 말미암아 속량 곧 죄 사함을 받았느니라

딤전 2:6 그가 모든 사람을 위하여 자기를 대속물로 주셨으니 기약이 이르러 주신 증거니라

벧전 1:18-19 너희가 알거니와 너희 조상이 물려 준 헛된 행실에서 대속함을 받은 것은 은이나 금 같이 없어질 것으로 된 것이 아니요 오직 흠 없고 점 없는 어린 양 같은 그리스도의 보배로운 피로 된 것이니라

골 1:13-14 그가 우리를 흑암의 권세에서 건져내사 그의 사랑의 아들의 나라로 옮기셨으니 그 아들 안에서 우리가 속량 곧 죄 사함을 얻었도다

히 2:14-15 자녀들은 혈과 육에 속하였으매 그도 또한 같은 모양으로 혈과 육을 함께 지니심은 죽음을 통하여 죽음의 세력을 잡은 자 곧 마귀를 멸하시며 또 죽기를 무서워하므로 한평생 매여 종 노릇 하는 모든 자들을 놓아 주려 하심이니

요 10:28 내가 그들에게 영생을 주노니 영원히 멸망하지 아니할 것이요 또 그들을 내 손에서 빼앗을 자가 없느니라

벧전 2:9 그러나 너희는 택하신 족속이요 왕 같은 제사장들이요 거룩한 나라요 그의 소유가 된 백성이니 이는 너희를 어두운 데서 불러 내어 그의 기이한 빛에 들어가게 하신 이의 아름다운 덕을 선포하게 하려 하심이라

14주일

35문답

문. "성령으로 잉태하사 동정녀 마리아에게 나시고"라는 말은 무엇을 의미합니까?

답. 언제나 계시는 하나님의 영원하신 아들이 참되고 영원한 하나님의 본질을 그대로 지니신 채,[1] 성령님의 일하심으로 말미암아[2] 동정녀 마리아의 살과 피로부터 참된 인성을 취하셔서[3] 다윗의 참된 자손이 되시고[4] 모든 면에서 그 형제들과 같이 되셨으나 죄는 없으시다는 뜻입니다.[5]

[1] 마 1:23; 3:17; 16:16; 17:5; 요 1:1; 10:30; 17:3, 5; 20:28; 롬 1:3-4; 9:5; 빌 2:6; 골 1:15-16; 딛 2:13; 히 1:3; 요일 5:20. [2] 마 1:18, 20; 눅 1:35. [3] 눅 1:31, 42-43; 요 1:14; 갈 4:4. [4] 삼하 7:12; 시 132:11; 마 1:1; 눅 1:32; 행 2:30-31; 롬 1:3. [5] 빌 2:7; 히 2:14, 17; 4:15; 7:26-27.

마 1:23; 3:17; 16:16; 17:5 ¹:²³보라 처녀가 잉태하여 아들을 낳을 것이요 그의 이름은 임마누엘이라 하리라 하셨으니 이를 번역한즉 하나님이 우리와 함께 계시다 함이라 ³:¹⁷하늘로부터 소리가 있어 말씀하시되 이는 내 사랑하는 아들이요 내 기뻐하는 자라 하시니라 ¹⁶:¹⁶시몬 베드로가 대답하여 이르되 주는 그리스도시요 살아 계신 하나님의 아들이시니이다 ¹⁷:⁵말할 때에 홀연히 빛난 구름이 그들을 덮으며 구름 속에서 소리가 나서 이르시되 이는 내 사랑하는 아들이요 내 기뻐하는 자니 너희는 그의 말을 들으라 하시는지라

요 1:1; 10:30; 17:3, 5; 20:28 ¹:¹태초에 말씀이 계시니라 이 말씀이 하나님과 함

계 계셨으니 이 말씀은 곧 하나님이시니라 ^{10:30}나와 아버지는 하나이니라 하신대 ^{17:3}영생은 곧 유일하신 참 하나님과 그가 보내신 자 예수 그리스도를 아는 것이니 이다 ^{17:5}아버지여 창세 전에 내가 아버지와 함께 가졌던 영화로써 지금은 아버지와 함께 나를 영화롭게 하옵소서 ^{20:28}도마가 대답하여 이르되 나의 주님이시요 나의 하나님이시니이다

롬 1:3-4; 9:5 ^{1:3-4}그의 아들에 관하여 말하면 육신으로는 다윗의 혈통에서 나셨고 성결의 영으로는 죽은 자들 가운데서 부활하사 능력으로 하나님의 아들로 선포되셨으니 곧 우리 주 예수 그리스도시니라 ^{9:5}조상들도 그들의 것이요 육신으로 하면 그리스도가 그들에게서 나셨으니 그는 만물 위에 계셔서 세세에 찬양을 받으실 하나님이시니라 아멘

빌 2:6 그는 근본 하나님의 본체시나 하나님과 동등됨을 취할 것으로 여기지 아니하시고

골 1:15-16 그는 보이지 아니하는 하나님의 형상이시요 모든 피조물보다 먼저 나신 이시니 만물이 그에게서 창조되되 하늘과 땅에서 보이는 것들과 보이지 않는 것들과 혹은 왕권들이나 주권들이나 통치자들이나 권세들이나 만물이 다 그로 말미암고 그를 위하여 창조되었고

딛 2:13 복스러운 소망과 우리의 크신 하나님 구주 예수 그리스도의 영광이 나타나심을 기다리게 하셨으니

히 1:3 이는 하나님의 영광의 광채시요 그 본체의 형상이시라 그의 능력의 말씀으로 만물을 붙드시며 죄를 정결하게 하는 일을 하시고 높은 곳에 계신 지극히 크신 이의 우편에 앉으셨느니라

요일 5:20 또 아는 것은 하나님의 아들이 이르러 우리에게 지각을 주사 우리로 참된 자를 알게 하신 것과 또한 우리가 참된 자 곧 그의 아들 예수 그리스도 안에 있는 것이니 그는 참 하나님이시요 영생이시라

마 1:18, 20 예수 그리스도의 나심은 이러하니라 그의 어머니 마리아가 요셉과 약혼하고 동거하기 전에 성령으로 잉태된 것이 나타났더니

이 일을 생각할 때에 주의 사자가 현몽하여 이르되 다윗의 자손 요셉아 네 아내

마리아 데려오기를 무서워하지 말라 그에게 잉태된 자는 성령으로 된 것이라

눅 1:35 천사가 대답하여 이르되 성령이 네게 임하시고 지극히 높으신 이의 능력이 너를 덮으시리니 이러므로 나실 바 거룩한 이는 하나님의 아들이라 일컬어지리라

눅 1:31, 42-43 ³¹보라 네가 잉태하여 아들을 낳으리니 그 이름을 예수라 하라 ⁴²⁻⁴³큰 소리로 불러 이르되 여자 중에 네가 복이 있으며 네 태중의 아이도 복이 있도다 내 주의 어머니가 내게 나아오니 이 어찌 된 일인가

요 1:14 말씀이 육신이 되어 우리 가운데 거하시매 우리가 그의 영광을 보니 아버지의 독생자의 영광이요 은혜와 진리가 충만하더라

갈 4:4 때가 차매 하나님이 그 아들을 보내사 여자에게서 나게 하시고 율법 아래에 나게 하신 것은

삼하 7:12 네 수한이 차서 네 조상들과 함께 누울 때에 내가 네 몸에서 날 네 씨를 네 뒤에 세워 그의 나라를 견고하게 하리라

시 132:11 여호와께서 다윗에게 성실히 맹세하셨으니 변하지 아니하실지라 이르시기를 네 몸의 소생을 네 왕위에 둘지라

마 1:1 아브라함과 다윗의 자손 예수 그리스도의 계보라

눅 1:32 그가 큰 자가 되고 지극히 높으신 이의 아들이라 일컬어질 것이요 주 하나님께서 그 조상 다윗의 왕위를 그에게 주시리니

행 2:30-31 그는 선지자라 하나님이 이미 맹세하사 그 자손 중에서 한 사람을 그 위에 앉게 하리라 하심을 알고 미리 본 고로 그리스도의 부활을 말하되 그가 음부에 버림이 되지 않고 그의 육신이 썩음을 당하지 아니하시리라 하더니

롬 1:3 그의 아들에 관하여 말하면 육신으로는 다윗의 혈통에서 나셨고

빌 2:7 오히려 자기를 비워 종의 형체를 가지사 사람들과 같이 되셨고

히 2:14, 17; 4:15; 7:26-27 ²:¹⁴자녀들은 혈과 육에 속하였으매 그도 또한 같은 모양으로 혈과 육을 함께 지니심은 죽음을 통하여 죽음의 세력을 잡은 자 곧 마귀를 멸하시며 ²:¹⁷그러므로 그가 범사에 형제들과 같이 되심이 마땅하도다 이는 하나님의 일에 자비하고 신실한 대제사장이 되어 백성의 죄를 속량하려 하심이라 ⁴:¹⁵

우리에게 있는 대제사장은 우리의 연약함을 동정하지 못하실 이가 아니요 모든 일에 우리와 똑같이 시험을 받으신 이로되 죄는 없으시니라 7:26-27이러한 대제사장은 우리에게 합당하니 거룩하고 악이 없고 더러움이 없고 죄인에게서 떠나 계시고 하늘보다 높이 되신 이라 그는 저 대제사장들이 먼저 자기 죄를 위하고 다음에 백성의 죄를 위하여 날마다 제사 드리는 것과 같이 할 필요가 없으니 이는 그가 단번에 자기를 드려 이루셨음이라

36문답

문. 그리스도께서 거룩하게 잉태되고 탄생하셨다는 사실이 당신에게 어떤 유익을 줍니까?

답. 그리스도께서 우리의 중보자가 되시기에,[1] 그리스도께서는 그분의 순결하심과 완전한 거룩하심으로 제가 잉태되고 출생할 때부터 가지고 있는 저의 죄를 하나님 앞에서 가려 주십니다.[2]

[1] 딤전 2:5-6; 히 9:13-15. [2] 시 32:1; 사 53:11; 롬 8:3-4; 고전 1:30-31; 갈 4:4-5; 벧전 1:18-19; 3:18.

딤전 2:5-6 하나님은 한 분이시요 또 하나님과 사람 사이에 중보자도 한 분이시니 곧 사람이신 그리스도 예수라 그가 모든 사람을 위하여 자기를 대속물로 주셨으니 기약이 이르러 주신 증거니라

히 9:13-15 염소와 황소의 피와 및 암송아지의 재를 부정한 자에게 뿌려 그 육체를 정결하게 하여 거룩하게 하거든 하물며 영원하신 성령으로 말미암아 흠 없는 자기를 하나님께 드린 그리스도의 피가 어찌 너희 양심을 죽은 행실에서 깨끗하

게 하고 살아 계신 하나님을 섬기게 하지 못하겠느냐 이로 말미암아 그는 새 언약의 중보자시니 이는 첫 언약 때에 범한 죄에서 속량하려고 죽으사 부르심을 입은 자로 하여금 영원한 기업의 약속을 얻게 하려 하심이라

시 32:1 허물의 사함을 받고 자신의 죄가 가려진 자는 복이 있도다

사 53:11 그가 자기 영혼의 수고한 것을 보고 만족하게 여길 것이라 나의 의로운 종이 자기 지식으로 많은 사람을 의롭게 하며 또 그들의 죄악을 친히 담당하리로다

롬 8:3-4 율법이 육신으로 말미암아 연약하여 할 수 없는 그것을 하나님은 하시나니 곧 죄로 말미암아 자기 아들을 죄 있는 육신의 모양으로 보내어 육신에 죄를 정하사 육신을 따르지 않고 그 영을 따라 행하는 우리에게 율법의 요구가 이루어지게 하려 하심이니라

고전 1:30-31 너희는 하나님으로부터 나서 그리스도 예수 안에 있고 예수는 하나님으로부터 나와서 우리에게 지혜와 의로움과 거룩함과 구원함이 되셨으니 기록된 바 자랑하는 자는 주 안에서 자랑하라 함과 같게 하려 함이라

갈 4:4-5 때가 차매 하나님이 그 아들을 보내사 여자에게서 나게 하시고 율법 아래에 나게 하신 것은 율법 아래에 있는 자들을 속량하시고 우리로 아들의 명분을 얻게 하려 하심이라

벧전 1:18-19; 3:18 $^{1:18-19}$너희가 알거니와 너희 조상이 물려 준 헛된 행실에서 대속함을 받은 것은 은이나 금 같이 없어질 것으로 된 것이 아니요 오직 흠 없고 점 없는 어린 양 같은 그리스도의 보배로운 피로 된 것이니라 $^{3:18}$그리스도께서도 단번에 죄를 위하여 죽으사 의인으로서 불의한 자를 대신하셨으니 이는 우리를 하나님 앞으로 인도하려 하심이라 육체로는 죽임을 당하시고 영으로는 살리심을 받으셨으니

15주일

37문답

문. "고난을 받으사"라는 말은 무엇을 의미합니까?

답. "고난을 받으사"라는 말이 가리키는 것은 그리스도께서 이 세상에 사시는 내내, 특히 삶의 마지막 때에 온 인류에 대한 하나님의 진노를 친히 몸과 영혼에 짊어지셨다는 뜻입니다.[1] 그렇게 그리스도께서 유일한 화목제물로 고난받으심으로[2] 그리스도께서는 우리의 몸과 영혼을 영원한 저주로부터 구속하셨고,[3] 우리를 위해 하나님의 은혜와 의와 영원한 생명을 얻으셨습니다.[4]

[1] 사 53:4, 12; 딤전 2:6; 벧전 2:24; 3:18. [2] 사 53:10; 롬 3:25; 고전 5:7; 엡 5:2; 히 9:28; 10:14; 요일 2:2; 4:10. [3] 롬 8:1-4; 갈 3:13; 골 1:13; 히 9:12; 벧전 1:18-19. [4] 요 3:16; 6:51; 롬 3:24-26; 고후 5:21; 히 9:15; 10:19.

사 53:4, 12 ⁴그는 실로 우리의 질고를 지고 우리의 슬픔을 당하였거늘 우리는 생각하기를 그는 징벌을 받아 하나님께 맞으며 고난을 당한다 하였노라 ¹²그러므로 내가 그에게 존귀한 자와 함께 몫을 받게 하며 강한 자와 함께 탈취한 것을 나누게 하리니 이는 그가 자기 영혼을 버려 사망에 이르게 하며 범죄자 중 하나로 헤아림을 받았음이니라 그러나 그가 많은 사람의 죄를 담당하며 범죄자를 위하여 기도하였느니라

딤전 2:6 그가 모든 사람을 위하여 자기를 대속물로 주셨으니 기약이 이르러 주

신 증거니라

벧전 2:24; 3:18 ²:²⁴친히 나무에 달려 그 몸으로 우리 죄를 담당하셨으니 이는 우리로 죄에 대하여 죽고 의에 대하여 살게 하려 하심이라 그가 채찍에 맞음으로 너희는 나음을 얻었나니 ³:¹⁸그리스도께서도 단번에 죄를 위하여 죽으사 의인으로서 불의한 자를 대신하셨으니 이는 우리를 하나님 앞으로 인도하려 하심이라 육체로는 죽임을 당하시고 영으로는 살리심을 받으셨으니

사 53:10 여호와께서 그에게 상함을 받게 하시기를 원하사 질고를 당하게 하셨은즉 그의 영혼을 속건제물로 드리기에 이르면 그가 씨를 보게 되며 그의 날은 길 것이요 또 그의 손으로 여호와께서 기뻐하시는 뜻을 성취하리로다

롬 3:25 이 예수를 하나님이 그의 피로써 믿음으로 말미암는 화목제물로 세우셨으니 이는 하나님께서 길이 참으시는 중에 전에 지은 죄를 간과하심으로 자기의 의로우심을 나타내려 하심이니

고전 5:7 너희는 누룩 없는 자인데 새 덩어리가 되기 위하여 묵은 누룩을 내버리라 우리의 유월절 양 곧 그리스도께서 희생되셨느니라

엡 5:2 그리스도께서 너희를 사랑하신 것 같이 너희도 사랑 가운데서 행하라 그는 우리를 위하여 자신을 버리사 향기로운 제물과 희생제물로 하나님께 드리셨느니라

히 9:28; 10:14 ⁹:²⁸이와 같이 그리스도도 많은 사람의 죄를 담당하시려고 단번에 드리신 바 되었고 구원에 이르게 하기 위하여 죄와 상관 없이 자기를 바라는 자들에게 두 번째 나타나시리라 ¹⁰:¹⁴그가 거룩하게 된 자들을 한 번의 제사로 영원히 온전하게 하셨느니라

요일 2:2; 4:10 ²:²그는 우리 죄를 위한 화목 제물이니 우리만 위할 뿐 아니요 온 세상의 죄를 위하심이라 ⁴:¹⁰사랑은 여기 있으니 우리가 하나님을 사랑한 것이 아니요 하나님이 우리를 사랑하사 우리 죄를 속하기 위하여 화목 제물로 그 아들을 보내셨음이라

롬 8:1-4 그러므로 이제 그리스도 예수 안에 있는 자에게는 결코 정죄함이 없나니 이는 그리스도 예수 안에 있는 생명의 성령의 법이 죄와 사망의 법에서 너를

해방하였음이라 율법이 육신으로 말미암아 연약하여 할 수 없는 그것을 하나님은 하시나니 곧 죄로 말미암아 자기 아들을 죄 있는 육신의 모양으로 보내어 육신에 죄를 정하사 육신을 따르지 않고 그 영을 따라 행하는 우리에게 율법의 요구가 이루어지게 하려 하심이니라

갈 3:13 그리스도께서 우리를 위하여 저주를 받은 바 되사 율법의 저주에서 우리를 속량하셨으니 기록된 바 나무에 달린 자마다 저주 아래에 있는 자라 하였음이라

골 1:13 그가 우리를 흑암의 권세에서 건져내사 그의 사랑의 아들의 나라로 옮기셨으니

히 9:12 염소와 송아지의 피로 하지 아니하고 오직 자기의 피로 영원한 속죄를 이루사 단번에 성소에 들어가셨느니라

벧전 1:18-19 너희가 알거니와 너희 조상이 물려 준 헛된 행실에서 대속함을 받은 것은 은이나 금 같이 없어질 것으로 된 것이 아니요 오직 흠 없고 점 없는 어린 양 같은 그리스도의 보배로운 피로 된 것이니라

요 3:16; 6:51 ³:¹⁶하나님이 세상을 이처럼 사랑하사 독생자를 주셨으니 이는 그를 믿는 자마다 멸망하지 않고 영생을 얻게 하려 하심이라 ⁶:⁵¹나는 하늘에서 내려온 살아 있는 떡이니 사람이 이 떡을 먹으면 영생하리라 내가 줄 떡은 곧 세상의 생명을 위한 내 살이니라 하시니라

롬 3:24-26 그리스도 예수 안에 있는 속량으로 말미암아 하나님의 은혜로 값 없이 의롭다 하심을 얻은 자 되었느니라 이 예수를 하나님이 그의 피로써 믿음으로 말미암는 화목제물로 세우셨으니 이는 하나님께서 길이 참으시는 중에 전에 지은 죄를 간과하심으로 자기의 의로우심을 나타내려 하심이니 곧 이 때에 자기의 의로우심을 나타내사 자기도 의로우시며 또한 예수 믿는 자를 의롭다 하려 하심이라

고후 5:21 하나님이 죄를 알지도 못하신 이를 우리를 대신하여 죄로 삼으신 것은 우리로 하여금 그 안에서 하나님의 의가 되게 하려 하심이라

히 9:15; 10:19 ⁹:¹⁵이로 말미암아 그는 새 언약의 중보자시니 이는 첫 언약 때에

범한 죄에서 속량하려고 죽으사 부르심을 입은 자로 하여금 영원한 기업의 약속을 얻게 하려 하심이라 ¹⁰:¹⁹그러므로 형제들아 우리가 예수의 피를 힘입어 성소에 들어갈 담력을 얻었나니

38문답

문. 그리스도께서는 왜 재판관 "본디오 빌라도에게" 고난을 받으셨습니까?

답. 죄가 없으신 그리스도께서 세상의 재판관에게 정죄 받으신 이유는[1] 우리에게 임할 하나님의 준엄한 심판에서 우리를 구원하시기 위해서입니다.[2]

[1] 마 27:24; 눅 23:13-15; 요 18:38; 19:4, 11. [2] 사 53:4-5; 고후 5:21; 갈 3:13.

마 27:24 빌라도가 아무 성과도 없이 도리어 민란이 나려는 것을 보고 물을 가져다가 무리 앞에서 손을 씻으며 이르되 이 사람의 피에 대하여 나는 무죄하니 너희가 당하라

눅 23:13-15 빌라도가 대제사장들과 관리들과 백성을 불러 모으고 이르되 너희가 이 사람이 백성을 미혹하는 자라 하여 내게 끌고 왔도다 보라 내가 너희 앞에서 심문하였으되 너희가 고발하는 일에 대하여 이 사람에게서 죄를 찾지 못하였고 헤롯이 또한 그렇게 하여 그를 우리에게 도로 보내었도다 보라 그가 행한 일에는 죽일 일이 없느니라

요 18:38; 19:4, 11 ¹⁸:³⁸빌라도가 이르되 진리가 무엇이냐 하더라 이 말을 하고 다시 유대인들에게 나가서 이르되 나는 그에게서 아무 죄도 찾지 못하였노라 ¹⁹:⁴빌

라도가 다시 밖에 나가 말하되 보라 이 사람을 데리고 너희에게 나오나니 이는 내가 그에게서 아무 죄도 찾지 못한 것을 너희로 알게 하려 함이로라 하더라 ^{19:11}예수께서 대답하시되 위에서 주지 아니하셨더라면 나를 해할 권한이 없었으리니 그러므로 나를 네게 넘겨 준 자의 죄는 더 크다 하시니라

사 53:4-5 그는 실로 우리의 질고를 지고 우리의 슬픔을 당하였거늘 우리는 생각하기를 그는 징벌을 받아 하나님께 맞으며 고난을 당한다 하였노라 그가 찔림은 우리의 허물 때문이요 그가 상함은 우리의 죄악 때문이라 그가 징계를 받으므로 우리는 평화를 누리고 그가 채찍에 맞으므로 우리는 나음을 받았도다

고후 5:21 하나님이 죄를 알지도 못하신 이를 우리를 대신하여 죄로 삼으신 것은 우리로 하여금 그 안에서 하나님의 의가 되게 하심이라

갈 3:13 그리스도께서 우리를 위하여 저주를 받은 바 되사 율법의 저주에서 우리를 속량하셨으니 기록된 바 나무에 달린 자마다 저주 아래에 있는 자라 하였음이라

39문답

문. 그리스도께서 다른 방법이 아니라 "십자가에 못 박혀 죽으신 것"에 특별한 의미가 있습니까?

답. 그렇습니다. 십자가에 못 박혀 죽는 것은 하나님께 저주를 받은 죽음을 뜻합니다.[1] 따라서 저는 그리스도께서 십자가에 못 박혀 죽으심이 제가 받아야 할 하나님의 저주를 그리스도께서 대신 짊어지셨다는 것임을 확신합니다.[2]

[1] 신 21:23. [2] 갈 3:13.

신 21:23 그 시체를 나무 위에 밤새도록 두지 말고 그 날에 장사하여 네 하나님 여호와께서 네게 기업으로 주시는 땅을 더럽히지 말라 나무에 달린 자는 하나님께 저주를 받았음이니라

갈 3:13 그리스도께서 우리를 위하여 저주를 받은 바 되사 율법의 저주에서 우리를 속량하셨으니 기록된 바 나무에 달린 자마다 저주 아래에 있는 자라 하였음이라

16주일

40문답

문. 그리스도께서는 왜 "죽기까지" 낮아지셔야 했습니까?

답. 하나님의 공의로우심과 진실하심에 따르면,[1] 하나님의 아들의 죽으심 외에는 우리의 죗값을 치를 다른 길은 없기 때문입니다.[2]

[1] 창 2:17. [2] 롬 8:3-4; 빌 2:8; 히 2:9, 14-15.

창 2:17 선악을 알게 하는 나무의 열매는 먹지 말라 네가 먹는 날에는 반드시 죽으리라 하시니라

롬 8:3-4 율법이 육신으로 말미암아 연약하여 할 수 없는 그것을 하나님은 하시나니 곧 죄로 말미암아 자기 아들을 죄 있는 육신의 모양으로 보내어 육신에 죄를 정하사 육신을 따르지 않고 그 영을 따라 행하는 우리에게 율법의 요구가 이루어지게 하려 하심이니라

빌 2:8 사람의 모양으로 나타나사 자기를 낮추시고 죽기까지 복종하셨으니 곧 십자가에 죽으심이라

히 2:9, 14-15 [9] 오직 우리가 천사들보다 잠시 동안 못하게 하심을 입은 자 곧 죽음의 고난 받으심으로 말미암아 영광과 존귀로 관을 쓰신 예수를 보니 이를 행하심은 하나님의 은혜로 말미암아 모든 사람을 위하여 죽음을 맛보려 하심이라 [14-15] 자녀들은 혈과 육에 속하였으매 그도 또한 같은 모양으로 혈과 육을 함께 지니심은 죽음을 통하여 죽음의 세력을 잡은 자 곧 마귀를 멸하시며 또 죽기를 무서워하므로 한평생 매여 종 노릇 하는 모든 자들을 놓아 주려 하심이니

41문답

문. 그리스도께서는 왜 "무덤에 묻히셨"습니까?

답. 그리스도께서 무덤에 묻히심으로 말미암아 그리스도께서 실제 죽으셨다는 것이 증명되기 때문입니다.[1]

[1] 사 53:9; 마 27:59-60; 눅 23:53; 요 19:40-42; 행 13:29; 고전 15:3-4.

사 53:9 그는 강포를 행하지 아니하였고 그의 입에 거짓이 없었으나 그의 무덤이 악인들과 함께 있었으며 그가 죽은 후에 부자와 함께 있었도다

마 27:59-60 요셉이 시체를 가져다가 깨끗한 세마포로 싸서 바위 속에 판 자기 새 무덤에 넣어 두고 큰 돌을 굴려 무덤 문에 놓고 가니

눅 23:53 이를 내려 세마포로 싸고 아직 사람을 장사한 일이 없는 바위에 판 무덤에 넣어 두니

요 19:40-42 이에 예수의 시체를 가져다가 유대인의 장례 법대로 그 향품과 함께 세마포로 쌌더라 예수께서 십자가에 못 박히신 곳에 동산이 있고 동산 안에 아직 사람을 장사한 일이 없는 새 무덤이 있는지라 이 날은 유대인의 준비일이요 또 무덤이 가까운 고로 예수를 거기 두니라

행 13:29 성경에 그를 가리켜 기록한 말씀을 다 응하게 한 것이라 후에 나무에서 내려다가 무덤에 두었으나

고전 15:3-4 내가 받은 것을 먼저 너희에게 전하였노니 이는 성경대로 그리스도께서 우리 죄를 위하여 죽으시고 장사 지낸 바 되셨다가 성경대로 사흘 만에 다시 살아나사

42문답

문. 그리스도께서 우리를 위해 죽으셨는데, 왜 우리는 여전히 죽어야 합니까?

답. 우리의 죽음은 우리의 죗값을 치르는 것이 아닙니다. 죽음은 우리가 죄짓는 것을 그치게 하고, 우리를 영생에 들어가게 하는 통로가 됩니다.

1) 시 49:7-8. 2) 요 5:24; 롬 7:24-25; 빌 1:23; 살전 5:10.

시 49:7-8 아무도 자기의 형제를 구원하지 못하며 그를 위한 속전을 하나님께 바치지도 못할 것은 그들의 생명을 속량하는 값이 너무 엄청나서 영원히 마련하지 못할 것임이니라

요 5:24 내가 진실로 진실로 너희에게 이르노니 내 말을 듣고 또 나 보내신 이를 믿는 자는 영생을 얻었고 심판에 이르지 아니하나니 사망에서 생명으로 옮겼느니라

롬 7:24-25 오호라 나는 곤고한 사람이로다 이 사망의 몸에서 누가 나를 건져내랴 우리 주 예수 그리스도로 말미암아 하나님께 감사하리로다 그런즉 내 자신이 마음으로는 하나님의 법을 육신으로는 죄의 법을 섬기노라

빌 1:23 내가 그 둘 사이에 끼었으니 차라리 세상을 떠나서 그리스도와 함께 있는 것이 훨씬 더 좋은 일이라 그렇게 하고 싶으나

살전 5:10 예수께서 우리를 위하여 죽으사 우리로 하여금 깨어 있든지 자든지 자기와 함께 살게 하려 하셨느니라

43문답

문. 십자가 위에서 베푸신 그리스도의 희생과 죽으심을 통해 우리가 받는 또 다른 은택은 무엇입니까?

답. 그리스도의 희생과 죽으심으로 말미암은 효력으로 우리의 옛 사람이 그리스도와 함께 십자가에 달리고, 죽고, 무덤에 묻히게 되는데,[1] 그럼으로써 육신의 부패한 소욕이 우리를 더 이상 지배하지 못하게 되고,[2] 이제는 우리 자신을 그리스도께 감사의 제물로 드리게 됩니다.[3]

[1] 롬 6:6; 갈 2:20; 골 2:11-12. [2] 롬 6:8, 11-12. [3] 롬 12:1.

롬 6:6 우리가 알거니와 우리의 옛 사람이 예수와 함께 십자가에 못 박힌 것은 죄의 몸이 죽어 다시는 우리가 죄에게 종 노릇 하지 아니하려 함이니

갈 2:20 내가 그리스도와 함께 십자가에 못 박혔나니 그런즉 이제는 내가 사는 것이 아니요 오직 내 안에 그리스도께서 사시는 것이라 이제 내가 육체 가운데 사는 것은 나를 사랑하사 나를 위하여 자기 자신을 버리신 하나님의 아들을 믿는 믿음 안에서 사는 것이라

골 2:11-12 또 그 안에서 너희가 손으로 하지 아니한 할례를 받았으니 곧 육의 몸을 벗는 것이요 그리스도의 할례니라 너희가 세례로 그리스도와 함께 장사되고 또 죽은 자들 가운데서 그를 일으키신 하나님의 역사를 믿음으로 말미암아 그 안에서 함께 일으키심을 받았느니라

롬 6:8, 11-12 ⁸만일 우리가 그리스도와 함께 죽었으면 또한 그와 함께 살 줄을 믿노니 ¹¹⁻¹²이와 같이 너희도 너희 자신을 죄에 대하여는 죽은 자요 그리스도 예수 안에서 하나님께 대하여는 살아 있는 자로 여길지어다 그러므로 너희는 죄가 너희 죽을 몸을 지배하지 못하게 하여 몸의 사욕에 순종하지 말고

롬 12:1 그러므로 형제들아 내가 하나님의 모든 자비하심으로 너희를 권하노니 너희 몸을 하나님이 기뻐하시는 거룩한 산 제물로 드리라 이는 너희가 드릴 영적 예배니라

44문답

문. 왜 "지옥에 내려가셨다가"라는 말이 덧붙여져 있습니까?

답. 그것은 제가 매우 큰 유혹에 빠졌을 때, 저의 주 예수 그리스도께서 그분이 받으신 모든 고난, 특별히 십자가에서 받으신 말로 표현할 수 없는 비통과 고통과 공포와 지옥 같은 극도의 괴로움을 겪으심으로써, 저를 지옥의 비통과 고통에서 구원하셨음을 확신하고 풍성한 위로를 받게 하기 위함입니다.[1][2]

[1] 사 53:5. [2] 시 18:5–6; 116:3; 마 26:38; 27:46; 히 5:7.

사 53:5 그가 찔림은 우리의 허물 때문이요 그가 상함은 우리의 죄악 때문이라 그가 징계를 받으므로 우리는 평화를 누리고 그가 채찍에 맞으므로 우리는 나음을 받았도다

시 18:5–6; 116:3 [18:5-6]스올의 줄이 나를 두르고 사망의 올무가 내게 이르렀도다 내가 환난 중에서 여호와께 아뢰며 나의 하나님께 부르짖었더니 그가 그의 성전에서 내 소리를 들으심이여 그의 앞에서 나의 부르짖음이 그의 귀에 들렸도다 [116:3]사망의 줄이 나를 두르고 스올의 고통이 내게 이르므로 내가 환난과 슬픔을

만났을 때에

마 26:38; 27:46 ²⁶:³⁸이에 말씀하시되 내 마음이 매우 고민하여 죽게 되었으니 너희는 여기 머물러 나와 함께 깨어 있으라 하시고 ²⁷:⁴⁶제구시쯤에 예수께서 크게 소리 질러 이르시되 엘리 엘리 라마 사박다니 하시니 이는 곧 나의 하나님, 나의 하나님, 어찌하여 나를 버리셨나이까 하는 뜻이라

히 5:7 그는 육체에 계실 때에 자기를 죽음에서 능히 구원하실 이에게 심한 통곡과 눈물로 간구와 소원을 올렸고 그의 경건하심으로 말미암아 들으심을 얻었느니라

17주일

45문답

문. 그리스도의 부활하심이 우리에게 주는 유익은 무엇입니까?

답. 첫째, 그리스도께서는 부활하심으로 죽음을 이기셨는데, 자신의 죽으심으로 말미암아 우리를 위해 얻으신 의에 우리가 참여하게 되었습니다.[1] 둘째, 그리스도의 능력으로 말미암아 우리가 새로운 생명으로 다시 태어났습니다.[2] 셋째, 그리스도의 부활하심은 우리의 영광스러운 부활에 대한 확실한 보증입니다.[3]

[1] 롬 4:25; 고전 15:16-18. [2] 롬 6:4; 엡 2:4-6; 골 3:1-3; 벧전 1:3. [3] 롬 8:11; 고전 15:20-22; 빌 3:20-21.

롬 4:25 예수는 우리가 범죄한 것 때문에 내줌이 되고 또한 우리를 의롭다 하시기 위하여 살아나셨느니라

고전 15:16-18 만일 죽은 자가 다시 살아나는 일이 없으면 그리스도도 다시 살아나신 일이 없었을 터이요 그리스도께서 다시 살아나신 일이 없으면 너희의 믿음도 헛되고 너희가 여전히 죄 가운데 있을 것이요 또한 그리스도 안에서 잠자는 자도 망하였으리니

롬 6:4 그러므로 우리가 그의 죽으심과 합하여 세례를 받음으로 그와 함께 장사되었나니 이는 아버지의 영광으로 말미암아 그리스도를 죽은 자 가운데서 살리

심과 같이 우리로 또한 새 생명 가운데서 행하게 하려 함이라

엡 2:4-6 긍휼이 풍성하신 하나님이 우리를 사랑하신 그 큰 사랑을 인하여 허물로 죽은 우리를 그리스도와 함께 살리셨고 (너희는 은혜로 구원을 받은 것이라) 또 함께 일으키사 그리스도 예수 안에서 함께 하늘에 앉히시니

골 3:1-3 그러므로 너희가 그리스도와 함께 다시 살리심을 받았으면 위의 것을 찾으라 거기는 그리스도께서 하나님 우편에 앉아 계시느니라 위의 것을 생각하고 땅의 것을 생각하지 말라 이는 너희가 죽었고 너희 생명이 그리스도와 함께 하나님 안에 감추어졌음이라

벧전 1:3 우리 주 예수 그리스도의 아버지 하나님을 찬송하리로다 그의 많으신 긍휼대로 예수 그리스도를 죽은 자 가운데서 부활하게 하심으로 말미암아 우리를 거듭나게 하사 산 소망이 있게 하시며

롬 8:11 예수를 죽은 자 가운데서 살리신 이의 영이 너희 안에 거하시면 그리스도 예수를 죽은 자 가운데서 살리신 이가 너희 안에 거하시는 그의 영으로 말미암아 너희 죽을 몸도 살리시리라

고전 15:20-22 그러나 이제 그리스도께서 죽은 자 가운데서 다시 살아나사 잠자는 자들의 첫 열매가 되셨도다 사망이 한 사람으로 말미암았으니 죽은 자의 부활도 한 사람으로 말미암는도다 아담 안에서 모든 사람이 죽은 것 같이 그리스도 안에서 모든 사람이 삶을 얻으리라

빌 3:20-21 그러나 우리의 시민권은 하늘에 있는지라 거기로부터 구원하는 자 곧 주 예수 그리스도를 기다리노니 그는 만물을 자기에게 복종하게 하실 수 있는 자의 역사로 우리의 낮은 몸을 자기 영광의 몸의 형체와 같이 변하게 하시리라

18주일

46문답

문. "하늘에 오르사"라는 말은 무엇을 의미합니까?

답. 이는 그리스도께서 제자들이 보는 가운데 땅에서 하늘로 오르셨는데,[1] 그곳에서 우리의 유익을 위해 계시다가,[2] 장차 산 자와 죽은 자를 심판하러 다시 오실 것을 뜻합니다.[3]

[1] 막 16:19; 눅 24:51; 행 1:9. [2] 롬 8:34; 엡 4:10; 골 3:1; 히 4:14; 7:24-25; 9:24. [3] 마 24:30; 행 1:11.

막 16:19 주 예수께서 말씀을 마치신 후에 하늘로 올려지사 하나님 우편에 앉으시니라

눅 24:51 축복하실 때에 그들을 떠나 [하늘로 올려지시니]

행 1:9 이 말씀을 마치시고 그들이 보는데 올려져 가시니 구름이 그를 가리어 보이지 않게 하더라

롬 8:34 누가 정죄하리요 죽으실 뿐 아니라 다시 살아나신 이는 그리스도 예수시니 그는 하나님 우편에 계신 자요 우리를 위하여 간구하시는 자시니라

엡 4:10 내리셨던 그가 곧 모든 하늘 위에 오르신 자니 이는 만물을 충만하게 하려 하심이라

골 3:1 그러므로 너희가 그리스도와 함께 다시 살리심을 받았으면 위의 것을 찾으라 거기는 그리스도께서 하나님 우편에 앉아 계시느니라

히 4:14; 7:24-25; 9:24 ⁴:¹⁴그러므로 우리에게 큰 대제사장이 계시니 승천하신 이

곧 하나님의 아들 예수시라 우리가 믿는 도리를 굳게 잡을지어다 ^{7:24-25}예수는 영원히 계시므로 그 제사장 직분도 갈리지 아니하느니라 그러므로 자기를 힘입어 하나님께 나아가는 자들을 온전히 구원하실 수 있으니 이는 그가 항상 살아 계셔서 그들을 위하여 간구하심이라 ^{9:24}그리스도께서는 참 것의 그림자인 손으로 만든 성소에 들어가지 아니하시고 바로 그 하늘에 들어가사 이제 우리를 위하여 하나님 앞에 나타나시고

마 24:30 그 때에 인자의 징조가 하늘에서 보이겠고 그 때에 땅의 모든 족속들이 통곡하며 그들이 인자가 구름을 타고 능력과 큰 영광으로 오는 것을 보리라

행 1:11 이르되 갈릴리 사람들아 어찌하여 서서 하늘을 쳐다보느냐 너희 가운데서 하늘로 올려지신 이 예수는 하늘로 가심을 본 그대로 오시리라 하였느니라

47문답

문. 그렇다면 그리스도께서 세상 끝날까지 우리와 함께하시겠다고 하신 약속은 어떻게 됩니까?¹⁾

답. 그리스도께서는 참 사람이시자, 참 하나님이십니다. 그분의 인성으로는 이 땅에 더 이상 계시지 않으나,²⁾ 그분의 신성과 위엄과 은혜와 영으로는 한순간도 우리와 떨어져 계시지 않습니다.³⁾

¹⁾ 마 28:20. ²⁾ 마 26:11; 요 16:28; 17:11; 행 3:21; 히 8:4. ³⁾ 마 28:20; 요 14:16-18; 16:13; 엡 4:8, 11.

마 28:20 내가 너희에게 분부한 모든 것을 가르쳐 지키게 하라 볼지어다 내가 세상 끝날까지 너희와 항상 함께 있으리라 하시니라

마 26:11 가난한 자들은 항상 너희와 함께 있거니와 나는 항상 함께 있지 아니하리라

요 16:28; 17:11 ¹⁶:²⁸내가 아버지에게서 나와 세상에 왔고 다시 세상을 떠나 아버지께로 가노라 하시니 ¹⁷:¹¹나는 세상에 더 있지 아니하오나 그들은 세상에 있사옵고 나는 아버지께로 가옵나니 거룩하신 아버지여 내게 주신 아버지의 이름으로 그들을 보전하사 우리와 같이 그들도 하나가 되게 하옵소서

행 3:21 하나님이 영원 전부터 거룩한 선지자들의 입을 통하여 말씀하신 바 만물을 회복하실 때까지는 하늘이 마땅히 그를 받아 두리라

히 8:4 예수께서 만일 땅에 계셨더라면 제사장이 되지 아니하셨을 것이니 이는 율법을 따라 예물을 드리는 제사장이 있음이라

마 28:20 내가 너희에게 분부한 모든 것을 가르쳐 지키게 하라 볼지어다 내가 세상 끝날까지 너희와 항상 함께 있으리라 하시니라

요 14:16-18; 16:13 ¹⁴:¹⁶⁻¹⁸내가 아버지께 구하겠으니 그가 또 다른 보혜사를 너희에게 주사 영원토록 너희와 함께 있게 하리니 그는 진리의 영이라 세상은 능히 그를 받지 못하나니 이는 그를 보지도 못하고 알지도 못함이라 그러나 너희는 그를 아나니 그는 너희와 함께 거하심이요 또 너희 속에 계시겠음이라 내가 너희를 고아와 같이 버려두지 아니하고 너희에게로 오리라 ¹⁶:¹³그러나 진리의 성령이 오시면 그가 너희를 모든 진리 가운데로 인도하시리니 그가 스스로 말하지 않고 오직 들은 것을 말하며 장래 일을 너희에게 알리시리라

엡 4:8, 11 ⁸그러므로 이르기를 그가 위로 올라가실 때에 사로잡혔던 자들을 사로잡으시고 사람들에게 선물을 주셨다 하였도다 ¹¹그가 어떤 사람은 사도로, 어떤 사람은 선지자로, 어떤 사람은 복음 전하는 자로, 어떤 사람은 목사와 교사로 삼으셨으니

48문답

문. 그리스도의 신성이 있는 곳마다 인성이 있는 것이 아니라면 그리스도의 두 본성이 서로 분리되어 있다는 말입니까?

답. 전혀 그렇지 않습니다. 그리스도의 신성은 무엇에도 제한받지 않고 어디에나 존재합니다.[1] 따라서 그리스도의 신성은 당연히 그리스도께서 취하신 인성을 초월하여 존재하며, 그와 동시에 그분께서 취하신 인성 안에 거하고, 인성과 인격적으로 결합되어 있습니다.[2]

[1] 사 66:1; 렘 23:23-24; 행 7:49; 17:27-28. [2] 마 28:6; 요 3:13; 11:15; 골 2:9.

사 66:1 여호와께서 이와 같이 말씀하시되 하늘은 나의 보좌요 땅은 나의 발판이니 너희가 나를 위하여 무슨 집을 지으랴 내가 안식할 처소가 어디랴

렘 23:23-24 여호와의 말씀이니라 나는 가까운 데에 있는 하나님이요 먼 데에 있는 하나님은 아니냐 여호와의 말씀이니라 사람이 내게 보이지 아니하려고 누가 자신을 은밀한 곳에 숨길 수 있겠느냐 여호와가 말하노라 나는 천지에 충만하지 아니하냐

행 7:49; 17:27-28 [7:49]주께서 이르시되 하늘은 나의 보좌요 땅은 나의 발등상이니 너희가 나를 위하여 무슨 집을 짓겠으며 나의 안식할 처소가 어디냐 [17:27-28]이는 사람으로 혹 하나님을 더듬어 찾아 발견하게 하려 하심이로되 그는 우리 각 사람에게서 멀리 계시지 아니하도다 우리가 그를 힘입어 살며 기동하며 존재하느니라 너희 시인 중 어떤 사람들의 말과 같이 우리가 그의 소생이라 하니

마 28:6 그가 여기 계시지 않고 그가 말씀 하시던 대로 살아나셨느니라 와서 그

가 누우셨던 곳을 보라

요 3:13; 11:15 ^{3:13}하늘에서 내려온 자 곧 인자 외에는 하늘에 올라간 자가 없느니라 ^{11:15}내가 거기 있지 아니한 것을 너희를 위하여 기뻐하노니 이는 너희로 믿게 하려 함이라 그러나 그에게로 가자

골 2:9 그 안에는 신성의 모든 충만이 육체로 거하시고

49문답

문. 그리스도께서 하늘에 오르신 것이 우리에게 어떤 유익을 줍니까?

답. 첫째, 그리스도께서는 하늘에 계신 성부 하나님 앞에서 우리를 위해 간구하십니다.¹⁾ 둘째, 우리는 우리의 육체를 하늘에 두고 있는데, 이는 우리의 머리이신 그리스도께서 자신의 지체인 우리를 그분께로 이끌어 올리실 것에 대한 확실한 보증입니다.²⁾ 셋째, 그리스도께서는 자신의 성령을 우리에게 보증으로 보내시는데,³⁾ 우리는 성령의 능력으로 말미암아 이 땅의 것을 찾지 않고, 위의 것, 곧 그리스도께서 하나님 우편에 앉아 계신 곳의 것을 구하게 됩니다.⁴⁾

¹⁾ 롬 8:34; 요일 2:1. ²⁾ 엡 2:6. ³⁾ 요 14:2-3; 17:24. ⁴⁾ 요 14:16; 16:7; 행 2:33; 고후 1:22; 5:5. ⁵⁾ 빌 3:20; 골 3:1.

롬 8:34 누가 정죄하리요 죽으실 뿐 아니라 다시 살아나신 이는 그리스도 예수시

니 그는 하나님 우편에 계신 자요 우리를 위하여 간구하시는 자시니라

요일 2:1 나의 자녀들아 내가 이것을 너희에게 씀은 너희로 죄를 범하지 않게 하려 함이라 만일 누가 죄를 범하여도 아버지 앞에서 우리에게 대언자가 있으니 곧 의로우신 예수 그리스도시라

엡 2:6 또 함께 일으키사 그리스도 예수 안에서 함께 하늘에 앉히시니

요 14:2-3; 17:24 ^{14:2-3}내 아버지 집에 거할 곳이 많도다 그렇지 않으면 너희에게 일렀으리라 내가 너희를 위하여 거처를 예비하러 가노니 가서 너희를 위하여 거처를 예비하면 내가 다시 와서 너희를 내게로 영접하여 나 있는 곳에 너희도 있게 하리라 ^{17:24}아버지여 내게 주신 자도 나 있는 곳에 나와 함께 있어 아버지께서 창세 전부터 나를 사랑하시므로 내게 주신 나의 영광을 그들로 보게 하시기를 원하옵나이다

요 14:16; 16:7 ^{14:16}내가 아버지께 구하겠으니 그가 또 다른 보혜사를 너희에게 주사 영원토록 너희와 함께 있게 하리니 ^{16:7}그러나 내가 너희에게 실상을 말하노니 내가 떠나가는 것이 너희에게 유익이라 내가 떠나가지 아니하면 보혜사가 너희에게로 오시지 아니할 것이요 가면 내가 그를 너희에게로 보내리니

행 2:33 하나님이 오른손으로 예수를 높이시매 그가 약속하신 성령을 아버지께 받아서 너희가 보고 듣는 이것을 부어 주셨느니라

고후 1:22; 5:5 ^{1:22}그가 또한 우리에게 인치시고 보증으로 우리 마음에 성령을 주셨느니라 ^{5:5}곧 이것을 우리에게 이루게 하시고 보증으로 성령을 우리에게 주신 이는 하나님이시니라

빌 3:20 그러나 우리의 시민권은 하늘에 있는지라 거기로부터 구원하는 자 곧 주 예수 그리스도를 기다리노니

골 3:1 그러므로 너희가 그리스도와 함께 다시 살리심을 받았으면 위의 것을 찾으라 거기는 그리스도께서 하나님 우편에 앉아 계시느니라

19주일

50문답

문. "하나님 우편에 앉아 계시다가"라는 말은 왜 덧붙여졌습니까?

답. 그것은 그리스도께서 하늘에 오르신 것이 그리스도께서 교회의 머리가 되시고,[1] 성부 하나님께서 그리스도를 통해 만물을 다스리신다는 것을 나타내기 위해서입니다.[2]

[1] 엡 1:20-23; 골 1:18. [2] 마 28:18; 요 5:22.

엡 1:20-23 그의 능력이 그리스도 안에서 역사하사 죽은 자들 가운데서 다시 살리시고 하늘에서 자기의 오른편에 앉히사 모든 통치와 권세와 능력과 주권과 이 세상뿐 아니라 오는 세상에 일컫는 모든 이름 위에 뛰어나게 하시고 또 만물을 그의 발 아래에 복종하게 하시고 그를 만물 위에 교회의 머리로 삼으셨느니라 교회는 그의 몸이니 만물 안에서 만물을 충만하게 하시는 이의 충만함이니라

골 1:18 그는 몸인 교회의 머리라 그가 근본이시요 죽은 자들 가운데서 먼저 나신 이시니 이는 친히 만물의 으뜸이 되려 하심이요

마 28:18 예수께서 나아와 말씀하여 이르시되 하늘과 땅의 모든 권세를 내게 주셨으니

요 5:22 아버지께서 아무도 심판하지 아니하시고 심판을 다 아들에게 맡기셨으니

51문답

문. 우리의 머리이신 그리스도의 이러한 영광이 우리에게 주는 유익은 무엇입니까?

답. 첫째, 그리스도께서는 성령을 통해 그리스도의 지체인 우리에게 하늘의 은혜들을 부어주시며,[1] 둘째, 그분의 권능으로 우리를 모든 원수들로부터 지키고 보호하십니다.[2]

[1] 행 2:33; 엡 4:8, 10-12. [2] 시 2:9; 110:1-2; 요 10:28; 계 12:5.

행 2:33 하나님이 오른손으로 예수를 높이시매 그가 약속하신 성령을 아버지께 받아서 너희가 보고 듣는 이것을 부어 주셨느니라

엡 4:8, 10-12 ⁸그러므로 이르기를 그가 위로 올라가실 때에 사로잡혔던 자들을 사로잡으시고 사람들에게 선물을 주셨다 하였도다 ¹⁰⁻¹²내리셨던 그가 곧 모든 하늘 위에 오르신 자니 이는 만물을 충만하게 하려 하심이라 그가 어떤 사람은 사도로, 어떤 사람은 선지자로, 어떤 사람은 복음 전하는 자로, 어떤 사람은 목사와 교사로 삼으셨으니 이는 성도를 온전하게 하여 봉사의 일을 하게 하며 그리스도의 몸을 세우려 하심이라

시 2:9; 110:1-2 ²:⁹네가 철장으로 그들을 깨뜨림이여 질그릇 같이 부수리라 하시도다 ¹¹⁰:¹⁻²여호와께서 내 주에게 말씀하시기를 내가 네 원수들로 네 발판이 되게 하기까지 너는 내 오른쪽에 앉아 있으라 하셨도다 여호와께서 시온에서부터 주의 권능의 규를 내보내시리니 주는 원수들 중에서 다스리소서

요 10:28 내가 그들에게 영생을 주노니 영원히 멸망하지 아니할 것이요 또 그들을 내 손에서 빼앗을 자가 없느니라

계 12:5 여자가 아들을 낳으니 이는 장차 철장으로 만국을 다스릴 남자라 그 아

이를 하나님 앞과 그 보좌 앞으로 올려가더라

52문답

문. 그리스도께서 "산 자와 죽은 자를 심판하러 오시리라"는 사실이 당신에게 어떠한 위로를 줍니까?

답. 저는 어떠한 슬픔과 박해 가운데서도, 이전에 저를 대신하여 하나님의 심판대 앞에서 자신을 드리사 모든 저주에서 저를 속량하신 그리스도께서 곧 심판자로서 하늘에서 오시기를 머리 들어 기다립니다.[1] 그리스도께서는 그분과 저의 모든 원수가 영원한 멸망을 형벌로 받게 하실 것이며,[2] 저는 그리스도께서 택하신 모든 사람과 함께 그리스도께로 이끌리어 하늘의 기쁨과 영광 가운데 거하게 될 것입니다.[3]

[1] 눅 21:28; 롬 8:23-24; 빌 3:20; 딛 2:13. [2] 마 25:41-43; 살후 1:6, 8-9. [3] 마 25:34-36; 살전 4:16-17; 살후 1:7, 10.

눅 21:28 이런 일이 되기를 시작하거든 일어나 머리를 들라 너희 속량이 가까웠느니라 하시더라

롬 8:23-24 그뿐 아니라 또한 우리 곧 성령의 처음 익은 열매를 받은 우리까지도 속으로 탄식하여 양자 될 것 곧 우리 몸의 속량을 기다리느니라 우리가 소망으로 구원을 얻었으매 보이는 소망이 소망이 아니니 보는 것을 누가 바라리요

빌 3:20 그러나 우리의 시민권은 하늘에 있는지라 거기로부터 구원하는 자 곧 주

예수 그리스도를 기다리노니

딛 2:13 복스러운 소망과 우리의 크신 하나님 구주 예수 그리스도의 영광이 나타나심을 기다리게 하셨으니

마 25:41-43 또 왼편에 있는 자들에게 이르시되 저주를 받은 자들아 나를 떠나 마귀와 그 사자들을 위하여 예비된 영원한 불에 들어가라 내가 주릴 때에 너희가 먹을 것을 주지 아니하였고 목마를 때에 마시게 하지 아니하였고 나그네 되었을 때에 영접하지 아니하였고 헐벗었을 때에 옷 입히지 아니하였고 병들었을 때와 옥에 갇혔을 때에 돌보지 아니하였느니라 하시니

살후 1:6, 8-9 ⁶너희로 환난을 받게 하는 자들에게는 환난으로 갚으시고 ⁸⁻⁹하나님을 모르는 자들과 우리 주 예수의 복음에 복종하지 않는 자들에게 형벌을 내리시리니 이런 자들은 주의 얼굴과 그의 힘의 영광을 떠나 영원한 멸망의 형벌을 받으리로다

마 25:34-36 그 때에 임금이 그 오른편에 있는 자들에게 이르시되 내 아버지께 복 받을 자들이여 나아와 창세로부터 너희를 위하여 예비된 나라를 상속받으라 내가 주릴 때에 너희가 먹을 것을 주었고 목마를 때에 마시게 하였고 나그네 되었을 때에 영접하였고 헐벗었을 때에 옷을 입혔고 병들었을 때에 돌보았고 옥에 갇혔을 때에 와서 보았느니라

살전 4:16-17 주께서 호령과 천사장의 소리와 하나님의 나팔 소리로 친히 하늘로부터 강림하시리니 그리스도 안에서 죽은 자들이 먼저 일어나고 그 후에 우리 살아 남은 자들도 그들과 함께 구름 속으로 끌어 올려 공중에서 주를 영접하게 하시리니 그리하여 우리가 항상 주와 함께 있으리라

살후 1:7, 10 ⁷환난을 받는 너희에게는 우리와 함께 안식으로 갚으시는 것이 하나님의 공의시니 주 예수께서 자기의 능력의 천사들과 함께 하늘로부터 불꽃 가운데에 나타나실 때에 ¹⁰그 날에 그가 강림하사 그의 성도들에게서 영광을 받으시고 모든 믿는 자들에게서 놀랍게 여김을 얻으시리니 이는 (우리의 증거가 너희에게 믿어졌음이라)

성령 하나님과 성화에 관하여

20주일

53문답

문. "성령을 믿사오며" 할 때 당신은 무엇을 믿습니까?

답. 첫째, 성령께서는 성부와 성자와 함께 참되시고 영원하신 하나님이십니다.[1] 둘째, 성령께서는 또한 저에게도 임하셔서,[2] 제가 참된 믿음으로 그리스도와 그리스도께서 베푸시는 모든 은택에 참여하게 하시며,[3] 저를 위로하시고,[4] 영원히 저와 함께하십니다.[5]

[1] 창 1:2; 마 28:19; 행 5:3-4; 고전 2:10; 3:16; 6:19. [2] 고후 1:21-22; 갈 4:6; 엡 1:13. [3] 요 16:14; 고전 2:12; 갈 3:14; 벧전 1:2. [4] 요 15:26; 행 9:31. [5] 요 14:16-17; 벧전 4:14.

창 1:2 땅이 혼돈하고 공허하며 흑암이 깊음 위에 있고 하나님의 영은 수면 위에 운행하시니라

마 28:19 그러므로 너희는 가서 모든 민족을 제자로 삼아 아버지와 아들과 성령의 이름으로 세례를 베풀고

행 5:3-4 베드로가 이르되 아나니아야 어찌하여 사탄이 네 마음에 가득하여 네가 성령을 속이고 땅 값 얼마를 감추었느냐 땅이 그대로 있을 때에는 네 땅이 아니며 판 후에도 네 마음대로 할 수가 없더냐 어찌하여 이 일을 네 마음에 두었느냐 사람에게 거짓말한 것이 아니요 하나님께로다

고전 2:10; 3:16; 6:19 ²:¹⁰오직 하나님이 성령으로 이것을 우리에게 보이셨으니 성령은 모든 것 곧 하나님의 깊은 것까지도 통달하시느니라 ³:¹⁶너희는 너희가 하나님의 성전인 것과 하나님의 성령이 너희 안에 계시는 것을 알지 못하느냐 ⁶:¹⁹너희 몸은 너희가 하나님께로부터 받은 바 너희 가운데 계신 성령의 전인 줄을 알지 못하느냐 너희는 너희 자신의 것이 아니라

고후 1:21-22 우리를 너희와 함께 그리스도 안에서 굳건하게 하시고 우리에게 기름을 부으신 이는 하나님이시니 그가 또한 우리에게 인치시고 보증으로 우리 마음에 성령을 주셨느니라

갈 4:6 너희가 아들이므로 하나님이 그 아들의 영을 우리 마음 가운데 보내사 아빠 아버지라 부르게 하셨느니라

엡 1:13 그 안에서 너희도 진리의 말씀 곧 너희의 구원의 복음을 듣고 그 안에서 또한 믿어 약속의 성령으로 인치심을 받았으니

요 16:14 그가 내 영광을 나타내리니 내 것을 가지고 너희에게 알리시겠음이라

고전 2:12 우리가 세상의 영을 받지 아니하고 오직 하나님으로부터 온 영을 받았으니 이는 우리로 하여금 하나님께서 우리에게 은혜로 주신 것들을 알게 하려 하심이라

갈 3:14 이는 그리스도 예수 안에서 아브라함의 복이 이방인에게 미치게 하고 또 우리로 하여금 믿음으로 말미암아 성령의 약속을 받게 하려 함이라

벧전 1:2 곧 하나님 아버지의 미리 아심을 따라 성령이 거룩하게 하심으로 순종함과 예수 그리스도의 피 뿌림을 얻기 위하여 택하심을 받은 자들에게 편지하노니 은혜와 평강이 너희에게 더욱 많을지어다

요 15:26 내가 아버지께로부터 너희에게 보낼 보혜사 곧 아버지께로부터 나오시는 진리의 성령이 오실 때에 그가 나를 증언하실 것이요

행 9:31 그리하여 온 유대와 갈릴리와 사마리아 교회가 평안하여 든든히 서 가고 주를 경외함과 성령의 위로로 진행하여 수가 더 많아지니라

요 14:16-17 내가 아버지께 구하겠으니 그가 또 다른 보혜사를 너희에게 주사 영원토록 너희와 함께 있게 하리니 그는 진리의 영이라 세상은 능히 그를 받지 못

하나니 이는 그를 보지도 못하고 알지도 못함이라 그러나 너희는 그를 아나니 그는 너희와 함께 거하심이요 또 너희 속에 계시겠음이라

벧전 4:14 너희가 그리스도의 이름으로 치욕을 당하면 복 있는 자로다 영광의 영 곧 하나님의 영이 너희 위에 계심이라

21주일

54문답

문. "거룩한 공회"에 관해 당신은 무엇을 믿습니까?

답. 저는 하나님의 아들께서[1] 태초부터 세상 끝날까지[2] 온 인류 가운데서[3] 영원한 생명을 받도록 택하신[4] 교회를[5] 참된 믿음으로 하나가 되도록[6] 자신의 말씀과 성령으로[7] 모으시며 지키시고 보호하신다는 것을 믿습니다.[8] 저는 지금 이 교회의 살아 있는 지체이며,[9] 앞으로도 영원히 그러할 것을 믿습니다.[10]

[1] 요 10:11; 엡 4:11-12; 5:25-26. [2] 시 71:17-18; 사 59:21; 고전 11:26. [3] 창 26:4; 사 49:6; 롬 10:12-13; 계 5:9. [4] 롬 8:29-30; 엡 1:3-5, 10-14; 벧전 2:9. [5] 시 111:1; 행 20:28; 딤전 3:15; 히 12:22-23. [6] 요 17:21; 행 2:42; 고전 3:16; 엡 4:3-6. [7] 사 59:21; 롬 1:16; 10:14-17; 엡 5:26. [8] 시 129:4-5; 마 16:18; 요 10:16, 28. [9] 고전 12:27; 벧전 2:5. [10] 시 23:6; 요 10:28; 롬 8:35-39; 고전 1:8-9; 벧전 1:5; 요일 2:19.

요 10:11 나는 선한 목자라 선한 목자는 양들을 위하여 목숨을 버리거니와
엡 4:11-12; 5:25-26 ⁴:¹¹⁻¹²그가 어떤 사람은 사도로, 어떤 사람은 선지자로, 어떤 사람은 복음 전하는 자로, 어떤 사람은 목사와 교사로 삼으셨으니 이는 성도를 온전하게 하여 봉사의 일을 하게 하며 그리스도의 몸을 세우려 하심이라 ⁵:²⁵⁻²⁶남편들아 아내 사랑하기를 그리스도께서 교회를 사랑하시고 그 교회를 위하여 자신을 주심 같이 하라 이는 곧 물로 씻어 말씀으로 깨끗하게 하사 거룩하게 하시고

시 71:17-18 하나님이여 나를 어려서부터 교훈하셨으므로 내가 지금까지 주의 기이한 일들을 전하였나이다 하나님이여 내가 늙어 백발이 될 때에도 나를 버리지 마시며 내가 주의 힘을 후대에 전하고 주의 능력을 장래의 모든 사람에게 전하기까지 나를 버리지 마소서

사 59:21 여호와께서 이르시되 내가 그들과 세운 나의 언약이 이러하니 곧 네 위에 있는 나의 영과 네 입에 둔 나의 말이 이제부터 영원하도록 네 입에서와 네 후손의 입에서와 네 후손의 후손의 입에서 떠나지 아니하리라 하시니라 여호와의 말씀이니라

고전 11:26 너희가 이 떡을 먹으며 이 잔을 마실 때마다 주의 죽으심을 그가 오실 때까지 전하는 것이니라

창 26:4 네 자손을 하늘의 별과 같이 번성하게 하며 이 모든 땅을 네 자손에게 주리니 네 자손으로 말미암아 천하 만민이 복을 받으리라

사 49:6 그가 이르시되 네가 나의 종이 되어 야곱의 지파들을 일으키며 이스라엘 중에 보전된 자를 돌아오게 할 것은 매우 쉬운 일이라 내가 또 너를 이방의 빛으로 삼아 나의 구원을 베풀어서 땅 끝까지 이르게 하리라

롬 10:12-13 유대인이나 헬라인이나 차별이 없음이라 한 분이신 주께서 모든 사람의 주가 되사 그를 부르는 모든 사람에게 부요하시도다 누구든지 주의 이름을 부르는 자는 구원을 받으리라

계 5:9 그들이 새 노래를 불러 이르되 두루마리를 가지시고 그 인봉을 떼기에 합당하시도다 일찍이 죽임을 당하사 각 족속과 방언과 백성과 나라 가운데에서 사람들을 피로 사서 하나님께 드리시고

롬 8:29-30 하나님이 미리 아신 자들을 또한 그 아들의 형상을 본받게 하기 위하여 미리 정하셨으니 이는 그로 많은 형제 중에서 맏아들이 되게 하려 하심이니라 또 미리 정하신 그들을 또한 부르시고 부르신 그들을 또한 의롭다 하시고 의롭다 하신 그들을 또한 영화롭게 하셨느니라

엡 1:3-5, 10-14 ³⁻⁵찬송하리로다 하나님 곧 우리 주 예수 그리스도의 아버지께서 그리스도 안에서 하늘에 속한 모든 신령한 복을 우리에게 주시되 곧 창세 전에 그

리스도 안에서 우리를 택하사 우리로 사랑 안에서 그 앞에 거룩하고 흠이 없게 하시려고 그 기뻐신 뜻대로 우리를 예정하사 예수 그리스도로 말미암아 자기의 아들들이 되게 하셨으니 ¹⁰⁻¹⁴하늘에 있는 것이나 땅에 있는 것이 다 그리스도 안에서 통일되게 하려 하심이라 모든 일을 그의 뜻의 결정대로 일하시는 이의 계획을 따라 우리가 예정을 입어 그 안에서 기업이 되었으니 이는 우리가 그리스도 안에서 전부터 바라던 그의 영광의 찬송이 되게 하려 하심이라 그 안에서 너희도 진리의 말씀 곧 너희의 구원의 복음을 듣고 그 안에서 또한 믿어 약속의 성령으로 인치심을 받았으니 이는 우리 기업의 보증이 되사 그 얻으신 것을 속량하시고 그의 영광을 찬송하게 하려 하심이라

벧전 2:9 그러나 너희는 택하신 족속이요 왕 같은 제사장들이요 거룩한 나라요 그의 소유가 된 백성이니 이는 너희를 어두운 데서 불러 내어 그의 기이한 빛에 들어가게 하신 이의 아름다운 덕을 선포하게 하려 하심이라

시 111:1 할렐루야, 내가 정직한 자들의 모임과 회중 가운데에서 전심으로 여호와께 감사하리로다

행 20:28 여러분은 자기를 위하여 또는 온 양 떼를 위하여 삼가라 성령이 그들 가운데 여러분을 감독자로 삼고 하나님이 자기 피로 사신 교회를 보살피게 하셨느니라

딤전 3:15 만일 내가 지체하면 너로 하여금 하나님의 집에서 어떻게 행하여야 할지를 알게 하려 함이니 이 집은 살아 계신 하나님의 교회요 진리의 기둥과 터니라

히 12:22-23 그러나 너희가 이른 곳은 시온 산과 살아 계신 하나님의 도성인 하늘의 예루살렘과 천만 천사와 하늘에 기록된 장자들의 모임과 교회와 만민의 심판자이신 하나님과 및 온전하게 된 의인의 영들과

요 17:21 아버지여, 아버지께서 내 안에, 내가 아버지 안에 있는 것 같이 그들도 다 하나가 되어 우리 안에 있게 하사 세상으로 아버지께서 나를 보내신 것을 믿게 하옵소서

행 2:42 그들이 사도의 가르침을 받아 서로 교제하고 떡을 떼며 오로지 기도하기를 힘쓰니라

고전 3:16 너희는 너희가 하나님의 성전인 것과 하나님의 성령이 너희 안에 계시는 것을 알지 못하느냐

엡 4:3-6, 13 ³⁻⁶평안의 매는 줄로 성령이 하나 되게 하신 것을 힘써 지키라 몸이 하나요 성령도 한 분이시니 이와 같이 너희가 부르심의 한 소망 안에서 부르심을 받았느니라 주도 한 분이시요 믿음도 하나요 세례도 하나요 하나님도 한 분이시니 곧 만유의 아버지시라 만유 위에 계시고 만유를 통일하시고 만유 가운데 계시도다 ¹³우리가 다 하나님의 아들을 믿는 것과 아는 일에 하나가 되어 온전한 사람을 이루어 그리스도의 장성한 분량이 충만한 데까지 이르리니

사 59:21 여호와께서 이르시되 내가 그들과 세운 나의 언약이 이러하니 곧 네 위에 있는 나의 영과 네 입에 둔 나의 말이 이제부터 영원하도록 네 입에서와 네 후손의 입에서와 네 후손의 후손의 입에서 떠나지 아니하리라 하시니라 여호와의 말씀이니라

롬 1:16; 10:14-17 ¹:¹⁶내가 복음을 부끄러워하지 아니하노니 이 복음은 모든 믿는 자에게 구원을 주시는 하나님의 능력이 됨이라 먼저는 유대인에게요 그리고 헬라인에게로다 ¹⁰:¹⁴⁻¹⁷그런즉 그들이 믿지 아니하는 이를 어찌 부르리요 듣지도 못한 이를 어찌 믿으리요 전파하는 자가 없이 어찌 들으리요 보내심을 받지 아니하였으면 어찌 전파하리요 기록된 바 아름답도다 좋은 소식을 전하는 자들의 발이여 함과 같으니라 그러나 그들이 다 복음을 순종하지 아니하였도다 이사야가 이르되 주여 우리가 전한 것을 누가 믿었나이까 하였으니 그러므로 믿음은 들음에서 나며 들음은 그리스도의 말씀으로 말미암았느니라

엡 5:26 이는 곧 물로 씻어 말씀으로 깨끗하게 하사 거룩하게 하시고

시 129:4-5 여호와께서는 의로우사 악인들의 줄을 끊으셨도다 무릇 시온을 미워하는 자들은 수치를 당하여 물러갈지어다

마 16:18 또 내가 네게 이르노니 너는 베드로라 내가 이 반석 위에 내 교회를 세우리니 음부의 권세가 이기지 못하리라

요 10:16, 28 ¹⁶또 이 우리에 들지 아니한 다른 양들이 내게 있어 내가 인도하여야 할 터이니 그들도 내 음성을 듣고 한 무리가 되어 한 목자에게 있으리라 ²⁸내가 그

들에게 영생을 주노니 영원히 멸망하지 아니할 것이요 또 그들을 내 손에서 빼앗을 자가 없느니라

고전 12:27 너희는 그리스도의 몸이요 지체의 각 부분이라

벧전 2:5 너희도 산 돌 같이 신령한 집으로 세워지고 예수 그리스도로 말미암아 하나님이 기쁘게 받으실 신령한 제사를 드릴 거룩한 제사장이 될지니라

시 23:6 내 평생에 선하심과 인자하심이 반드시 나를 따르리니 내가 여호와의 집에 영원히 살리로다

요 10:28 내가 그들에게 영생을 주노니 영원히 멸망하지 아니할 것이요 또 그들을 내 손에서 빼앗을 자가 없느니라

롬 8:35-39 누가 우리를 그리스도의 사랑에서 끊으리요 환난이나 곤고나 박해나 기근이나 적신이나 위험이나 칼이랴 기록된 바 우리가 종일 주를 위하여 죽임을 당하게 되며 도살 당할 양 같이 여김을 받았나이다 함과 같으니라 그러나 이 모든 일에 우리를 사랑하시는 이로 말미암아 우리가 넉넉히 이기느니라 내가 확신하노니 사망이나 생명이나 천사들이나 권세자들이나 현재 일이나 장래 일이나 능력이나 높음이나 깊음이나 다른 어떤 피조물이라도 우리를 우리 주 그리스도 예수 안에 있는 하나님의 사랑에서 끊을 수 없으리라

고전 1:8-9 주께서 너희를 우리 주 예수 그리스도의 날에 책망할 것이 없는 자로 끝까지 견고하게 하시리라 너희를 불러 그의 아들 예수 그리스도 우리 주와 더불어 교제하게 하시는 하나님은 미쁘시도다

벧전 1:5 너희는 말세에 나타내기로 예비하신 구원을 얻기 위하여 믿음으로 말미암아 하나님의 능력으로 보호하심을 받았느니라

요일 2:19 그들이 우리에게서 나갔으나 우리에게 속하지 아니하였나니 만일 우리에게 속하였더라면 우리와 함께 거하였으려니와 그들이 나간 것은 다 우리에게 속하지 아니함을 나타내려 함이니라

55문답

문. "성도가 서로 교통하는 것"이 가리키는 의미는 무엇입니까?

답. 첫째, 모든 성도는 각각 그리스도의 지체로써 그리스도와 그리스도께 속한 모든 부요함과 모든 은사에 참여하게 됨을 믿습니다.[1] 둘째, 각 성도는 자신의 은사를 다른 지체의 유익과 구원을 위하여 언제라도 기쁨으로 사용해야 할 의무가 있음을 알아야 합니다.[2]

[1] 롬 8:32; 고전 6:17; 12:12-13; 요일 1:3. [2] 고전 12:21; 12:31-13:7; 빌 2:2-5.

롬 8:32 자기 아들을 아끼지 아니하시고 우리 모든 사람을 위하여 내주신 이가 어찌 그 아들과 함께 모든 것을 우리에게 주시지 아니하겠느냐

고전 6:17; 12:12-13 [6:17]주와 합하는 자는 한 영이니라 [12:12-13]몸은 하나인데 많은 지체가 있고 몸의 지체가 많으나 한 몸임과 같이 그리스도도 그러하니라 우리가 유대인이나 헬라인이나 종이나 자유인이나 다 한 성령으로 세례를 받아 한 몸이 되었고 또 다 한 성령을 마시게 하셨느니라

요일 1:3 우리가 보고 들은 바를 너희에게도 전함은 너희로 우리와 사귐이 있게 하려 함이니 우리의 사귐은 아버지와 그의 아들 예수 그리스도와 더불어 누림이라

고전 12:21; 12:31-13:7 [12:21]눈이 손더러 내가 너를 쓸 데가 없다 하거나 또한 머리가 발더러 내가 너를 쓸 데가 없다 하지 못하리라 [12:31-13:7]너희는 더욱 큰 은사를 사모하라 내가 또한 가장 좋은 길을 너희에게 보이리라 내가 사람의 방언과 천사의 말을 할지라도 사랑이 없으면 소리 나는 구리와 울리는 꽹과리가 되고 내가 예

언하는 능력이 있어 모든 비밀과 모든 지식을 알고 또 산을 옮길 만한 모든 믿음이 있을지라도 사랑이 없으면 내가 아무 것도 아니요 내가 내게 있는 모든 것으로 구제하고 또 내 몸을 불사르게 내줄지라도 사랑이 없으면 내게 아무 유익이 없느니라 사랑은 오래 참고 사랑은 온유하며 시기하지 아니하며 사랑은 자랑하지 아니하며 교만하지 아니하며 무례히 행하지 아니하며 자기의 유익을 구하지 아니하며 성내지 아니하며 악한 것을 생각하지 아니하며 불의를 기뻐하지 아니하며 진리와 함께 기뻐하고 모든 것을 참으며 모든 것을 믿으며 모든 것을 바라며 모든 것을 견디느니라

빌 2:2-5 마음을 같이하여 같은 사랑을 가지고 뜻을 합하며 한마음을 품어 아무 일에든지 다툼이나 허영으로 하지 말고 오직 겸손한 마음으로 각각 자기보다 남을 낫게 여기고 각각 자기 일을 돌볼뿐더러 또한 각각 다른 사람들의 일을 돌보아 나의 기쁨을 충만하게 하라 너희 안에 이 마음을 품으라 곧 그리스도 예수의 마음이니

56문답

문. "죄를 사하여 주시는 것"에 관해 당신은 무엇을 믿습니까?

답. 저는, 그리스도의 속죄가 하나님의 공의를 만족시켰기 때문에, 하나님께서는 저의 모든 죄와[1] 제가 일평생 싸워야 할 저의 부패한 본성을 더 이상 기억하지 않으신다는 것을 믿습니다.[2] 또한 오히려 은혜가 풍성하신 하나님께서 그리스도의 의를 저에게 돌리심으로 제가 하나님의 심판대 앞에서 결코 정죄받지 않게 하신다는 것을

믿습니다.³⁾

¹⁾ 시 103:3, 10, 12; 렘 31:34; 미 7:19; 고후 5:19. ²⁾ 롬 7:23-25. ³⁾ 롬 3:23-24; 5:18-19; 고후 5:21; 요일 1:7; 2:1-2. ⁴⁾ 요 3:18; 5:24; 롬 8:1-2.

시 103:3, 10, 12
그가 네 모든 죄악을 사하시며 네 모든 병을 고치시며
우리의 죄를 따라 우리를 처벌하지는 아니하시며 우리의 죄악을 따라 우리에게 그대로 갚지는 아니하셨으니
동이 서에서 먼 것 같이 우리의 죄과를 우리에게서 멀리 옮기셨으며

렘 31:34 그들이 다시는 각기 이웃과 형제를 가리켜 이르기를 너는 여호와를 알라 하지 아니하리니 이는 작은 자로부터 큰 자까지 다 나를 알기 때문이라 내가 그들의 악행을 사하고 다시는 그 죄를 기억하지 아니하리라 여호와의 말씀이니라

미 7:19 다시 우리를 불쌍히 여기셔서 우리의 죄악을 발로 밟으시고 우리의 모든 죄를 깊은 바다에 던지시리이다

고후 5:19 곧 하나님께서 그리스도 안에 계시사 세상을 자기와 화목하게 하시며 그들의 죄를 그들에게 돌리지 아니하시고 화목하게 하는 말씀을 우리에게 부탁하셨느니라

롬 7:23-25 내 지체 속에서 한 다른 법이 내 마음의 법과 싸워 내 지체 속에 있는 죄의 법으로 나를 사로잡는 것을 보는도다 오호라 나는 곤고한 사람이로다 이 사망의 몸에서 누가 나를 건져내랴 우리 주 예수 그리스도로 말미암아 하나님께 감사하리로다 그런즉 내 자신이 마음으로는 하나님의 법을 육신으로는 죄의 법을 섬기노라

롬 3:23-24; 5:18-19 ³:²³⁻²⁴모든 사람이 죄를 범하였으매 하나님의 영광에 이르지 못하더니 그리스도 예수 안에 있는 속량으로 말미암아 하나님의 은혜로 값 없이 의롭다 하심을 얻은 자 되었느니라 ⁵:¹⁸⁻¹⁹그런즉 한 범죄로 많은 사람이 정죄에

이른 것 같이 한 의로운 행위로 말미암아 많은 사람이 의롭다 하심을 받아 생명에 이르렀느니라 한 사람이 순종하지 아니함으로 많은 사람이 죄인 된 것 같이 한 사람이 순종하심으로 많은 사람이 의인이 되리라

고후 5:21 하나님이 죄를 알지도 못하신 이를 우리를 대신하여 죄로 삼으신 것은 우리로 하여금 그 안에서 하나님의 의가 되게 하려 하심이라

요일 1:7; 2:1-2 ^{1:7}그가 빛 가운데 계신 것 같이 우리도 빛 가운데 행하면 우리가 서로 사귐이 있고 그 아들 예수의 피가 우리를 모든 죄에서 깨끗하게 하실 것이요 ^{2:1-2}나의 자녀들아 내가 이것을 너희에게 씀은 너희로 죄를 범하지 않게 하려 함이라 만일 누가 죄를 범하여도 아버지 앞에서 우리에게 대언자가 있으니 곧 의로우신 예수 그리스도시라 그는 우리 죄를 위한 화목 제물이니 우리만 위할 뿐 아니요 온 세상의 죄를 위하심이라

요 3:18; 5:24 ^{3:18}그를 믿는 자는 심판을 받지 아니하는 것이요 믿지 아니하는 자는 하나님의 독생자의 이름을 믿지 아니하므로 벌써 심판을 받은 것이니라 ^{5:24}내가 진실로 진실로 너희에게 이르노니 내 말을 듣고 또 나 보내신 이를 믿는 자는 영생을 얻었고 심판에 이르지 아니하나니 사망에서 생명으로 옮겼느니라

롬 8:1-2 그러므로 이제 그리스도 예수 안에 있는 자에게는 결코 정죄함이 없나니 이는 그리스도 예수 안에 있는 생명의 성령의 법이 죄와 사망의 법에서 너를 해방하였음이라

22주일

57문답

문. "몸이 다시 사는 것"은 당신에게 어떤 위로를 줍니까?

답. 이 삶이 끝난 후 제 영혼은 머리되신 그리스도께로 즉시 올려질 것입니다.[1] 이뿐만 아니라 저의 이 육신도 그리스도의 능력으로 일으킴을 받아 제 영혼과 다시 결합되어 그리스도의 영광스러운 몸과 같이 될 것입니다.[2]

[1] 눅 16:22; 20:37-38; 23:43; 빌 1:21, 23; 계 14:13. [2] 욥 19:25-27; 고전 15:20, 53-54; 빌 3:21; 요일 3:2.

눅 16:22; 20:37-38; 23:43 16:22이에 그 거지가 죽어 천사들에게 받들려 아브라함의 품에 들어가고 부자도 죽어 장사되매 20:37-38죽은 자가 살아난다는 것은 모세도 가시나무 떨기에 관한 글에서 주를 아브라함의 하나님이요 이삭의 하나님이요 야곱의 하나님이시라 칭하였나니 하나님은 죽은 자의 하나님이 아니요 살아 있는 자의 하나님이시라 하나님에게는 모든 사람이 살았느니라 하시니 23:43예수께서 이르시되 내가 진실로 네게 이르노니 오늘 네가 나와 함께 낙원에 있으리라 하시니라

빌 1:21, 23 21이는 내게 사는 것이 그리스도니 죽는 것도 유익함이라 23내가 그 둘 사이에 끼었으니 차라리 세상을 떠나서 그리스도와 함께 있는 것이 훨씬 더 좋은 일이라 그렇게 하고 싶으나

계 14:13 또 내가 들으니 하늘에서 음성이 나서 이르되 기록하라 지금 이후로 주 안에서 죽는 자들은 복이 있도다 하시매 성령이 이르시되 그러하다 그들이 수고

를 그치고 쉬리니 이는 그들의 행한 일이 따름이라 하시더라

욥 19:25-27 내가 알기에는 나의 대속자가 살아 계시니 마침내 그가 땅 위에 서실 것이라 내 가죽이 벗김을 당한 뒤에도 내가 육체 밖에서 하나님을 보리라 내가 그를 보리니 내 눈으로 그를 보기를 낯선 사람처럼 하지 않을 것이라 내 마음이 초조하구나

고전 15:20, 53-54 ²⁰그러나 이제 그리스도께서 죽은 자 가운데서 다시 살아나사 잠자는 자들의 첫 열매가 되셨도다 ⁵³⁻⁵⁴이 썩을 것이 반드시 썩지 아니할 것을 입겠고 이 죽을 것이 죽지 아니함을 입으리로다 이 썩을 것이 썩지 아니함을 입고 이 죽을 것이 죽지 아니함을 입을 때에는 사망을 삼키고 이기리라고 기록된 말씀이 이루어지리라

빌 3:21 그는 만물을 자기에게 복종하게 하실 수 있는 자의 역사로 우리의 낮은 몸을 자기 영광의 몸의 형체와 같이 변하게 하시리라

요일 3:2 사랑하는 자들아 우리가 지금은 하나님의 자녀라 장래에 어떻게 될는지는 아직 나타나지 아니하였으나 그가 나타나시면 우리가 그와 같을 줄을 아는 것은 그의 참모습 그대로 볼 것이기 때문이니

58문답

문. "영원히 사는 것"은 당신에게 어떤 위로를 줍니까?

답. 제가 이미 지금 마음으로 영원한 기쁨을 누리기 시작한 것처럼,[1] 이 삶이 끝나면 "눈으로 보지 못하고 귀로 듣지 못하고 사람의 마음으로 생각하지도 못한" 더할 나위 없는 복을 받아 누릴 것이며, 이로 말미암아 그 더없는 복 가운데서 하나님을 영원히 찬양할 것입니다.[2]

1) 요 17:3; 롬 14:17; 요일 3:14. 2) 요 17:24; 고전 2:9; 고후 5:2-3.

요 17:3 영생은 곧 유일하신 참 하나님과 그가 보내신 자 예수 그리스도를 아는 것이니이다

롬 14:17 하나님의 나라는 먹는 것과 마시는 것이 아니요 오직 성령 안에 있는 의와 평강과 희락이라

요일 3:14 우리는 형제를 사랑함으로 사망에서 옮겨 생명으로 들어간 줄을 알거니와 사랑하지 아니하는 자는 사망에 머물러 있느니라

요 17:24 아버지여 내게 주신 자도 나 있는 곳에 나와 함께 있어 아버지께서 창세 전부터 나를 사랑하시므로 내게 주신 나의 영광을 그들로 보게 하시기를 원하옵나이다

고전 2:9 기록된 바 하나님이 자기를 사랑하는 자들을 위하여 예비하신 모든 것은 눈으로 보지 못하고 귀로 듣지 못하고 사람의 마음으로 생각하지도 못하였다 함과 같으니라

고후 5:2-3 참으로 우리가 여기 있어 탄식하며 하늘로부터 오는 우리 처소로 덧입기를 간절히 사모하노라 이렇게 입음은 우리가 벗은 자들로 발견되지 않으려 함이라

23주일

59문답

문. 지금 이 모든 것을 믿음으로 당신이 얻게 되는 유익은 무엇입니까?

답. 이 모든 것을 믿음으로 저는 그리스도 안에서 하나님 앞에 의롭게 되며, 영원한 생명을 상속받게 됩니다.[1]

[1] 합 2:4; 요 3:36; 롬 1:17.

합 2:4 보라 그의 마음은 교만하며 그 속에서 정직하지 못하나 의인은 그의 믿음으로 말미암아 살리라

요 3:36 아들을 믿는 자에게는 영생이 있고 아들에게 순종하지 아니하는 자는 영생을 보지 못하고 도리어 하나님의 진노가 그 위에 머물러 있느니라

롬 1:17 복음에는 하나님의 의가 나타나서 믿음으로 믿음에 이르게 하나니 기록된 바 오직 의인은 믿음으로 말미암아 살리라 함과 같으니라

60문답

문. 당신은 하나님 앞에서 어떻게 의롭게 될 수 있습니까?

답. 오직 예수 그리스도를 참되게 믿음으로만 의롭게 됩니다.[1] 비록 제가 하나님의 모든 계명을 크게 어겼고, 단

하나도 지키지 않았으며,[2] 여전히 악을 향해 달음박질하는 성향이 있다고[3] 제 양심이 저를 고소하지만, 하나님께서는 제가 세운 공로가 전혀 없음에도, 순전히 은혜로,[4] 그리스도께서 이루신 완전한 속죄와 그분의 의로우심과 거룩하심을 저의 것으로 여겨주십니다.[5] 심지어 하나님께서는 제가 죄지은 적이 없는 것처럼, 이뿐만 아니라 그리스도께서 저를 위해 성취하신 모든 순종을 제가 온전히 행한 것처럼 여겨 주십니다.[6] 저는 다만 믿는 마음으로만 이 은혜를 받습니다.[7]

[1] 롬 3:21-26; 5:1-2; 갈 2:16; 엡 2:8-9; 빌 3:9. [2] 롬 3:9-12; 약 2:10-11.
[3] 롬 7:23. [4] 신 9:6; 겔 36:22; 롬 3:24; 엡 2:8; 딛 3:5. [5] 롬 4:24-25; 고후 5:21; 요일 2:1-2. [6] 롬 4:4-8; 고후 5:19. [7] 요 3:18; 롬 3:22.

롬 3:21-26; 5:1-2 ³:²¹⁻²⁶이제는 율법 외에 하나님의 한 의가 나타났으니 율법과 선지자들에게 증거를 받은 것이라 곧 예수 그리스도를 믿음으로 말미암아 모든 믿는 자에게 미치는 하나님의 의니 차별이 없느니라 모든 사람이 죄를 범하였으매 하나님의 영광에 이르지 못하더니 그리스도 예수 안에 있는 속량으로 말미암아 하나님의 은혜로 값 없이 의롭다 하심을 얻은 자 되었느니라 이 예수를 하나님이 그의 피로써 믿음으로 말미암는 화목제물로 세우셨으니 이는 하나님께서 길이 참으시는 중에 전에 지은 죄를 간과하심으로 자기의 의로우심을 나타내려 하심이니 곧 이 때에 자기의 의로우심을 나타내사 자기도 의로우시며 또한 예수 믿는 자를 의롭다 하려 하심이라 ⁵:¹⁻²그러므로 우리가 믿음으로 의롭다 하심을 받았으니 우리 주 예수 그리스도로 말미암아 하나님과 화평을 누리자 또한 그로 말미암아 우리가 믿음으로 서 있는 이 은혜에 들어감을 얻었으며 하나님의 영광을 바

라고 즐거워하느니라

갈 2:16 사람이 의롭게 되는 것은 율법의 행위로 말미암음이 아니요 오직 예수 그리스도를 믿음으로 말미암는 줄 알므로 우리도 그리스도 예수를 믿나니 이는 우리가 율법의 행위로써가 아니고 그리스도를 믿음으로써 의롭다 함을 얻으려 함이라 율법의 행위로서는 의롭다 함을 얻을 육체가 없느니라

엡 2:8-9 너희는 그 은혜에 의하여 믿음으로 말미암아 구원을 받았으니 이것은 너희에게서 난 것이 아니요 하나님의 선물이라 행위에서 난 것이 아니니 이는 누구든지 자랑하지 못하게 함이라

빌 3:9 그 안에서 발견되려 함이니 내가 가진 의는 율법에서 난 것이 아니요 오직 그리스도를 믿음으로 말미암은 것이니 곧 믿음으로 하나님께로부터 난 의라

롬 3:9-12 그러면 어떠하냐 우리는 나으냐 결코 아니라 유대인이나 헬라인이나 다 죄 아래에 있다고 우리가 이미 선언하였느니라 기록된 바 의인은 없나니 하나도 없으며 깨닫는 자도 없고 하나님을 찾는 자도 없고 다 치우쳐 함께 무익하게 되고 선을 행하는 자는 없나니 하나도 없도다

약 2:10-11 누구든지 온 율법을 지키다가 그 하나를 범하면 모두 범한 자가 되나니 간음하지 말라 하신 이가 또한 살인하지 말라 하셨은즉 네가 비록 간음하지 아니하여도 살인하면 율법을 범한 자가 되느니라

롬 7:23 내 지체 속에서 한 다른 법이 내 마음의 법과 싸워 내 지체 속에 있는 죄의 법으로 나를 사로잡는 것을 보는도다

신 9:6 그러므로 네가 알 것은 네 하나님 여호와께서 네게 이 아름다운 땅을 기업으로 주신 것이 네 공의로 말미암음이 아니니라 너는 목이 곧은 백성이니라

겔 36:22 그러므로 너는 이스라엘 족속에게 이르기를 주 여호와께서 이같이 말씀하시기를 이스라엘 족속아 내가 이렇게 행함은 너희를 위함이 아니요 너희가 들어간 그 여러 나라에서 더럽힌 나의 거룩한 이름을 위함이라

롬 3:24 그리스도 예수 안에 있는 속량으로 말미암아 하나님의 은혜로 값 없이 의롭다 하심을 얻은 자 되었느니라

엡 2:8 너희는 그 은혜에 의하여 믿음으로 말미암아 구원을 받았으니 이것은 너

희에게서 난 것이 아니요 하나님의 선물이라

딛 3:5 우리를 구원하시되 우리가 행한 바 의로운 행위로 말미암지 아니하고 오직 그의 긍휼하심을 따라 중생의 씻음과 성령의 새롭게 하심으로 하셨나니

롬 4:24-25 의로 여기심을 받을 우리도 위함이니 곧 예수 우리 주를 죽은 자 가운데서 살리신 이를 믿는 자니라 예수는 우리가 범죄한 것 때문에 내줌이 되고 또한 우리를 의롭다 하시기 위하여 살아나셨느니라

고후 5:21 하나님이 죄를 알지도 못하신 이를 우리를 대신하여 죄로 삼으신 것은 우리로 하여금 그 안에서 하나님의 의가 되게 하려 하심이라

요일 2:1-2 나의 자녀들아 내가 이것을 너희에게 씀은 너희로 죄를 범하지 않게 하려 함이라 만일 누가 죄를 범하여도 아버지 앞에서 우리에게 대언자가 있으니 곧 의로우신 예수 그리스도시라 그는 우리 죄를 위한 화목 제물이니 우리만 위할 뿐 아니요 온 세상의 죄를 위하심이라

롬 4:4-8 일하는 자에게는 그 삯이 은혜로 여겨지지 아니하고 보수로 여겨지거니와 일을 아니할지라도 경건하지 아니한 자를 의롭다 하시는 이를 믿는 자에게는 그의 믿음을 의로 여기시나니 일한 것이 없이 하나님께 의로 여기심을 받는 사람의 복에 대하여 다윗이 말한 바 불법이 사함을 받고 죄가 가리어짐을 받는 사람들은 복이 있고 주께서 그 죄를 인정하지 아니하실 사람은 복이 있도다 함과 같으니라

고후 5:19 곧 하나님께서 그리스도 안에 계시사 세상을 자기와 화목하게 하시며 그들의 죄를 그들에게 돌리지 아니하시고 화목하게 하는 말씀을 우리에게 부탁하셨느니라

요 3:18 그를 믿는 자는 심판을 받지 아니하는 것이요 믿지 아니하는 자는 하나님의 독생자의 이름을 믿지 아니하므로 벌써 심판을 받은 것이니라

롬 3:22 곧 예수 그리스도를 믿음으로 말미암아 모든 믿는 자에게 미치는 하나님의 의니 차별이 없느니라

61문답

문. 왜 당신은 오직 믿음으로만 의롭게 된다고 말합니까?

답. 하나님께서 저를 받아주시는 것은 저의 믿음에 어떤 가치가 있어서가 아니라, 다만 그리스도의 속죄와 의로우심과 거룩하심이 하나님 앞에서 저의 의가 되기 때문이며,[1] 저는 오직 믿음으로만 이 의를 받아들이고 저의 것으로 삼을 수 있기 때문입니다.[2]

[1] **고전 1:30; 2:2.** [2] **롬 10:10; 요일 5:10.**

고전 1:30; 2:2 [1:30]너희는 하나님으로부터 나서 그리스도 예수 안에 있고 예수는 하나님으로부터 나와서 우리에게 지혜와 의로움과 거룩함과 구원함이 되셨으니 [2:2]내가 너희 중에서 예수 그리스도와 그가 십자가에 못 박히신 것 외에는 아무 것도 알지 아니하기로 작정하였음이라

롬 10:10 사람이 마음으로 믿어 의에 이르고 입으로 시인하여 구원에 이르느니라

요일 5:10 하나님의 아들을 믿는 자는 자기 안에 증거가 있고 하나님을 믿지 아니하는 자는 하나님을 거짓말하는 자로 만드나니 이는 하나님께서 그 아들에 대하여 증언하신 증거를 믿지 아니하였음이라

24주일

62문답

문. 왜 우리의 선행은 하나님 앞에서 의 자체 또는 의의 한 부분이라도 될 수 없습니까?

답. 하나님의 심판대 앞에서 인정받을 수 있는 의는 절대적으로 완전해야 하며, 모든 면에서 하나님의 율법에 일치해야 하기 때문입니다.[1] 또한 이 세상에서 우리가 행한 가장 선한 행위라 할지라도 전적으로 불완전하며 죄로 더럽혀져 있기 때문입니다.[2]

[1] 신 27:26; 갈 3:10. [2] 사 64:6.

신 27:26 이 율법의 말씀을 실행하지 아니하는 자는 저주를 받을 것이라 할 것이요 모든 백성은 아멘 할지니라

갈 3:10 무릇 율법 행위에 속한 자들은 저주 아래에 있나니 기록된 바 누구든지 율법 책에 기록된 대로 모든 일을 항상 행하지 아니하는 자는 저주 아래에 있는 자라 하였음이라

사 64:6 무릇 우리는 다 부정한 자 같아서 우리의 의는 다 더러운 옷 같으며 우리는 다 잎사귀 같이 시들므로 우리의 죄악이 바람 같이 우리를 몰아가나이다

63문답

문. 하나님께서는 이 세상과 오는 세상에서 우리의 선행에 대해 상을 주신다고 약속하셨는데,[1] 왜 선행이 아무런 공로가 되지 않는 것입니까?

답. 하나님께서 주시는 상은 우리의 공로 때문에 주시는 것이 아니라 하나님의 은혜로 베푸시는 선물이기 때문입니다.[2]

[1] 마 5:12; 히 11:6. [2] 눅 17:10; 딤후 4:7-8.

마 5:12 기뻐하고 즐거워하라 하늘에서 너희의 상이 큼이라 너희 전에 있던 선지자들도 이같이 박해하였느니라

히 11:6 믿음이 없이는 하나님을 기쁘시게 하지 못하나니 하나님께 나아가는 자는 반드시 그가 계신 것과 또한 그가 자기를 찾는 자들에게 상 주시는 이심을 믿어야 할지니라

눅 17:10 이와 같이 너희도 명령 받은 것을 다 행한 후에 이르기를 우리는 무익한 종이라 우리가 하여야 할 일을 한 것뿐이라 할지니라

딤후 4:7-8 나는 선한 싸움을 싸우고 나의 달려갈 길을 마치고 믿음을 지켰으니 이제 후로는 나를 위하여 의의 면류관이 예비되었으므로 주 곧 의로우신 재판장이 그 날에 내게 주실 것이며 내게만 아니라 주의 나타나심을 사모하는 모든 자에게도니라

64문답

문. 그렇다면 이러한 가르침으로 말미암아 사람들이 경솔하고 불경하게 되지 않겠습니까?[1]

답. 결코 그렇지 않습니다. 참된 믿음으로 그리스도께 접붙여진 사람들은 감사의 열매를 맺을 수밖에 없기 때문입니다.[2]

[1] 롬 3:8. [2] 시 92:12-15; 마 7:18; 눅 6:43-45; 요 15:5.

롬 3:8 또는 그러면 선을 이루기 위하여 악을 행하자 하지 않겠느냐 어떤 이들이 이렇게 비방하여 우리가 이런 말을 한다고 하니 그들은 정죄 받는 것이 마땅하니라

시 92:12-15
의인은 종려나무 같이 번성하며 레바논의 백향목 같이 성장하리로다 이는 여호와의 집에 심겼음이여 우리 하나님의 뜰 안에서 번성하리로다 그는 늙어도 여전히 결실하며 진액이 풍족하고 빛이 청청하니 여호와의 정직하심과 나의 바위 되심과 그에게는 불의가 없음이 선포되리로다

마 7:18
좋은 나무가 나쁜 열매를 맺을 수 없고 못된 나무가 아름다운 열매를 맺을 수 없느니라

눅 6:43-45
못된 열매 맺는 좋은 나무가 없고 또 좋은 열매 맺는 못된 나무가 없느니라 나무는 각각 그 열매로 아나니 가시나무에서 무화과를, 또는 찔레에서 포도를 따지 못하느니라 선한 사람은 마음에 쌓은 선에서 선을 내고 악한 자는 그 쌓은 악에서 악을 내나니 이는 마음에 가득한 것을 입으로 말함이니라

요 15:5

나는 포도나무요 너희는 가지라 그가 내 안에, 내가 그 안에 거하면 사람이 열매를 많이 맺나니 나를 떠나서는 너희가 아무 것도 할 수 없음이라

25주일

65문답

문. 오직 믿음으로만 그리스도와 그분이 베푸시는 모든 은택에 참여하게 되는데, 이 믿음은 어디에서 오는 것입니까?

답. 성령님께서 이 믿음을 우리에게 주십니다.[1] 성령께서는 거룩한 복음 전도를 통해 우리 마음에 믿음을 일으키시며,[2] 거룩한 성례 시행을 통해 이 믿음을 확고하게 하십니다.[3]

[1] 요 3:5; 고전 2:12; 12:3; 엡 2:8; 빌 1:19. [2] 행 16:14; 롬 10:17; 약 1:18; 벧전 1:23. [3] 마 28:19; 고전 11:26.

요 3:5 예수께서 대답하시되 진실로 진실로 네게 이르노니 사람이 물과 성령으로 나지 아니하면 하나님의 나라에 들어갈 수 없느니라

고전 2:12; 12:3 [2:12]우리가 세상의 영을 받지 아니하고 오직 하나님으로부터 온 영을 받았으니 이는 우리로 하여금 하나님께서 우리에게 은혜로 주신 것들을 알게 하려 하심이라 [12:3]그러므로 내가 너희에게 알리노니 하나님의 영으로 말하는 자는 누구든지 예수를 저주할 자라 하지 아니하고 또 성령으로 아니하고는 누구든지 예수를 주시라 할 수 없느니라

엡 2:8 너희는 그 은혜에 의하여 믿음으로 말미암아 구원을 받았으니 이것은 너희에게서 난 것이 아니요 하나님의 선물이라

빌 1:19 이것이 너희의 간구와 예수 그리스도의 성령의 도우심으로 나를 구원에 이르게 할 줄 아는 고로

행 16:14 두아디라 시에 있는 자색 옷감 장사로서 하나님을 섬기는 루디아라 하는 한 여자가 말을 듣고 있을 때 주께서 그 마음을 열어 바울의 말을 따르게 하신지라

롬 10:17 그러므로 믿음은 들음에서 나며 들음은 그리스도의 말씀으로 말미암았느니라

약 1:18 그가 그 피조물 중에 우리로 한 첫 열매가 되게 하시려고 자기의 뜻을 따라 진리의 말씀으로 우리를 낳으셨느니라

벧전 1:23 너희가 거듭난 것은 썩어질 씨로 된 것이 아니요 썩지 아니할 씨로 된 것이니 살아 있고 항상 있는 하나님의 말씀으로 되었느니라

마 28:19 그러므로 너희는 가서 모든 민족을 제자로 삼아 아버지와 아들과 성령의 이름으로 세례를 베풀고

고전 11:26 너희가 이 떡을 먹으며 이 잔을 마실 때마다 주의 죽으심을 그가 오실 때까지 전하는 것이니라

66문답

문. 성례는 무엇입니까?

답. 성례는 하나님께서 제정하신 것으로 눈으로 볼 수 있는 거룩한 표와 인입니다. 하나님께서 성례를 제정하신 이유는 성례의 시행을 통해 우리에게 복음의 약속을 더욱 풍성히 선언하고 확증하시기 위함입니다.[1] 이 복음의 약속은 그리스도께서 십자가 위에서 단번에 이루신 속죄

로 말미암아 하나님께서 우리에게 죄사함과 영생을 값 없이 베푸신다는 것입니다.[2]

[1] 창 17:11; 신 30:6; 사 6:6-7; 54:9; 겔 20:12; 롬 4:11. [2] 레 6:25; 마 26:28; 히 9:7, 9, 24; 10:10.

창 17:11 너희는 포피를 베어라 이것이 나와 너희 사이의 언약의 표징이니라

신 30:6 네 하나님 여호와께서 네 마음과 네 자손의 마음에 할례를 베푸사 너로 마음을 다하며 뜻을 다하여 네 하나님 여호와를 사랑하게 하사 너로 생명을 얻게 하실 것이며

사 6:6-7; 54:9 ⁶:⁶⁻⁷그 때에 그 스랍 중의 하나가 부젓가락으로 제단에서 집은 바 핀 숯을 손에 가지고 내게로 날아와서 그것을 내 입술에 대며 이르되 보라 이것이 네 입에 닿았으니 네 악이 제하여졌고 네 죄가 사하여졌느니라 하더라 ⁵⁴:⁹이는 내 게 노아의 홍수와 같도다 내가 다시는 노아의 홍수로 땅 위에 범람하지 못하게 하 리라 맹세한 것 같이 내가 네게 노하지 아니하며 너를 책망하지 아니하기로 맹세 하였노니

겔 20:12 또 내가 그들을 거룩하게 하는 여호와인 줄 알게 하려고 내 안식일을 주 어 그들과 나 사이에 표징을 삼았노라

롬 4:11 그가 할례의 표를 받은 것은 무할례시에 믿음으로 된 의를 인친 것이니 이는 무할례자로서 믿는 모든 자의 조상이 되어 그들도 의로 여기심을 얻게 하려 하심이라

레 6:25 아론과 그의 아들들에게 말하여 이르라 속죄제의 규례는 이러하니라 속 죄제 제물은 지극히 거룩하니 여호와 앞 번제물을 잡는 곳에서 그 속죄제 제물을 잡을 것이요

마 26:28 이것은 죄 사함을 얻게 하려고 많은 사람을 위하여 흘리는 바 나의 피 곧 언약의 피니라

히 9:7, 9, 24; 10:10 ⁹:⁷오직 둘째 장막은 대제사장이 홀로 일 년에 한 번 들어가되

자기와 백성의 허물을 위하여 드리는 피 없이는 아니하나니 ^{9:9}이 장막은 현재까지의 비유니 이에 따라 드리는 예물과 제사는 섬기는 자를 그 양심상 온전하게 할 수 없나니 ^{9:24}그리스도께서는 참 것의 그림자인 손으로 만든 성소에 들어가지 아니하시고 바로 그 하늘에 들어가사 이제 우리를 위하여 하나님 앞에 나타나시고 ^{10:10}이 뜻을 따라 예수 그리스도의 몸을 단번에 드리심으로 말미암아 우리가 거룩함을 얻었노라

67문답

문. 그러면 말씀과 성례 모두 우리 믿음이 우리 구원의 유일한 근거인 예수 그리스도의 십자가 위에서의 속죄로 향하게 하기 위한 것입니다.

답. 참으로 그렇습니다. 성령께서는 우리의 구원 전체가 그리스도께서 우리를 위해 십자가 위에서 단번에 이루신 속죄에 달려있음을 복음을 통해서 가르치시고, 성례를 통해 확증해 주십니다.[1]

[1] 롬 6:3; 고전 10:16; 11:26; 갈 3:27.

롬 6:3 무릇 그리스도 예수와 합하여 세례를 받은 우리는 그의 죽으심과 합하여 세례를 받은 줄을 알지 못하느냐

고전 10:16; 11:26 ^{10:16}우리가 축복하는 바 축복의 잔은 그리스도의 피에 참여함이 아니며 우리가 떼는 떡은 그리스도의 몸에 참여함이 아니냐 ^{11:26}너희가 이 떡을 먹으며 이 잔을 마실 때마다 주의 죽으심을 그가 오실 때까지 전하는 것이니라

갈 3:27 누구든지 그리스도와 합하기 위하여 세례를 받은 자는 그리스도로 옷 입

었느니라

68문답

문. 그리스도께서 새 언약, 곧 신약에서 제정하신 성례는 몇 가지입니까?

답. 두 가지로, 거룩한 세례와 거룩한 성찬입니다.

26주일

69문답

문. 그리스도께서 십자가 위에서 단번에 이루신 속죄가 당신에게 실제 유익이 된다는 것을 세례가 어떻게 깨닫게 하고 확신하게 합니까?

답. 그리스도께서는 물로 씻는 외적 의식을 제정하시고,[1] 그리스도의 피와 성령으로 제 영혼의 모든 더러운 것, 곧 저의 모든 죄가 확실하게 씻겨진다는 약속을 이 의식에 담으셨습니다.[2] 이는 몸의 더러운 것을 물로 씻어내는 것처럼 확실합니다.

[1] 마 28:19. [2] 마 3:11; 막 1:4; 16:16; 눅 3:3; 요 1:33; 행 2:38; 롬 6:3-4; 벧전 3:21.

마 28:19 그러므로 너희는 가서 모든 민족을 제자로 삼아 아버지와 아들과 성령의 이름으로 세례를 베풀고

마 3:11 나는 너희로 회개하게 하기 위하여 물로 세례를 베풀거니와 내 뒤에 오시는 이는 나보다 능력이 많으시니 나는 그의 신을 들기도 감당하지 못하겠노라 그는 성령과 불로 너희에게 세례를 베푸실 것이요

막 1:4; 16:16 ¹:⁴세례 요한이 광야에 이르러 죄 사함을 받게 하는 회개의 세례를 전파하니 ¹⁶:¹⁶믿고 세례를 받는 사람은 구원을 얻을 것이요 믿지 않는 사람은 정죄를 받으리라

눅 3:3 요한이 요단 강 부근 각처에 와서 죄 사함을 받게 하는 회개의 세례를 전파하니

요 1:33 나도 그를 알지 못하였으나 나를 보내어 물로 세례를 베풀라 하신 그이가 나에게 말씀하시되 성령이 내려서 누구 위에든지 머무는 것을 보거든 그가 곧 성령으로 세례를 베푸는 이인 줄 알라 하셨기에

행 2:38 베드로가 이르되 너희가 회개하여 각각 예수 그리스도의 이름으로 세례를 받고 죄 사함을 받으라 그리하면 성령의 선물을 받으리니

롬 6:3-4 무릇 그리스도 예수와 합하여 세례를 받은 우리는 그의 죽으심과 합하여 세례를 받은 줄을 알지 못하느냐 그러므로 우리가 그의 죽으심과 합하여 세례를 받음으로 그와 함께 장사되었나니 이는 아버지의 영광으로 말미암아 그리스도를 죽은 자 가운데서 살리심과 같이 우리로 또한 새 생명 가운데서 행하게 하려 함이라

벧전 3:21 물은 예수 그리스도께서 부활하심으로 말미암아 이제 너희를 구원하는 표니 곧 세례라 이는 육체의 더러운 것을 제하여 버림이 아니요 하나님을 향한 선한 양심의 간구니라

70문답

문. 그리스도의 피와 성령으로 씻겨진다는 것은 무슨 뜻입니까?

답. 그리스도의 피로 씻겨진다는 것은 그리스도께서 우리를 위해 십자가 위에서 자신을 드리시며 흘리신 피로 말미암아 우리가 하나님께 값없이 죄 사함 받았음을 뜻합니다.[1] 성령으로 씻겨진다는 것은 성령께서 우리를 새롭게

하시고, 그리스도의 지체가 되도록 성화시키셔서 우리가 죄에 대하여는 점점 더 죽고, 거룩하고 흠 없는 삶을 살게 됨을 뜻합니다.[2]

[1] 겔 36:25; 슥 13:1; 엡 1:7; 히 12:24; 벧전 1:2; 계 1:5; 7:14. [2] 겔 36:26-27; 요 1:33; 3:5; 롬 6:4; 고전 6:11; 12:13; 골 2:11-12.

겔 36:25 맑은 물을 너희에게 뿌려서 너희로 정결하게 하되 곧 너희 모든 더러운 것에서와 모든 우상 숭배에서 너희를 정결하게 할 것이며

슥 13:1 그 날에 죄와 더러움을 씻는 샘이 다윗의 족속과 예루살렘 주민을 위하여 열리리라

엡 1:7 우리는 그리스도 안에서 그의 은혜의 풍성함을 따라 그의 피로 말미암아 속량 곧 죄 사함을 받았느니라

히 12:24 새 언약의 중보자이신 예수와 및 아벨의 피보다 더 나은 것을 말하는 뿌린 피니라

벧전 1:2 곧 하나님 아버지의 미리 아심을 따라 성령이 거룩하게 하심으로 순종함과 예수 그리스도의 피 뿌림을 얻기 위하여 택하심을 받은 자들에게 편지하노니 은혜와 평강이 너희에게 더욱 많을지어다

계 1:5; 7:14 [1:5]또 충성된 증인으로 죽은 자들 가운데에서 먼저 나시고 땅의 임금들의 머리가 되신 예수 그리스도로 말미암아 은혜와 평강이 너희에게 있기를 원하노라 우리를 사랑하사 그의 피로 우리 죄에서 우리를 해방하시고 [7:14]내가 말하기를 내 주여 당신이 아시나이다 하니 그가 나에게 이르되 이는 큰 환난에서 나오는 자들인데 어린 양의 피에 그 옷을 씻어 희게 하였느니라

겔 36:26-27 또 새 영을 너희 속에 두고 새 마음을 너희에게 주되 너희 육신에서 굳은 마음을 제거하고 부드러운 마음을 줄 것이며 또 내 영을 너희 속에 두어 너희로 내 율례를 행하게 하리니 너희가 내 규례를 지켜 행할지라

요 1:33; 3:5 [1:33]나도 그를 알지 못하였으나 나를 보내어 물로 세례를 베풀라 하

신 그이가 나에게 말씀하시되 성령이 내려서 누구 위에든지 머무는 것을 보거든 그가 곧 성령으로 세례를 베푸는 이인 줄 알라 하셨기에 ³:⁵예수께서 대답하시되 진실로 진실로 네게 이르노니 사람이 물과 성령으로 나지 아니하면 하나님의 나라에 들어갈 수 없느니

롬 6:4 그러므로 우리가 그의 죽으심과 합하여 세례를 받음으로 그와 함께 장사되었나니 이는 아버지의 영광으로 말미암아 그리스도를 죽은 자 가운데서 살리심과 같이 우리로 또한 새 생명 가운데서 행하게 하려 함이라

고전 6:11; 12:13 ⁶:¹¹너희 중에 이와 같은 자들이 있더니 주 예수 그리스도의 이름과 우리 하나님의 성령 안에서 씻음과 거룩함과 의롭다 하심을 받았느니라 ¹²:¹³우리가 유대인이나 헬라인이나 종이나 자유인이나 다 한 성령으로 세례를 받아 한 몸이 되었고 또 다 한 성령을 마시게 하셨느니라

골 2:11-12 또 그 안에서 너희가 손으로 하지 아니한 할례를 받았으니 곧 육의 몸을 벗는 것이요 그리스도의 할례니라 너희가 세례로 그리스도와 함께 장사되고 또 죽은 자들 가운데서 그를 일으키신 하나님의 역사를 믿음으로 말미암아 그 안에서 함께 일으키심을 받았느니라

71문답

문. 세례의 물로 씻는 것처럼 그리스도께서 자신의 피와 성령으로 우리를 틀림없이 씻어 주신다는 약속을 어디에서 하셨습니까?

답. 세례를 제정하실 때 약속하셨는데, 다음과 같이 말씀하셨습니다. "그러므로 너희는 가서 모든 민족을 제자로 삼아 아버지와 아들과 성령의 이름으로 세례를 베풀

고"(마 28:19), "믿고 세례를 받는 사람은 구원을 얻을 것이요 믿지 않는 사람은 정죄를 받으리라"(막 16:16). 이 약속은 성경이 세례를 "중생의 씻음"과 "죄를 씻음"이라고 말한 데서도 거듭 나타납니다(딛 3:5; 행 22:16).

27주일

72문답

문. 물로 세례를 주는 행위 자체가 죄를 씻어 없애는 것입니까?

답. 전혀 그렇지 않습니다.[1] 오직 예수 그리스도의 피와 성령만이 우리의 모든 죄를 깨끗하게 씻어 줍니다.[2]

[1] 마 3:11; 엡 5:26; 벧전 3:21. [2] 고전 6:11; 요일 1:7.

마 3:11 나는 너희로 회개하게 하기 위하여 물로 세례를 베풀거니와 내 뒤에 오시는 이는 나보다 능력이 많으시니 나는 그의 신을 들기도 감당하지 못하겠노라 그는 성령과 불로 너희에게 세례를 베푸실 것이요

엡 5:26 이는 곧 물로 씻어 말씀으로 깨끗하게 하사 거룩하게 하시고

벧전 3:21 물은 예수 그리스도께서 부활하심으로 말미암아 이제 너희를 구원하는 표니 곧 세례라 이는 육체의 더러운 것을 제하여 버림이 아니요 하나님을 향한 선한 양심의 간구니라

고전 6:11 너희 중에 이와 같은 자들이 있더니 주 예수 그리스도의 이름과 우리 하나님의 성령 안에서 씻음과 거룩함과 의롭다 하심을 받았느니라

요일 1:7 그가 빛 가운데 계신 것 같이 우리도 빛 가운데 행하면 우리가 서로 사귐이 있고 그 아들 예수의 피가 우리를 모든 죄에서 깨끗하게 하실 것이요

73문답

문. 그러면 왜 성령께서는 세례를 "중생의 씻음"과 "죄를 씻음"이라고 하십니까?

답. 하나님께서 세례를 "중생의 씻음"과 "죄를 씻음"이라고 하신 데에는 중요한 이유가 있습니다. 하나님께서는 몸의 더러운 것이 물로 씻겨지듯이 우리의 죄가 그리스도의 피와 성령으로 씻겨진다는 것을 우리에게 가르치시고자 하셨기 때문입니다.[1] 특히, 우리가 물로 씻겨지듯이 실제로 우리의 죄가 영적으로 씻김 받았음을 이런 신성한 약속과 표를 통해 우리에게 확신시켜주시기 위해서 그렇습니다.[2]

[1] 고전 6:11; 요일 3:5; 5:6-8; 계 1:5; 7:14. [2] 막 16:16; 행 2:38; 갈 3:27.

고전 6:11 너희 중에 이와 같은 자들이 있더니 주 예수 그리스도의 이름과 우리 하나님의 성령 안에서 씻음과 거룩함과 의롭다 하심을 받았느니라

요일 3:5; 5:6-8 [3:5]그가 우리 죄를 없애려고 나타나신 것을 너희가 아나니 그에게는 죄가 없느니라 [5:6-8]이는 물과 피로 임하신 이시니 곧 예수 그리스도시라 물로만 아니요 물과 피로 임하셨고 증언하는 이는 성령이시니 성령은 진리니라 증언하는 이가 셋이니 성령과 물과 피라 또한 이 셋은 합하여 하나이니라

계 1:5; 7:14 [1:5]또 충성된 증인으로 죽은 자들 가운데에서 먼저 나시고 땅의 임금들의 머리가 되신 예수 그리스도로 말미암아 은혜와 평강이 너희에게 있기를 원하노라 우리를 사랑하사 그의 피로 우리 죄에서 우리를 해방하시고 [7:14]내가 말하기를 내 주여 당신이 아시나이다 하니 그가 나에게 이르되 이는 큰 환난에서 나오

는 자들인데 어린 양의 피에 그 옷을 씻어 희게 하였느니라

막 16:16 믿고 세례를 받는 사람은 구원을 얻을 것이요 믿지 않는 사람은 정죄를 받으리라

행 2:38 베드로가 이르되 너희가 회개하여 각각 예수 그리스도의 이름으로 세례를 받고 죄 사함을 받으라 그리하면 성령의 선물을 받으리니

갈 3:27 누구든지 그리스도와 합하기 위하여 세례를 받은 자는 그리스도로 옷 입었느니라

74문답

문. 유아들도 세례를 받아야 합니까?

답. 그렇습니다. 어른들뿐 아니라 유아들도 하나님의 언약과 교회에 속하였고,[1] 그리스도의 피로 말미암는 구속과 믿음을 일으키시는 성령이 어른들 못지않게 유아들에게도 약속되었기 때문입니다.[2] 따라서 유아들도 언약의 표인 세례를 받음으로 그리스도의 교회에 속하게 해야 하고, 믿지 않는 사람들의 자녀들과 구별되게 해야 합니다.[3] 이런 일이 구약에서는 할례를 통해 이루어졌으나,[4] 신약에서는 세례가 제정되어 할례를 대신하게 되었습니다.[5]

[1] 창 17:7; 마 19:14. [2] 시 22:10; 사 44:1-3; 행 2:39; 16:31. [3] 행 10:47; 고전 7:14. [4] 창 17:10, 14. [5] 골 2:11-12.

창 17:7 내가 내 언약을 나와 너 및 네 대대 후손 사이에 세워서 영원한 언약을 삼고 너와 네 후손의 하나님이 되리라

마 19:14 예수께서 이르시되 어린 아이들을 용납하고 내게 오는 것을 금하지 말라 천국이 이런 사람의 것이니라 하시고

시 22:10 내가 날 때부터 주께 맡긴 바 되었고 모태에서 나올 때부터 주는 나의 하나님이 되셨나이다

사 44:1-3 나의 종 야곱, 내가 택한 이스라엘아 이제 들으라 너를 만들고 너를 모태에서부터 지어 낸 너를 도와 줄 여호와가 이같이 말하노라 나의 종 야곱, 내가 택한 여수룬아 두려워하지 말라 나는 목마른 자에게 물을 주며 마른 땅에 시내가 흐르게 하며 나의 영을 네 자손에게, 나의 복을 네 후손에게 부어 주리니

행 2:39; 16:31 [2:39]이 약속은 너희와 너희 자녀와 모든 먼 데 사람 곧 주 우리 하나님이 얼마든지 부르시는 자들에게 하신 것이라 하고 [16:31]이르되 주 예수를 믿으라 그리하면 너와 네 집이 구원을 받으리라 하고

행 10:47 이에 베드로가 이르되 이 사람들이 우리와 같이 성령을 받았으니 누가 능히 물로 세례 베풂을 금하리요 하고

고전 7:14 믿지 아니하는 남편이 아내로 말미암아 거룩하게 되고 믿지 아니하는 아내가 남편으로 말미암아 거룩하게 되나니 그렇지 아니하면 너희 자녀도 깨끗하지 못하니라 그러나 이제 거룩하니라

창 17:10, 14 [10]너희 중 남자는 다 할례를 받으라 이것이 나와 너희와 너희 후손 사이에 지킬 내 언약이니라 [14]할례를 받지 아니한 남자 곧 그 포피를 베지 아니한 자는 백성 중에서 끊어지리니 그가 내 언약을 배반하였음이니라

골 2:11-12 또 그 안에서 너희가 손으로 하지 아니한 할례를 받았으니 곧 육의 몸을 벗는 것이요 그리스도의 할례니라 너희가 세례로 그리스도와 함께 장사되고 또 죽은 자들 가운데서 그를 일으키신 하나님의 역사를 믿음으로 말미암아 그 안에서 함께 일으키심을 받았느니라

28주일

75문답

문. 그리스도께서 십자가 위에서 단번에 이루신 속죄와 그분이 베푸시는 모든 은택에 당신이 참여한다는 것을 성찬이 어떻게 깨닫고 하고 확신하게 합니까?

답. 그리스도께서는 저와 모든 성도에게 그리스도 자신을 기념하여 이 뗀 떡을 먹고 이 잔을 마시라고 명령하시며 이렇게 보증하셨습니다.[1] 첫째, 그리스도의 몸이 저를 위해 십자가에서 못 박히고 찢기셨으며, 저를 위해 그리스도의 피를 흘리신 일은, 저를 위해 떡이 떼이고 잔이 저에게 주어지는 것을 제가 눈으로 보는 것처럼 확실합니다. 둘째, 그리스도께서 십자가에 달린 그분의 몸과 흘리신 피로 제 영혼이 영생에 이르도록 친히 저를 먹이시고 마시게 하시는 일은, 그리스도의 몸과 피의 확실한 표인 주님의 떡과 잔을 제가 집례자의 손에서 받아 입으로 맛보는 것처럼 분명합니다.

[1] 마 26:26-28; 막 14:22-24; 눅 22:19-20; 고전 10:16-17; 11:23-25.

마 26:26-28 그들이 먹을 때에 예수께서 떡을 가지사 축복하시고 떼어 제자들에게 주시며 이르시되 받아서 먹으라 이것은 내 몸이니라 하시고 또 잔을 가지사 감사 기도 하시고 그들에게 주시며 이르시되 너희가 다 이것을 마시라 이것은 죄 사함을 얻게 하려고 많은 사람을 위하여 흘리는 바 나의 피 곧 언약의 피니라

막 14:22-24 그들이 먹을 때에 예수께서 떡을 가지사 축복하시고 떼어 제자들에게 주시며 이르시되 받으라 이것은 내 몸이니라 하시고 또 잔을 가지사 감사 기도 하시고 그들에게 주시니 다 이를 마시매 이르시되 이것은 많은 사람을 위하여 흘리는 나의 피 곧 언약의 피니라

눅 22:19-20 또 떡을 가져 감사 기도 하시고 떼어 그들에게 주시며 이르시되 이것은 너희를 위하여 주는 내 몸이라 너희가 이를 행하여 나를 기념하라 하시고 저녁 먹은 후에 잔도 그와 같이 하여 이르시되 이 잔은 내 피로 세우는 새 언약이니 곧 너희를 위하여 붓는 것이라

고전 10:16-17; 11:23-25 [10:16-17] 그러나 그들이 다 복음을 순종하지 아니하였도다 이사야가 이르되 주여 우리가 전한 것을 누가 믿었나이까 하였으니 그러므로 믿음은 들음에서 나며 들음은 그리스도의 말씀으로 말미암았느니라 [11:23-25] 그들도 믿지 아니하는 데 머무르지 아니하면 접붙임을 받으리니 이는 그들을 접붙이실 능력이 하나님께 있음이라 네가 원 돌감람나무에서 찍힘을 받고 본성을 거슬러 좋은 감람나무에 접붙임을 받았으니 원 가지인 이 사람들이야 얼마나 더 자기 감람나무에 접붙이심을 받으랴 형제들아 너희가 스스로 지혜 있다 하면서 이 신비를 너희가 모르기를 내가 원하지 아니하노니 이 신비는 이방인의 충만한 수가 들어오기까지 이스라엘의 더러는 우둔하게 된 것이라

76문답

문. 십자가에 못 박히신 그리스도의 몸을 먹고, 그리스도께서 흘리신 피를 마신다는 의미는 무엇입니까?

답. 그것은 그리스도의 모든 고난과 죽음을 우리가 믿는 마음으로 받아들여 죄 사함과 영원한 생명을 얻고,[1] 나아가 그리스도와 우리 안에 함께 거하시는 성령으로 말미암아 우리가 그리스도의 거룩한 몸에 더욱 더 연합된다는 것을 뜻합니다.[2] 그래서 그리스도께서는 하늘에 계시고 우리는 땅에 있다 할지라도[3] 우리는 그리스도의 "뼈 중의 뼈요 살 중의 살"이며,[4] 마치 우리 몸의 모든 지체가 한 영혼에 의해 살고 다스림을 받는 것처럼, 우리도 영원히 한 성령에 의해 살고 다스림을 받습니다.[5]

[1] 요 6:35, 40, 47-54. [2] 요 6:55-56; 고전 12:13. [3] 행 1:9, 11; 3:21; 고전 11:26; 골 3:1. [4] 창 2:23; 요 14:23; 고전 6:15, 17, 19; 엡 3:16-17; 5:29-30; 요일 4:13. [5] 요 6:57; 15:1-6; 엡 4:15-16; 요일 3:24.

요 6:35, 40, 47-54 ³⁵예수께서 이르시되 나는 생명의 떡이니 내게 오는 자는 결코 주리지 아니할 터이요 나를 믿는 자는 영원히 목마르지 아니하리라 ⁴⁰내 아버지의 뜻은 아들을 보고 믿는 자마다 영생을 얻는 이것이니 마지막 날에 내가 이를 다시 살리리라 하시니라 ⁴⁷⁻⁵⁴진실로 진실로 너희에게 이르노니 믿는 자는 영생을 가졌나니 내가 곧 생명의 떡이니라 너희 조상들은 광야에서 만나를 먹었어도 죽었거니와 이는 하늘에서 내려오는 떡이니 사람으로 하여금 먹고 죽지 아니하게 하는 것이니라 나는 하늘에서 내려온 살아 있는 떡이니 사람이 이 떡을 먹으면 영생하

리라 내가 줄 떡은 곧 세상의 생명을 위한 내 살이니라 하시니라 그러므로 유대인들이 서로 다투어 이르되 이 사람이 어찌 능히 자기 살을 우리에게 주어 먹게 하겠느냐 예수께서 이르시되 내가 진실로 진실로 너희에게 이르노니 인자의 살을 먹지 아니하고 인자의 피를 마시지 아니하면 너희 속에 생명이 없느니라 내 살을 먹고 내 피를 마시는 자는 영생을 가졌고 마지막 날에 내가 그를 다시 살리리니

요 6:55-56 내 살은 참된 양식이요 내 피는 참된 음료로다 내 살을 먹고 내 피를 마시는 자는 내 안에 거하고 나도 그의 안에 거하나니

고전 12:13 우리가 유대인이나 헬라인이나 종이나 자유인이나 다 한 성령으로 세례를 받아 한 몸이 되었고 또 다 한 성령을 마시게 하셨느니라

행 1:9, 11; 3:21 [1:9]이 말씀을 마치시고 그들이 보는데 올려져 가시니 구름이 그를 가리어 보이지 않게 하더라 [1:11]이르되 갈릴리 사람들아 어찌하여 서서 하늘을 쳐다보느냐 너희 가운데서 하늘로 올려지신 이 예수는 하늘로 가심을 본 그대로 오시리라 하였느니라 [3:21]하나님이 영원 전부터 거룩한 선지자들의 입을 통하여 말씀하신 바 만물을 회복하실 때까지는 하늘이 마땅히 그를 받아 두리라

고전 11:26 너희가 이 떡을 먹으며 이 잔을 마실 때마다 주의 죽으심을 그가 오실 때까지 전하는 것이니라

골 3:1 그러므로 너희가 그리스도와 함께 다시 살리심을 받았으면 위의 것을 찾으라 거기는 그리스도께서 하나님 우편에 앉아 계시느니라

창 2:23 아담이 이르되 이는 내 뼈 중의 뼈요 살 중의 살이라 이것을 남자에게서 취하였은즉 여자라 부르리라 하니라

요 14:23 예수께서 대답하여 이르시되 사람이 나를 사랑하면 내 말을 지키리니 내 아버지께서 그를 사랑하실 것이요 우리가 그에게 가서 거처를 그와 함께 하리라

고전 6:15, 17, 19 [15]너희 몸이 그리스도의 지체인 줄을 알지 못하느냐 내가 그리스도의 지체를 가지고 창녀의 지체를 만들겠느냐 결코 그럴 수 없느니라 [17]주와 합하는 자는 한 영이니라 [19]너희 몸은 너희가 하나님께로부터 받은 바 너희 가운데 계신 성령의 전인 줄을 알지 못하느냐 너희는 너희 자신의 것이 아니라

엡 3:16-17; 5:29-30 ³:¹⁶⁻¹⁷그의 영광의 풍성함을 따라 그의 성령으로 말미암아 너희 속사람을 능력으로 강건하게 하시오며 믿음으로 말미암아 그리스도께서 너희 마음에 계시게 하시옵고 너희가 사랑 가운데서 뿌리가 박히고 터가 굳어져서 ⁵:²⁹⁻³⁰누구든지 언제나 자기 육체를 미워하지 않고 오직 양육하여 보호하기를 그리스도께서 교회에게 함과 같이 하나니 우리는 그 몸의 지체임이라

요일 4:13 그의 성령을 우리에게 주시므로 우리가 그 안에 거하고 그가 우리 안에 거하시는 줄을 아느니라

요 6:57; 15:1-6 ⁶:⁵⁷살아 계신 아버지께서 나를 보내시매 내가 아버지로 말미암아 사는 것 같이 나를 먹는 그 사람도 나로 말미암아 살리라 ¹⁵:¹⁻⁶나는 참포도나무요 내 아버지는 농부라 무릇 내게 붙어 있어 열매를 맺지 아니하는 가지는 아버지께서 그것을 제거해 버리시고 무릇 열매를 맺는 가지는 더 열매를 맺게 하려 하여 그것을 깨끗하게 하시느니라 너희는 내가 일러준 말로 이미 깨끗하여졌으니 내 안에 거하라 나도 너희 안에 거하리라 가지가 포도나무에 붙어 있지 아니하면 스스로 열매를 맺을 수 없음 같이 너희도 내 안에 있지 아니하면 그러하리라 나는 포도나무요 너희는 가지라 그가 내 안에, 내가 그 안에 거하면 사람이 열매를 많이 맺나니 나를 떠나서는 너희가 아무 것도 할 수 없음이라 사람이 내 안에 거하지 아니하면 가지처럼 밖에 버려져 마르나니 사람들이 그것을 모아다가 불에 던져 사르느니라

엡 4:15-16 오직 사랑 안에서 참된 것을 하여 범사에 그에게까지 자랄지라 그는 머리니 곧 그리스도라 그에게서 온 몸이 각 마디를 통하여 도움을 받음으로 연결되고 결합되어 각 지체의 분량대로 역사하여 그 몸을 자라게 하며 사랑 안에서 스스로 세우느니라

요일 3:24 그의 계명을 지키는 자는 주 안에 거하고 주는 그의 안에 거하시나니 우리에게 주신 성령으로 말미암아 그가 우리 안에 거하시는 줄을 우리가 아느니라

The Heidelberg Catechism 175

77문답

문. 믿는 자들이 이 뗀 떡을 먹고 이 잔을 마시는 것처럼 확실하게, 믿는 자들이 그분의 몸과 피를 먹고 마시게 하시겠다는 약속을 그리스도께서는 어디에서 하셨습니까?

답. 성찬을 제정하실 때 약속하셨는데, 다음과 같이 말씀하셨습니다.[1] "내가 너희에게 전한 것은 주께 받은 것이니 곧 주 예수께서 잡히시던 밤에 떡을 가지사 축사하시고 떼어 이르시되 이것은 너희를 위하는 내 몸이니 이것을 행하여 나를 기념하라 하시고 식후에 또한 그와 같이 잔을 가지시고 이르시되 이 잔은 내 피로 세운 새 언약이니 이것을 행하여 마실 때마다 나를 기념하라 하셨으니 너희가 이 떡을 먹으며 이 잔을 마실 때마다 주의 죽으심을 그가 오실 때까지 전하는 것이니라"(고전 11:23-26). 사도 바울도 이 약속을 거듭 말했습니다. "우리가 축복하는 바 축복의 잔은 그리스도의 피에 참여함이 아니며 우리가 떼는 떡은 그리스도의 몸에 참여함이 아니냐 떡이 하나요 많은 우리가 한 몸이니 이는 우리가 다 한 떡에 참여함이라"(고전 10:16-17).

[1] 마 26:26-28; 막 14:22-24; 눅 22:19-20.

마 26:26-28 그들이 먹을 때에 예수께서 떡을 가지사 축복하시고 떼어 제자들에게 주시며 이르시되 받아서 먹으라 이것은 내 몸이니라 하시고 또 잔을 가지사 감사 기도 하시고 그들에게 주시며 이르시되 너희가 다 이것을 마시라 이것은 죄 사함을 얻게 하려고 많은 사람을 위하여 흘리는 바 나의 피 곧 언약의 피니라

막 14:22-24 그들이 먹을 때에 예수께서 떡을 가지사 축복하시고 떼어 제자들에게 주시며 이르시되 받으라 이것은 내 몸이니라 하시고 또 잔을 가지사 감사 기도 하시고 그들에게 주시니 다 이를 마시매 이르시되 이것은 많은 사람을 위하여 흘리는 나의 피 곧 언약의 피니라

눅 22:19-20 또 떡을 가져 감사 기도 하시고 떼어 그들에게 주시며 이르시되 이것은 너희를 위하여 주는 내 몸이라 너희가 이를 행하여 나를 기념하라 하시고 저녁 먹은 후에 잔도 그와 같이 하여 이르시되 이 잔은 내 피로 세우는 새 언약이니 곧 너희를 위하여 붓는 것이라

29주일

78문답

문. 떡과 포도주가 그리스도의 실제 몸과 피로 변합니까?

답. 그렇지 않습니다. 세례의 물은 그리스도의 피로 변하지도 않고, 죄를 씻어 주지도 못합니다. 단지 하나님께서 정하신 표와 확증입니다.[1] 이와 마찬가지로 성찬의 떡도 그리스도의 실제 몸으로 변하지 않습니다.[2] 그런데도 성찬의 떡을 그리스도의 몸이라고 부르는 것은[3] 성례의 본질과 특성을 따른 것입니다.[4]

[1] 엡 5:26; 딛 3:5. [2] 마 26:26-29. [3] 고전 10:16; 11:26. [4] 창 17:10-11; 출 12:11, 13, 26-27; 13:9; 24:8; 행 22:16; 고전 10:1-4; 벧전 3:21.

엡 5:26 이는 곧 물로 씻어 말씀으로 깨끗하게 하사 거룩하게 하시고

딛 3:5 우리를 구원하시되 우리가 행한 바 의로운 행위로 말미암지 아니하고 오직 그의 긍휼하심을 따라 중생의 씻음과 성령의 새롭게 하심으로 하셨나니

마 26:26-29 그들이 먹을 때에 예수께서 떡을 가지사 축복하시고 떼어 제자들에게 주시며 이르시되 받아서 먹으라 이것은 내 몸이니라 하시고 또 잔을 가지사 감사 기도 하시고 그들에게 주시며 이르시되 너희가 다 이것을 마시라 이것은 죄 사함을 얻게 하려고 많은 사람을 위하여 흘리는 바 나의 피 곧 언약의 피니라 그러나 너희에게 이르노니 내가 포도나무에서 난 것을 이제부터 내 아버지의 나라에서 새것으로 너희와 함께 마시는 날까지 마시지 아니하리라 하시니라

고전 10:16; 11:26 ¹⁰:¹⁶우리가 축복하는 바 축복의 잔은 그리스도의 피에 참여함이 아니며 우리가 떼는 떡은 그리스도의 몸에 참여함이 아니냐 ¹¹:²⁶너희가 이 떡을 먹으며 이 잔을 마실 때마다 주의 죽으심을 그가 오실 때까지 전하는 것이니라

창 17:10-11 너희 중 남자는 다 할례를 받으라 이것이 나와 너희와 너희 후손 사이에 지킬 내 언약이니라 너희는 포피를 베어라 이것이 나와 너희 사이의 언약의 표징이니라

출 12:11, 13, 26-27; 13:9; 24:8 ¹²:¹¹너희는 그것을 이렇게 먹을지니 허리에 띠를 띠고 발에 신을 신고 손에 지팡이를 잡고 급히 먹으라 이것이 여호와의 유월절이니라 ¹²:¹³내가 애굽 땅을 칠 때에 그 피가 너희가 사는 집에 있어서 너희를 위하여 표적이 될지라 내가 피를 볼 때에 너희를 넘어가리니 재앙이 너희에게 내려 멸하지 아니하리라 ¹²:²⁶⁻²⁷이 후에 너희의 자녀가 묻기를 이 예식이 무슨 뜻이냐 하거든 너희는 이르기를 이는 여호와의 유월절 제사라 여호와께서 애굽 사람에게 재앙을 내리실 때에 애굽에 있는 이스라엘 자손의 집을 넘으사 우리의 집을 구원하셨느니라 하라 하매 백성이 머리 숙여 경배하니라 ¹³:⁹이것으로 네 손의 기호와 네 미간의 표를 삼고 여호와의 율법이 네 입에 있게 하라 이는 여호와께서 강하신 손으로 너를 애굽에서 인도하여 내셨음이니 ²⁴:⁸모세가 그 피를 가지고 백성에게 뿌리며 이르되 이는 여호와께서 이 모든 말씀에 대하여 너희와 세우신 언약의 피니라

행 22:16 이제는 왜 주저하느냐 일어나 주의 이름을 불러 세례를 받고 너의 죄를 씻으라 하더라

고전 10:1-4 형제들아 나는 너희가 알지 못하기를 원하지 아니하노니 우리 조상들이 다 구름 아래에 있고 바다 가운데로 지나며 모세에게 속하여 다 구름과 바다에서 세례를 받고 다 같은 신령한 음식을 먹으며 다 같은 신령한 음료를 마셨으니 이는 그들을 따르는 신령한 반석으로부터 마셨으매 그 반석은 곧 그리스도시라

벧전 3:21 물은 예수 그리스도께서 부활하심으로 말미암아 이제 너희를 구원하는 표니 곧 세례라 이는 육체의 더러운 것을 제하여 버림이 아니요 하나님을 향한 선한 양심의 간구니라

79문답

문. 그렇다면 왜 그리스도께서는 떡을 "그의 몸"이라고 하시고, 잔을 "그의 피", 또는 "그의 피로 세우는 새 언약"이라고 말씀하십니까? 그리고 바울 사도는 왜 "그리스도의 몸과 피에 참여하는 것"에 대해 말합니까?

답. 그리스도께서 그렇게 말씀하신 데에는 중요한 이유가 있습니다. 그리스도께서는 떡과 포도주가 육신의 생명을 유지시키듯이 십자가에 못 박히신 그분의 몸과 흘리신 피가 우리 영혼을 영생하게 하는 참된 양식과 음료라는 사실을 가르치려 하셨습니다.[1] 더 중요한 이유로, 그리스도께서는 눈으로 볼 수 있는 이러한 표와 보증을 통해 우리에게 다음과 같은 사실을 확신시키려 하셨습니다. 먼저, 우리가 그리스도를 기념하면서 이 거룩한 표들을 육신의 입으로 받아 먹는 것처럼 실제로 성령의 일하심으로 말미암아 우리는 그리스도의 참된 몸과 피에 참여합니다.[2] 그리고 그리스도의 고난과 순종이 확실히 우리의 것이 되는데, 이는 마치 우리 자신이 몸소 모든 고난을 당하고, 우리가 우리의 죗값을 하나님께 치른 것과 같게 해 줍니다.[3]

[1] 요 6:51, 53–55. [2] 고전 10:16. [3] 롬 6:5–6, 8–9; 고후 5:14.

요 6:51, 53-55 ⁵¹나는 하늘에서 내려온 살아 있는 떡이니 사람이 이 떡을 먹으면 영생하리라 내가 줄 떡은 곧 세상의 생명을 위한 내 살이니라 하시니라 ⁵³⁻⁵⁵예수께서 이르시되 내가 진실로 진실로 너희에게 이르노니 인자의 살을 먹지 아니하고 인자의 피를 마시지 아니하면 너희 속에 생명이 없느니라 내 살을 먹고 내 피를 마시는 자는 영생을 가졌고 마지막 날에 내가 그를 다시 살리리니 내 살은 참된 양식이요 내 피는 참된 음료로다

고전 10:16 우리가 축복하는 바 축복의 잔은 그리스도의 피에 참여함이 아니며 우리가 떼는 떡은 그리스도의 몸에 참여함이 아니냐

롬 6:5-6, 8-9 ⁵⁻⁶만일 우리가 그의 죽으심과 같은 모양으로 연합한 자가 되었으면 또한 그의 부활과 같은 모양으로 연합한 자도 되리라 우리가 알거니와 우리의 옛 사람이 예수와 함께 십자가에 못 박힌 것은 죄의 몸이 죽어 다시는 우리가 죄에게 종 노릇 하지 아니하려 함이니 ⁸⁻⁹만일 우리가 그리스도와 함께 죽었으면 또한 그와 함께 살 줄을 믿노니 이는 그리스도께서 죽은 자 가운데서 살아나셨으매 다시 죽지 아니하시고 사망이 다시 그를 주장하지 못할 줄을 앎이로라

고후 5:14 그리스도의 사랑이 우리를 강권하시는도다 우리가 생각하건대 한 사람이 모든 사람을 대신하여 죽은즉 모든 사람이 죽은 것이라

30주일

80문답

문. 성찬과 로마가톨릭 교회의 미사는 어떻게 다릅니까?

답. 성찬은 예수 그리스도께서 친히 단번에 이루신 유일한 속죄를 통해 우리의 모든 죄가 사해졌음과,[1] 인성으로는 지금 이 땅에 계시지 않고 하나님 아버지 우편에 계시며,[3] 그곳에서 우리의 예배를 받으시는[4] 그리스도와 우리가 성령으로 말미암아 연합되었음을 입증합니다.[2] 그러나 미사는 산 자들이나 죽은 자들을 위해 지금도 매일 사제들에 의해 그리스도께서 드려지지 않으면, 그리스도께서 그들을 위해 받으신 고난을 통해서는 그들이 죄 사함을 받지 못한다고 가르칩니다. 또한 그리스도께서 떡과 포도주의 형체 속에 몸으로 존재하시기 때문에 그 형체로 그리스도를 예배해야 한다고 가르칩니다. 따라서 미사는 근본적으로 예수 그리스도께서 이루신 단번의 속죄와 고난을 부인하는 것이며, 저주받을 우상숭배입니다.[5]

[1] 마 26:28; 눅 22:19-20; 요 19:30; 히 7:26-27; 9:12, 25-28; 10:10, 12, 14. [2] 고전 6:17; 10:16-17. [3] 시 110:1; 막 16:19; 골 3:1; 히 1:3; 8:1-2. [4] 요 4:23-24; 행 7:55-56; 빌 3:20; 살전 1:10. [5] 히 9:26; 10:12, 14.

마 26:28 이것은 죄 사함을 얻게 하려고 많은 사람을 위하여 흘리는 바 나의 피 곧 언약의 피니라

눅 22:19-20 또 떡을 가져 감사 기도 하시고 떼어 그들에게 주시며 이르시되 이것은 너희를 위하여 주는 내 몸이라 너희가 이를 행하여 나를 기념하라 하시고 저녁 먹은 후에 잔도 그와 같이 하여 이르시되 이 잔은 내 피로 세우는 새 언약이니 곧 너희를 위하여 붓는 것이라

요 19:30 예수께서 신 포도주를 받으신 후에 이르시되 다 이루었다 하시고 머리를 숙이니 영혼이 떠나가시니라

히 7:26-27; 9:12, 25-28; 10:10, 12, 14 ⁷:²⁶⁻²⁷이러한 대제사장은 우리에게 합당하니 거룩하고 악이 없고 더러움이 없고 죄인에게서 떠나 계시고 하늘보다 높이 되신 이라 그는 저 대제사장들이 먼저 자기 죄를 위하고 다음에 백성의 죄를 위하여 날마다 제사 드리는 것과 같이 할 필요가 없으니 이는 그가 단번에 자기를 드려 이루셨음이라 ⁹:¹²염소와 송아지의 피로 하지 아니하고 오직 자기의 피로 영원한 속죄를 이루사 단번에 성소에 들어가셨느니라 ⁹:²⁵⁻²⁸대제사장이 해마다 다른 것의 피로써 성소에 들어가는 것 같이 자주 자기를 드리려고 아니하실지니 그리하면 그가 세상을 창조한 때부터 자주 고난을 받았어야 할 것이로되 이제 자기를 단번에 제물로 드려 죄를 없이 하시려고 세상 끝에 나타나셨느니라 한번 죽는 것은 사람에게 정해진 것이요 그 후에는 심판이 있으리니 이와 같이 그리스도도 많은 사람의 죄를 담당하시려고 단번에 드리신 바 되었고 구원에 이르게 하기 위하여 죄와 상관 없이 자기를 바라는 자들에게 두 번째 나타나시리라 ¹⁰:¹⁰이 뜻을 따라 예수 그리스도의 몸을 단번에 드리심으로 말미암아 우리가 거룩함을 얻었노라 ¹⁰:¹²오직 그리스도는 죄를 위하여 한 영원한 제사를 드리시고 하나님 우편에 앉으사 ¹⁰:¹⁴그가 거룩하게 된 자들을 한 번의 제사로 영원히 온전하게 하셨느니라

고전 6:17; 10:16-17 ⁶:¹⁷주와 합하는 자는 한 영이니라 ¹⁰:¹⁶⁻¹⁷우리가 축복하는 바 축복의 잔은 그리스도의 피에 참여함이 아니며 우리가 떼는 떡은 그리스도의 몸에 참여함이 아니냐 떡이 하나요 많은 우리가 한 몸이니 이는 우리가 다 한 떡에 참여함이라

시 110:1 여호와께서 내 주에게 말씀하시기를 내가 네 원수들로 네 발판이 되게 하기까지 너는 내 오른쪽에 앉아 있으라 하셨도다

막 16:19 주 예수께서 말씀을 마치신 후에 하늘로 올려지사 하나님 우편에 앉으시니라

골 3:1 그러므로 너희가 그리스도와 함께 다시 살리심을 받았으면 위의 것을 찾으라 거기는 그리스도께서 하나님 우편에 앉아 계시느니라

히 1:3; 8:1-2 ¹:³이는 하나님의 영광의 광채시요 그 본체의 형상이시라 그의 능력의 말씀으로 만물을 붙드시며 죄를 정결하게 하는 일을 하시고 높은 곳에 계신 지극히 크신 이의 우편에 앉으셨느니라 ⁸:¹⁻²지금 우리가 하는 말의 요점은 이러한 대제사장이 우리에게 있다는 것이라 그는 하늘에서 지극히 크신 이의 보좌 우편에 앉으셨으니 성소와 참 장막에서 섬기는 이시라 이 장막은 주께서 세우신 것이요 사람이 세운 것이 아니니라

요 4:23-24 아버지께 참되게 예배하는 자들은 영과 진리로 예배할 때가 오나니 곧 이 때라 아버지께서는 자기에게 이렇게 예배하는 자들을 찾으시느니라 하나님은 영이시니 예배하는 자가 영과 진리로 예배할지니라

행 7:55-56 스데반이 성령 충만하여 하늘을 우러러 주목하여 하나님의 영광과 및 예수께서 하나님 우편에 서신 것을 보고 말하되 보라 하늘이 열리고 인자가 하나님 우편에 서신 것을 보노라 한대

빌 3:20 그러나 우리의 시민권은 하늘에 있는지라 거기로부터 구원하는 자 곧 주 예수 그리스도를 기다리노니

살전 1:10 또 죽은 자들 가운데서 다시 살리신 그의 아들이 하늘로부터 강림하실 것을 너희가 어떻게 기다리는지를 말하니 이는 장래의 노하심에서 우리를 건지시는 예수시니라

히 9:26; 10:12, 14 ⁹:²⁶그리하면 그가 세상을 창조한 때부터 자주 고난을 받았어야 할 것이로되 이제 자기를 단번에 제물로 드려 죄를 없이 하시려고 세상 끝에 나타나셨느니라 ¹⁰:¹²오직 그리스도는 죄를 위하여 한 영원한 제사를 드리시고 하나님 우편에 앉으사 ¹⁰:¹⁴그가 거룩하게 된 자들을 한 번의 제사로 영원히 온전하

81문답

문. 성찬에는 누가 참여할 수 있습니까?

답. 자신의 죄를 참으로 슬퍼하는 사람, 그러나 자신의 죄가 그리스도의 고난과 죽음으로 말미암아 용서되었으며, 남아 있는 연약함도 가려졌음을 믿는 사람, 그리고 자신의 믿음이 점점 더 강해지고, 더 거룩하게 살기를 갈망하는 사람이 참여할 수 있습니다. 그러나 외식하거나 회개하지 않는 사람이 참여하는 것은 자기가 받을 심판을 먹고 마시는 것입니다.[1]

[1] 고전 10:19-22; 11:28-29.

고전 10:19-22; 11:28-29 [10:19-22]그런즉 내가 무엇을 말하느냐 우상의 제물은 무엇이며 우상은 무엇이냐 무릇 이방인이 제사하는 것은 귀신에게 하는 것이요 하나님께 제사하는 것이 아니니 나는 너희가 귀신과 교제하는 자가 되기를 원하지 아니하노라 너희가 주의 잔과 귀신의 잔을 겸하여 마시지 못하고 주의 식탁과 귀신의 식탁에 겸하여 참여하지 못하리라 그러면 우리가 주를 노여워하시게 하겠느냐 우리가 주보다 강한 자냐 [11:28-29]사람이 자기를 살피고 그 후에야 이 떡을 먹고 이 잔을 마실지니 주의 몸을 분별하지 못하고 먹고 마시는 자는 자기의 죄를 먹고 마시는 것이니라

82문답

문. 자신의 고백과 생활에서 불신앙과 불경건한 삶을 드러내는 사람들을 이 성찬에 참여하게 해도 됩니까?

답. 아닙니다. 그런 사람들을 성찬에 참여하게 하면 하나님의 언약이 더럽혀지게 되고, 하나님의 진노가 모든 회중에게 임하게 될 것입니다.[1] 그러므로 그리스도의 교회는 그리스도와 그분의 사도들의 명령에 따라 천국의 열쇠를 사용하여 그런 사람들이 삶을 돌이킬 때까지 그들을 성찬에서 제외시킬 의무가 있습니다.

[1] 시 50:16; 사 1:11-15; 66:3; 렘 7:21-23; 고전 11:20, 27-34.

시 50:16 악인에게는 하나님이 이르시되 네가 어찌하여 내 율례를 전하며 내 언약을 네 입에 두느냐

사 1:11-15; 66:3 [1:11-15]여호와께서 말씀하시되 너희의 무수한 제물이 내게 무엇이 유익하뇨 나는 숫양의 번제와 살진 짐승의 기름에 배불렀고 나는 수송아지나 어린 양이나 숫염소의 피를 기뻐하지 아니하노라 너희가 내 앞에 보이러 오니 이것을 누가 너희에게 요구하였느냐 내 마당만 밟을 뿐이니라 헛된 제물을 다시 가져오지 말라 분향은 내가 가증히 여기는 바요 월삭과 안식일과 대회로 모이는 것도 그러하니 성회와 아울러 악을 행하는 것을 내가 견디지 못하겠노라 내 마음이 너희의 월삭과 정한 절기를 싫어하나니 그것이 내게 무거운 짐이라 내가 지기에 곤비하였느니라 너희가 손을 펼 때에 내가 내 눈을 너희에게서 가리고 너희가 많이 기도할지라도 내가 듣지 아니하리니 이는 너희의 손에 피가 가득함이라 [66:3]소를 잡아 드리는 것은 살인함과 다름이 없이 하고 어린 양으로 제사드리는 것은 개의 목을 꺾음과 다름이 없이 하며 드리는 예물은 돼지의 피와 다름이 없이 하고

분향하는 것은 우상을 찬송함과 다름이 없이 행하는 그들은 자기의 길을 택하며 그들의 마음은 가증한 것을 기뻐한즉

렘 7:21-23 만군의 여호와 이스라엘의 하나님께서 이와 같이 말씀하시되 너희 희생제물과 번제물의 고기를 아울러 먹으라 사실은 내가 너희 조상들을 애굽 땅에서 인도하여 낸 날에 번제나 희생에 대하여 말하지 아니하며 명령하지 아니하고 오직 내가 이것을 그들에게 명령하여 이르기를 너희는 내 목소리를 들으라 그리하면 나는 너희 하나님이 되겠고 너희는 내 백성이 되리라 너희는 내가 명령한 모든 길로 걸어가라 그리하면 복을 받으리라 하였으나

고전 11:20, 27-34 [20]그런즉 너희가 함께 모여서 주의 만찬을 먹을 수 없으니 [27-34]그러므로 누구든지 주의 떡이나 잔을 합당하지 않게 먹고 마시는 자는 주의 몸과 피에 대하여 죄를 짓는 것이니라 사람이 자기를 살피고 그 후에야 이 떡을 먹고 이 잔을 마실지니 주의 몸을 분별하지 못하고 먹고 마시는 자는 자기의 죄를 먹고 마시는 것이니라 그러므로 너희 중에 약한 자와 병든 자가 많고 잠자는 자도 적지 아니하니 우리가 우리를 살폈으면 판단을 받지 아니하려니와 우리가 판단을 받는 것은 주께 징계를 받는 것이니 이는 우리로 세상과 함께 정죄함을 받지 않게 하심이라 그런즉 내 형제들아 먹으러 모일 때에 서로 기다리라 만일 누구든지 시장하거든 집에서 먹을지니 이는 너희의 모임이 판단 받는 모임이 되지 않게 하려 함이라 그밖의 일들은 내가 언제든지 갈 때에 바로잡으리라

31주일

83문답

문. 천국의 열쇠란 무엇입니까?

답. 거룩한 복음을 설교하는 것과 교회가 권징을 시행하는 것입니다. 천국은 이 두 가지를 통해 믿는 사람에게는 열리고, 믿지 않는 사람에게는 닫힙니다.[1]

[1] 마 16:18-19; 18:15-18.

마 16:18-19; 18:15-18 ^{16:18-19}또 내가 네게 이르노니 너는 베드로라 내가 이 반석 위에 내 교회를 세우리니 음부의 권세가 이기지 못하리라 내가 천국 열쇠를 네게 주리니 네가 땅에서 무엇이든지 매면 하늘에서도 매일 것이요 네가 땅에서 무엇이든지 풀면 하늘에서도 풀리리라 하시고 ^{18:15-18}네 형제가 죄를 범하거든 가서 너와 그 사람과만 상대하여 권고하라 만일 들으면 네가 네 형제를 얻은 것이요 만일 듣지 않거든 한두 사람을 데리고 가서 두세 증인의 입으로 말마다 확증하게 하라 만일 그들의 말도 듣지 않거든 교회에 말하고 교회의 말도 듣지 않거든 이방인과 세리와 같이 여기라 진실로 너희에게 이르노니 무엇이든지 너희가 땅에서 매면 하늘에서도 매일 것이요 무엇이든지 땅에서 풀면 하늘에서도 풀리리라

84문답

문. 거룩한 복음을 설교할 때 천국이 어떻게 열리고 닫힙니까?

답. 그리스도의 명령에 따라 열리고 닫힙니다. 참된 믿음으로 복음의 약속을 받아들일 때, 하나님께서 그리스도의 공로로 말미암아 참으로 그들의 모든 죄를 사하신다는 것을 모든 신자에게 공적으로 선포하고 선언함으로써 천국이 열립니다. 이와 반대로 그들이 회개하지 않는 한 하나님의 진노와 영원한 정죄가 그들에게 임한다는 것을 모든 불신자와 위선자에게 공적으로 선포하고 선언함으로써 천국이 닫힙니다. 이러한 복음의 증언에 따라 하나님께서는 이 세상과 오는 세상에서 심판하실 것입니다.[1]

[1] 마 16:19; 요 3:34-36; 20:21-23.

마 16:19
내가 천국 열쇠를 네게 주리니 네가 땅에서 무엇이든지 매면 하늘에서도 매일 것이요 네가 땅에서 무엇이든지 풀면 하늘에서도 풀리리라 하시고

요 3:34-36; 20:21-23 [3:34-36]하나님이 보내신 이는 하나님의 말씀을 하나니 이는 하나님이 성령을 한량 없이 주심이니라 아버지께서 아들을 사랑하사 만물을 다 그의 손에 주셨으니 아들을 믿는 자에게는 영생이 있고 아들에게 순종하지 아니하는 자는 영생을 보지 못하고 도리어 하나님의 진노가 그 위에 머물러 있느니라 [20:21-23]예수께서 또 이르시되 너희에게 평강이 있을지어다 아버지께서 나를 보내

신 것 같이 나도 너희를 보내노라 이 말씀을 하시고 그들을 향하사 숨을 내쉬며 이르시되 성령을 받으라 너희가 누구의 죄든지 사하면 사하여질 것이요 누구의 죄든지 그대로 두면 그대로 있으리라 하시니라

85문답

문. 교회가 권징을 시행할 때 천국은 어떻게 열리고 닫힙니까?

답. 그리스도의 명령에 따라 열리고 닫힙니다. 그리스도인이라 불릴지라도 교리와 생활에서 그리스도인답지 않게 행하며, 형제들의 계속되는 권면에도 불구하고 자신의 잘못과 사악한 행위에서 돌이키지 않는다면 그들은 교회, 곧 교회가 이 일을 위해 임명한 직분자들에게 보고되어야 합니다. 그들이 교회의 권고를 듣고도 돌이키지 않으면 그들을 성례에 참여하지 못하게 하여 교회 공동체 밖에 두어야 합니다. 이런 사람들은 하나님께서도 친히 그리스도의 나라에서 쫓아내십니다.[1] 그러나 그들이 참된 회개를 약속하고 증명해 보이면 그들을 그리스도의 지체와 교회의 회원으로 다시 받아들입니다.[2]

[1] 마 18:15-18; 고전 5:3-5, 11; 살후 3:14-15; 딤전 5:20; 요이 1:10-11. [2] 눅 15:20-24; 고후 2:6-8.

마 18:15-18 네 형제가 죄를 범하거든 가서 너와 그 사람과만 상대하여 권고하라 만일 들으면 네가 네 형제를 얻은 것이요 만일 듣지 않거든 한두 사람을 데리고 가서 두세 증인의 입으로 말마다 확증하게 하라 만일 그들의 말도 듣지 않거든 교회에 말하고 교회의 말도 듣지 않거든 이방인과 세리와 같이 여기라 진실로 너희에게 이르노니 무엇이든지 너희가 땅에서 매면 하늘에서도 매일 것이요 무엇이든지 땅에서 풀면 하늘에서도 풀리리라

고전 5:3-5, 11 ³⁻⁵내가 실로 몸으로는 떠나 있으나 영으로는 함께 있어서 거기 있는 것 같이 이런 일 행한 자를 이미 판단하였노라 주 예수의 이름으로 너희가 내 영과 함께 모여서 우리 주 예수의 능력으로 이런 자를 사탄에게 내주었으니 이는 육신은 멸하고 영은 주 예수의 날에 구원을 받게 하려 함이라 ¹¹이제 내가 너희에게 쓴 것은 만일 어떤 형제라 일컫는 자가 음행하거나 탐욕을 부리거나 우상 숭배를 하거나 모욕하거나 술 취하거나 속여 빼앗거든 사귀지도 말고 그런 자와는 함께 먹지도 말라 함이라

살후 3:14-15 누가 이 편지에 한 우리 말을 순종하지 아니하거든 그 사람을 지목하여 사귀지 말고 그로 하여금 부끄럽게 하라 그러나 원수와 같이 생각하지 말고 형제 같이 권면하라

딤전 5:20 범죄한 자들을 모든 사람 앞에서 꾸짖어 나머지 사람들로 두려워하게 하라

요이 1:10-11 누구든지 이 교훈을 가지지 않고 너희에게 나아가거든 그를 집에 들이지도 말고 인사도 하지 말라 그에게 인사하는 자는 그 악한 일에 참여하는 자임이라

눅 15:20-24 이에 일어나서 아버지께로 돌아가니라 아직도 거리가 먼데 아버지가 그를 보고 측은히 여겨 달려가 목을 안고 입을 맞추니 아들이 이르되 아버지 내가 하늘과 아버지께 죄를 지었사오니 지금부터는 아버지의 아들이라 일컬음을 감당하지 못하겠나이다 하나 아버지는 종들에게 이르되 제일 좋은 옷을 내어다가 입히고 손에 가락지를 끼우고 발에 신을 신기라 그리고 살진 송아지를 끌어다가 잡으라 우리가 먹고 즐기자 이 내 아들은 죽었다가 다시 살아났으며 내가 잃었

다가 다시 얻었노라 하니 그들이 즐거워하더라

고후 2:6-8 이러한 사람은 많은 사람에게서 벌 받는 것이 마땅하도다 그런즉 너희는 차라리 그를 용서하고 위로할 것이니 그가 너무 많은 근심에 잠길까 두려워하노라 그러므로 너희를 권하노니 사랑을 그들에게 나타내라

제3부

우리의 감사에 관하여

The Heidelberg Catechism

32주일

86문답

문. 우리가 우리의 공로는 조금도 없이 그리스도로 말미암아 오직 은혜로 우리의 비참함에서 구원을 받았는데, 우리는 왜 여전히 선행을 해야 합니까?

답. 그리스도께서 그분의 보혈로 우리를 구속하셨을 뿐만 아니라 그분의 성령으로 우리를 새롭게 하여 그분의 형상을 닮게 하시므로, 우리가 우리의 삶 전체를 통해 하나님께서 베풀어 주신 복에 대해 감사하고,[1] 우리를 통해 하나님께서 찬양받으시게 하며,[2] 우리 각 사람이 믿음의 열매로 우리 믿음에 대한 확신을 얻고,[3] 또한 우리의 경건한 삶으로 다른 사람들을 그리스도께 인도하기 위해서입니다.[4]

[1] 롬 6:13; 12:1-2; 엡 2:10; 벧전 2:5, 9. [2] 마 5:16; 고전 6:19-20; 벧전 2:12. [3] 마 7:17-18; 갈 5:6, 22-23; 벧후 1:10. [4] 마 5:16; 롬 14:18-19; 벧전 3:1-2.

롬 6:13; 12:1-2 ⁶:¹³또한 너희 지체를 불의의 무기로 죄에게 내주지 말고 오직 너희 자신을 죽은 자 가운데서 다시 살아난 자 같이 하나님께 드리며 너희 지체를 의의 무기로 하나님께 드리라 ¹²:¹⁻²그러므로 형제들아 내가 하나님의 모든 자비하심으로 너희를 권하노니 너희 몸을 하나님이 기뻐하시는 거룩한 산 제물로 드리라 이는 너희가 드릴 영적 예배니라 너희는 이 세대를 본받지 말고 오직 마음을 새롭게 함으로 변화를 받아 하나님의 선하시고 기뻐하시고 온전하신 뜻이 무엇인지 분별하도록 하라

엡 2:10 우리는 그가 만드신 바라 그리스도 예수 안에서 선한 일을 위하여 지으심을 받은 자니 이 일은 하나님이 전에 예비하사 우리로 그 가운데서 행하게 하려 하심이니라

벧전 2:5, 9 ⁵너희도 산 돌 같이 신령한 집으로 세워지고 예수 그리스도로 말미암아 하나님이 기쁘게 받으실 신령한 제사를 드릴 거룩한 제사장이 될지니라 ⁹그러나 너희는 택하신 족속이요 왕 같은 제사장들이요 거룩한 나라요 그의 소유가 된 백성이니 이는 너희를 어두운 데서 불러 내어 그의 기이한 빛에 들어가게 하신 이의 아름다운 덕을 선포하게 하려 하심이라

마 5:16 이같이 너희 빛이 사람 앞에 비치게 하여 그들로 너희 착한 행실을 보고 하늘에 계신 너희 아버지께 영광을 돌리게 하라

고전 6:19-20 너희 몸은 너희가 하나님께로부터 받은 바 너희 가운데 계신 성령의 전인 줄을 알지 못하느냐 너희는 너희 자신의 것이 아니라 값으로 산 것이 되었으니 그런즉 너희 몸으로 하나님께 영광을 돌리라

벧전 2:12 너희가 이방인 중에서 행실을 선하게 가져 너희를 악행한다고 비방하는 자들로 하여금 너희 선한 일을 보고 오시는 날에 하나님께 영광을 돌리게 하려 함이라

마 7:17-18 이와 같이 좋은 나무마다 아름다운 열매를 맺고 못된 나무가 나쁜 열매를 맺나니 좋은 나무가 나쁜 열매를 맺을 수 없고 못된 나무가 아름다운 열매를 맺을 수 없느니라

갈 5:6, 22-23 ⁵⁻⁶그리스도 예수 안에서는 할례나 무할례나 효력이 없으되 사랑으로써 역사하는 믿음뿐이니라 ²²⁻²³오직 성령의 열매는 사랑과 희락과 화평과 오래 참음과 자비와 양선과 충성과 온유와 절제니 이같은 것을 금지할 법이 없느니라

벧후 1:10 그러므로 형제들아 더욱 힘써 너희 부르심과 택하심을 굳게 하라 너희가 이것을 행한즉 언제든지 실족하지 아니하리라

마 5:16 이같이 너희 빛이 사람 앞에 비치게 하여 그들로 너희 착한 행실을 보고 하늘에 계신 너희 아버지께 영광을 돌리게 하라

롬 14:18-19 이로써 그리스도를 섬기는 자는 하나님을 기쁘시게 하며 사람에게도 칭찬을 받느니라 그러므로 우리가 화평의 일과 서로 덕을 세우는 일을 힘쓰나니

벧전 3:1-2 아내들아 이와 같이 자기 남편에게 순종하라 이는 혹 말씀을 순종하지 않는 자라도 말로 말미암지 않고 그 아내의 행실로 말미암아 구원을 받게 하려 함이니 너희의 두려워하며 정결한 행실을 봄이라

87문답

문. 하나님께 감사하지 않고, 악한 삶을 계속 살면서 하나님께로 돌이키지 않는 사람들도 구원받을 수 있습니까?

답. 절대 구원받을 수 없습니다. 성경은 음행하는 자, 우상 숭배하는 자, 간음하는 자, 도둑질하는 자, 탐욕을 부리는 자, 술 취하는 자, 비방하는 자, 강도질하는 자나 그 외 이와 같은 악한 일을 하는 사람들은 하나님의 나라를 유업으로 받을 수 없다고 선언합니다.[1]

[1] 고전 6:9-10; 갈 5:19-21; 엡 5:5-6; 요일 3:14-15.

고전 6:9-10 불의한 자가 하나님의 나라를 유업으로 받지 못할 줄을 알지 못하느냐 미혹을 받지 말라 음행하는 자나 우상 숭배하는 자나 간음하는 자나 탐색하는 자나 남색하는 자나 도적이나 탐욕을 부리는 자나 술 취하는 자나 모욕하는 자나 속여 빼앗는 자들은 하나님의 나라를 유업으로 받지 못하리라

갈 5:19-21 육체의 일은 분명하니 곧 음행과 더러운 것과 호색과 우상 숭배와 주술과 원수 맺는 것과 분쟁과 시기와 분냄과 당 짓는 것과 분열함과 이단과 투기와 술 취함과 방탕함과 또 그와 같은 것들이라 전에 너희에게 경계한 것 같이 경계하노니 이런 일을 하는 자들은 하나님의 나라를 유업으로 받지 못할 것이요

엡 5:5-6 너희도 정녕 이것을 알거니와 음행하는 자나 더러운 자나 탐하는 자 곧 우상 숭배자는 다 그리스도와 하나님의 나라에서 기업을 얻지 못하리니 누구든지 헛된 말로 너희를 속이지 못하게 하라 이로 말미암아 하나님의 진노가 불순종의 아들들에게 임하나니

요일 3:14-15 우리는 형제를 사랑함으로 사망에서 옮겨 생명으로 들어간 줄을 알거니와 사랑하지 아니하는 자는 사망에 머물러 있느니라 그 형제를 미워하는 자마다 살인하는 자니 살인하는 자마다 영생이 그 속에 거하지 아니하는 것을 너희가 아는 바라

33주일

88문답

문. 참된 회개는 무엇입니까?
답. 옛 사람이 죽고, 새 사람으로 다시 사는 것입니다.[1]

[1] 롬 6:4-6; 고전 5:7; 고후 7:10; 엡 4:22-24; 골 3:5-10.

롬 6:4-6 그러므로 우리가 그의 죽으심과 합하여 세례를 받음으로 그와 함께 장사되었나니 이는 아버지의 영광으로 말미암아 그리스도를 죽은 자 가운데서 살리심과 같이 우리로 또한 새 생명 가운데서 행하게 하려 함이라 만일 우리가 그의 죽으심과 같은 모양으로 연합한 자가 되었으면 또한 그의 부활과 같은 모양으로 연합한 자도 되리라 우리가 알거니와 우리의 옛 사람이 예수와 함께 십자가에 못 박힌 것은 죄의 몸이 죽어 다시는 우리가 죄에게 종 노릇 하지 아니하려 함이니

고전 5:7 너희는 누룩 없는 자인데 새 덩어리가 되기 위하여 묵은 누룩을 내버리라 우리의 유월절 양 곧 그리스도께서 희생되셨느니라

고후 7:10 하나님의 뜻대로 하는 근심은 후회할 것이 없는 구원에 이르게 하는 회개를 이루는 것이요 세상 근심은 사망을 이루는 것이니라

엡 4:22-24 너희는 유혹의 욕심을 따라 썩어져 가는 구습을 따르는 옛 사람을 벗어 버리고 오직 너희의 심령이 새롭게 되어 하나님을 따라 의와 진리의 거룩함으로 지으심을 받은 새 사람을 입으라

골 3:5-10 그러므로 땅에 있는 지체를 죽이라 곧 음란과 부정과 사욕과 악한 정욕과 탐심이니 탐심은 우상 숭배니라 이것들로 말미암아 하나님의 진노가 임하느니라 너희도 전에 그 가운데 살 때에는 그 가운데서 행하였으나 이제는 너희가 이 모든 것을 벗어 버리라 곧 분함과 노여움과 악의와 비방과 너희 입의 부끄러운

말이라 너희가 서로 거짓말을 하지 말라 옛 사람과 그 행위를 벗어 버리고 새 사람을 입었으니 이는 자기를 창조하신 이의 형상을 따라 지식에까지 새롭게 하심을 입은 자니라

89문답

문. 옛 사람이 죽는다는 것은 무엇을 말합니까?

답. 하나님을 진노하시게 한 우리의 죄에 대해 마음으로 크게 슬퍼하고, 죄를 더욱더 미워하고 피하는 것입니다.[1]

[1] 시 51:3-4, 17; 욜 2:13; 롬 8:13.

시 51:3-4, 17 ³⁻⁴무릇 나는 내 죄과를 아오니 내 죄가 항상 내 앞에 있나이다 내가 주께만 범죄하여 주의 목전에 악을 행하였사오니 주께서 말씀하실 때에 의로우시다 하고 주께서 심판하실 때에 순전하시다 하리이다 ¹⁷하나님께서 구하시는 제사는 상한 심령이라 하나님이여 상하고 통회하는 마음을 주께서 멸시하지 아니하시리이다

욜 2:13 너희는 옷을 찢지 말고 마음을 찢고 너희 하나님 여호와께로 돌아올지어다 그는 은혜로우시며 자비로우시며 노하기를 더디하시며 인애가 크시사 뜻을 돌이켜 재앙을 내리지 아니하시나니

롬 8:13 너희가 육신대로 살면 반드시 죽을 것이로되 영으로써 몸의 행실을 죽이면 살리니

90문답

문. 새 사람으로 다시 사는 것은 무엇을 말합니까?

답. 그리스도로 말미암아 진실된 마음으로 하나님을 크게 기뻐하고,[1] 하나님의 뜻을 따라 모든 선행을 하며 사는 것을 사랑하고 기뻐하는 것입니다.[2]

[1] 시 51:8, 12; 사 57:15; 롬 5:1-2; 14:17. [2] 롬 6:10-11; 갈 2:19-20.

시 51:8, 12 ⁸내게 즐겁고 기쁜 소리를 들려 주시사 주께서 꺾으신 뼈들도 즐거워하게 하소서 ¹²주의 구원의 즐거움을 내게 회복시켜 주시고 자원하는 심령을 주사 나를 붙드소서

사 57:15 지극히 존귀하며 영원히 거하시며 거룩하다 이름하는 이가 이와 같이 말씀하시되 내가 높고 거룩한 곳에 있으며 또한 통회하고 마음이 겸손한 자와 함께 있나니 이는 겸손한 자의 영을 소생시키며 통회하는 자의 마음을 소생시키려 함이라

롬 5:1-2; 14:17 ⁵:¹⁻²그러므로 우리가 믿음으로 의롭다 하심을 받았으니 우리 주 예수 그리스도로 말미암아 하나님과 화평을 누리자 또한 그로 말미암아 우리가 믿음으로 서 있는 이 은혜에 들어감을 얻었으며 하나님의 영광을 바라고 즐거워하느니라 ¹⁴:¹⁷하나님의 나라는 먹는 것과 마시는 것이 아니요 오직 성령 안에 있는 의와 평강과 희락이라

롬 6:10-11 그가 죽으심은 죄에 대하여 단번에 죽으심이요 그가 살아 계심은 하나님께 대하여 살아 계심이니 이와 같이 너희도 너희 자신을 죄에 대하여는 죽은 자요 그리스도 예수 안에서 하나님께 대하여는 살아 있는 자로 여길지어다

갈 2:19-20 내가 율법으로 말미암아 율법에 대하여 죽었나니 이는 하나님에 대하여 살려 함이라 내가 그리스도와 함께 십자가에 못 박혔나니 그런즉 이제는 내가 사는 것이 아니요 오직 내 안에 그리스도께서 사시는 것이라 이제 내가 육체

가운데 사는 것은 나를 사랑하사 나를 위하여 자기 자신을 버리신 하나님의 아들을 믿는 믿음 안에서 사는 것이라

91문답

문. 선행은 무엇입니까?

답. 참된 믿음으로,[1] 하나님의 율법을 따라서,[2] 그리고 하나님의 영광을 위하여[3] 행한 것만 선행이라고 합니다. 우리 자신의 생각이나 사람의 계명에 근거한 것은 선행이 아닙니다.[4]

[1] 롬 14:23; 히 11:6. [2] 레 18:4; 삼상 15:22; 엡 2:10. [3] 고전 10:31. [4] 신 12:32; 사 29:13-14; 겔 20:18-19; 마 15:7-9.

롬 14:23 의심하고 먹는 자는 정죄되었나니 이는 믿음을 따라 하지 아니하였기 때문이라 믿음을 따라 하지 아니하는 것은 다 죄니라

히 11:6 믿음이 없이는 하나님을 기쁘시게 하지 못하나니 하나님께 나아가는 자는 반드시 그가 계신 것과 또한 그가 자기를 찾는 자들에게 상 주시는 이심을 믿어야 할지니라

레 18:4 너희는 내 법도를 따르며 내 규례를 지켜 그대로 행하라 나는 너희의 하나님 여호와이니라

삼상 15:22 사무엘이 이르되 여호와께서 번제와 다른 제사를 그의 목소리를 청종하는 것을 좋아하심 같이 좋아하시겠나이까 순종이 제사보다 낫고 듣는 것이 숫양의 기름보다 나으니

엡 2:10 우리는 그가 만드신 바라 그리스도 예수 안에서 선한 일을 위하여 지으

심을 받은 자니 이 일은 하나님이 전에 예비하사 우리로 그 가운데서 행하게 하려 하심이니라

고전 10:31 그런즉 너희가 먹든지 마시든지 무엇을 하든지 다 하나님의 영광을 위하여 하라

신 12:32 내가 너희에게 명령하는 이 모든 말을 너희는 지켜 행하고 그것에 가감하지 말지니라

사 29:13-14 주께서 이르시되 이 백성이 입으로는 나를 가까이 하며 입술로는 나를 공경하나 그들의 마음은 내게서 멀리 떠났나니 그들이 나를 경외함은 사람의 계명으로 가르침을 받았을 뿐이라 그러므로 내가 이 백성 중에 기이한 일 곧 기이하고 가장 기이한 일을 다시 행하리니 그들 중에서 지혜자의 지혜가 없어지고 명철자의 총명이 가려지리라

겔 20:18-19 내가 광야에서 그들의 자손에게 이르기를 너희 조상들의 율례를 따르지 말며 그 규례를 지키지 말며 그 우상들로 말미암아 스스로 더럽히지 말라 나는 여호와 너희 하나님이라 너희는 나의 율례를 따르며 나의 규례를 지켜 행하고

마 15:7-9 외식하는 자들아 이사야가 너희에 관하여 잘 예언하였도다 일렀으되 이 백성이 입술로는 나를 공경하되 마음은 내게서 멀도다 사람의 계명으로 교훈을 삼아 가르치니 나를 헛되이 경배하는도다 하였느니라 하시고

34주일

92문답

문. 하나님의 율법은 무엇입니까?

답. 하나님께서는 다음과 같이 말씀하셨습니다(출 20:2-17; 신 5:6-21).

"나는 너를 애굽 땅, 종 되었던 집에서 인도하여 낸 네 하나님 여호와니라."

제1계명: "너는 나 외에는 다른 신들을 네게 두지 말라."

제2계명: "너를 위하여 새긴 우상을 만들지 말고, 또 위로 하늘에 있는 것이나 아래로 땅에 있는 것이나 땅 아래 물 속에 있는 것의 어떤 형상도 만들지 말며 그것들에게 절하지 말며 그것들을 섬기지 말라. 나 네 하나님 여호와는 질투하는 하나님인즉 나를 미워하는 자의 죄를 갚되 아버지로부터 아들에게로 삼사 대까지 이르게 하거니와 나를 사랑하고 내 계명을 지키는 자에게는 천 대까지 은혜를 베푸느니라."

제3계명: "너는 네 하나님 여호와의 이름을 망령되게 부르지 말라. 여호와는 그의 이름을 망령되게 부르는 자를 죄 없다 하지 아니하리라."

제4계명: "안식일을 기억하여 거룩하게 지키라 엿새 동안은 힘써 네 모든 일을 행할 것이나 일곱째 날은 네 하나님 여호와의 안식일인즉 너나 네 아들이나 네 딸이나 네 남종이나 네 여종이나 네 가축이나 네 문안에 머무는 객이라도 아무 일도 하지 말라 이는 엿새 동안에 나 여호와가 하늘과 땅과 바다와 그 가운데 모든 것을 만들고 일곱째 날에 쉬었음이라 그러므로 나 여호와가 안식일을 복되게 하여 그 날을 거룩하게 하였느니라."

제5계명: "네 부모를 공경하라 그리하면 네 하나님 여호와가 네게 준 땅에서 네 생명이 길리라."

제6계명: "살인하지 말라."

제7계명: "간음하지 말라."

제8계명: "도둑질하지 말라."

제9계명 "네 이웃에 대하여 거짓 증거하지 말라."

제10계명: "네 이웃의 집을 탐내지 말라 네 이웃의 아내나 그의 남종이나 그의 여종이나 그의 소나 그의 나귀나 무릇 네 이웃의 소유를 탐내지 말라."

93문답

문. 십계명은 어떻게 나누어집니까?

답. 두 부분으로 나누어집니다. 첫 부분은 하나님께 마땅히 드려야 할 우리의 태도를 가르치며, 둘째 부분은 우리 이웃에 대한 우리의 의무를 가르칩니다.[1]

[1] 마 22:37-40.

마 22:37-40 예수께서 이르시되 네 마음을 다하고 목숨을 다하고 뜻을 다하여 주 너의 하나님을 사랑하라 하셨으니 이것이 크고 첫째 되는 계명이요 둘째도 그와 같으니 네 이웃을 네 자신 같이 사랑하라 하셨으니 이 두 계명이 온 율법과 선지자의 강령이니라

94문답

문. 하나님께서 제1계명에서 요구하시는 것은 무엇입니까?

답. 제 영혼의 구원을 간절히 바라는 만큼 모든 우상 숭배,[1] 마술과 점치는 일과 미신,[2] 성인이나 다른 피조물에게 기도하는 것을[3] 피하고 멀리하는 것입니다. 그리고 유일하신 참 하나님을 바르게 알고,[4] 하나님만을 의지하고,[5] 겸손과[6] 인내로 하나님께 순종하고,[7] 모든 좋은 것을 하나님께만 기대하고,[8] 마음을 다해 하나님을 사랑하고[9] 경외하고[10] 영화롭게 하는 것입니다.[11] 곧, 지극히 작은

일이라도 하나님의 뜻을 거스르기보다는 모든 피조물을 포기하는 것입니다.[12]

[1] 고전 6:9-10; 10:7, 14; 요일 5:21. [2] 레 19:31; 신 18:9-12. [3] 마 4:10; 계 19:10; 22:8-9. [4] 호 6:3; 요 17:3. [5] 렘 17:5, 7. [6] 벧전 5:5-6. [7] 롬 5:3-5; 고전 10:10; 빌 2:14; 골 1:11; 히 10:36. [8] 시 104:27-30; 사 45:7; 약 1:17. [9] 신 6:5; 마 22:37-38. [10] 신 6:2; 시 111:10; 잠 1:7; 9:10; 마 10:28; 엡 5:21; 벧전 1:17. [11] 신 10:20; 마 4:10. [12] 마 5:29-30; 10:37-39; 행 5:29.

고전 6:9-10; 10:7, 14 [6:9-10]불의한 자가 하나님의 나라를 유업으로 받지 못할 줄을 알지 못하느냐 미혹을 받지 말라 음행하는 자나 우상 숭배하는 자나 간음하는 자나 탐색하는 자나 남색하는 자나 도적이나 탐욕을 부리는 자나 술 취하는 자나 모욕하는 자나 속여 빼앗는 자들은 하나님의 나라를 유업으로 받지 못하리라 [10:7]그들 가운데 어떤 사람들과 같이 너희는 우상 숭배하는 자가 되지 말라 기록된 바 백성이 앉아서 먹고 마시며 일어나서 뛰논다 함과 같으니라 [10:14]그런즉 내 사랑하는 자들아 우상 숭배하는 일을 피하라

요일 5:21 자녀들아 너희 자신을 지켜 우상에게서 멀리하라

레 19:31 너희는 신접한 자와 박수를 믿지 말며 그들을 추종하여 스스로 더럽히지 말라 나는 너희 하나님 여호와이니라

신 18:9-12 네 하나님 여호와께서 네게 주시는 땅에 들어가거든 너는 그 민족들의 가증한 행위를 본받지 말 것이니 그의 아들이나 딸을 불 가운데로 지나게 하는 자나 점쟁이나 길흉을 말하는 자나 요술하는 자나 무당이나 진언자나 신접자나 박수나 초혼자를 너희 가운데에 용납하지 말라 이런 일을 행하는 모든 자를 여호와께서 가증히 여기시나니 이런 가증한 일로 말미암아 네 하나님 여호와께서 그들을 네 앞에서 쫓아내시느니라

마 4:10 이에 예수께서 말씀하시되 사탄아 물러가라 기록되었으되 주 너의 하나님께 경배하고 다만 그를 섬기라 하였느니라

계 19:10; 22:8–9 ¹⁹:¹⁰내가 그 발 앞에 엎드려 경배하려 하니 그가 나에게 말하기를 나는 너와 및 예수의 증언을 받은 네 형제들과 같이 된 종이니 삼가 그리하지 말고 오직 하나님께 경배하라 예수의 증언은 예언의 영이라 하더라 ²²:⁸⁻⁹이것들을 보고 들은 자는 나 요한이니 내가 듣고 볼 때에 이 일을 내게 보이던 천사의 발 앞에 경배하려고 엎드렸더니 그가 내게 말하기를 나는 너와 네 형제 선지자들과 또 이 두루마리의 말을 지키는 자들과 함께 된 종이니 그리하지 말고 하나님께 경배하라 하더라

호 6:3 그러므로 우리가 여호와를 알자 힘써 여호와를 알자 그의 나타나심은 새벽 빛 같이 어김없나니 비와 같이, 땅을 적시는 늦은 비와 같이 우리에게 임하시리라 하니라

요 17:3 영생은 곧 유일하신 참 하나님과 그가 보내신 자 예수 그리스도를 아는 것이니이다

렘 17:5, 7 ⁵여호와께서 이와 같이 말씀하시니라 무릇 사람을 믿으며 육신으로 그의 힘을 삼고 마음이 여호와에게서 떠난 그 사람은 저주를 받을 것이라 ⁷그러나 무릇 여호와를 의지하며 여호와를 의뢰하는 그 사람은 복을 받을 것이라

벧전 5:5–6 젊은 자들아 이와 같이 장로들에게 순종하고 다 서로 겸손으로 허리를 동이라 하나님은 교만한 자를 대적하시되 겸손한 자들에게는 은혜를 주시느니라 그러므로 하나님의 능하신 손 아래에서 겸손하라 때가 되면 너희를 높이시리라

롬 5:3–5 다만 이뿐 아니라 우리가 환난 중에도 즐거워하나니 이는 환난은 인내를, 인내는 연단을, 연단은 소망을 이루는 줄 앎이로다 소망이 우리를 부끄럽게 하지 아니함은 우리에게 주신 성령으로 말미암아 하나님의 사랑이 우리 마음에 부은 바 됨이니

고전 10:10 그들 가운데 어떤 사람들이 원망하다가 멸망시키는 자에게 멸망하였나니 너희는 그들과 같이 원망하지 말라

빌 2:14 모든 일을 원망과 시비가 없이 하라

골 1:11 그의 영광의 힘을 따라 모든 능력으로 능하게 하시며 기쁨으로 모든 견

딤과 오래 참음에 이르게 하시고

히 10:36 너희에게 인내가 필요함은 너희가 하나님의 뜻을 행한 후에 약속하신 것을 받기 위함이라

시 104:27-30 이것들은 다 주께서 때를 따라 먹을 것을 주시기를 바라나이다 주께서 주신즉 그들이 받으며 주께서 손을 펴신즉 그들이 좋은 것으로 만족하다가 주께서 낯을 숨기신즉 그들이 떨고 주께서 그들의 호흡을 거두신즉 그들은 죽어 먼지로 돌아가나이다 주의 영을 보내어 그들을 창조하사 지면을 새롭게 하시나이다

사 45:7 나는 빛도 짓고 어둠도 창조하며 나는 평안도 짓고 환난도 창조하나니 나는 여호와라 이 모든 일들을 행하는 자니라 하였노라

약 1:17 온갖 좋은 은사와 온전한 선물이 다 위로부터 빛들의 아버지께로부터 내려오나니 그는 변함도 없으시고 회전하는 그림자도 없으시니라

신 6:5 너는 마음을 다하고 뜻을 다하고 힘을 다하여 네 하나님 여호와를 사랑하라

마 22:37-38 예수께서 이르시되 네 마음을 다하고 목숨을 다하고 뜻을 다하여 주 너의 하나님을 사랑하라 하셨으니 이것이 크고 첫째 되는 계명이요

신 6:2 곧 너와 네 아들과 네 손자들이 평생에 네 하나님 여호와를 경외하며 내가 너희에게 명한 그 모든 규례와 명령을 지키게 하기 위한 것이며 또 네 날을 장구하게 하기 위한 것이라

시 111:10 여호와를 경외함이 지혜의 근본이라 그의 계명을 지키는 자는 다 훌륭한 지각을 가진 자이니 여호와를 찬양함이 영원히 계속되리로다

잠 1:7; 9:10 [1:7]여호와를 경외하는 것이 지식의 근본이거늘 미련한 자는 지혜와 훈계를 멸시하느니라 [9:10]여호와를 경외하는 것이 지혜의 근본이요 거룩하신 자를 아는 것이 명철이니라

마 10:28 몸은 죽여도 영혼은 능히 죽이지 못하는 자들을 두려워하지 말고 오직 몸과 영혼을 능히 지옥에 멸하실 수 있는 이를 두려워하라

엡 5:21 그리스도를 경외함으로 피차 복종하라

벧전 1:17 외모로 보시지 않고 각 사람의 행위대로 심판하시는 이를 너희가 아버지라 부른즉 너희가 나그네로 있을 때를 두려움으로 지내라

신 10:20 네 하나님 여호와를 경외하여 그를 섬기며 그에게 의지하고 그의 이름으로 맹세하라

마 4:10 이에 예수께서 말씀하시되 사탄아 물러가라 기록되었으되 주 너의 하나님께 경배하고 다만 그를 섬기라 하였느니라

마 5:29-30; 10:37-39 [5:29-30]만일 네 오른 눈이 너로 실족하게 하거든 빼어 내버리라 네 백체 중 하나가 없어지고 온 몸이 지옥에 던져지지 않는 것이 유익하며 또한 만일 네 오른손이 너로 실족하게 하거든 찍어 내버리라 네 백체 중 하나가 없어지고 온 몸이 지옥에 던져지지 않는 것이 유익하니라 [10:37-39]아버지나 어머니를 나보다 더 사랑하는 자는 내게 합당하지 아니하고 아들이나 딸을 나보다 더 사랑하는 자도 내게 합당하지 아니하며 또 자기 십자가를 지고 나를 따르지 않는 자도 내게 합당하지 아니하니라 자기 목숨을 얻는 자는 잃을 것이요 나를 위하여 자기 목숨을 잃는 자는 얻으리라

행 5:29 베드로와 사도들이 대답하여 이르되 사람보다 하나님께 순종하는 것이 마땅하니라

95문답

문. 우상숭배란 무엇입니까?

답. 우상숭배는 말씀으로 당신을 계시하신 유일하신 참 하나님 대신,[1] 또는 하나님과 나란히 다른 어떤 것을 고안하거나 소유하고 그것을 의지하는 것입니다.[2]

[1] 요 5:23; 엡 2:12; 요일 2:23; 요이 1:9. [2] 대상 16:26; 사 44:15-17; 마 6:24; 갈 4:8; 엡 5:5; 빌 3:19.

요 5:23 이는 모든 사람으로 아버지를 공경하는 것 같이 아들을 공경하게 하려 하심이라 아들을 공경하지 아니하는 자는 그를 보내신 아버지도 공경하지 아니하느니라

엡 2:12 그 때에 너희는 그리스도 밖에 있었고 이스라엘 나라 밖의 사람이라 약속의 언약들에 대하여는 외인이요 세상에서 소망이 없고 하나님도 없는 자이더니

요일 2:23 아들을 부인하는 자에게는 또한 아버지가 없으되 아들을 시인하는 자에게는 아버지도 있느니라

요이 1:9 지나쳐 그리스도의 교훈 안에 거하지 아니하는 자는 다 하나님을 모시지 못하되 교훈 안에 거하는 그 사람은 아버지와 아들을 모시느니라

대상 16:26 만국의 모든 신은 헛것이나 여호와께서는 하늘을 지으셨도다

사 44:15-17 이 나무는 사람이 땔감을 삼는 것이거늘 그가 그것을 가지고 자기 몸을 덥게도 하고 불을 피워 떡을 굽기도 하고 신상을 만들어 경배하며 우상을 만들고 그 앞에 엎드리기도 하는구나 그 중의 절반은 불에 사르고 그 절반으로는 고기를 구워 먹고 배불리며 또 몸을 덥게 하여 이르기를 아하 따뜻하다 내가 불을 보았구나 하면서 그 나머지로 신상 곧 자기의 우상을 만들고 그 앞에 엎드려 경배하며 그것에게 기도하여 이르기를 너는 나의 신이니 나를 구원하라 하는도다

마 6:24 한 사람이 두 주인을 섬기지 못할 것이니 혹 이를 미워하고 저를 사랑하거나 혹 이를 중히 여기고 저를 경히 여김이라 너희가 하나님과 재물을 겸하여 섬기지 못하느니라

갈 4:8 그러나 너희가 그 때에는 하나님을 알지 못하여 본질상 하나님이 아닌 자들에게 종 노릇 하였더니

엡 5:5 너희도 정녕 이것을 알거니와 음행하는 자나 더러운 자나 탐하는 자 곧 우상 숭배자는 다 그리스도와 하나님의 나라에서 기업을 얻지 못하리니

빌 3:19 그들의 마침은 멸망이요 그들의 신은 배요 그 영광은 그들의 부끄러움에 있고 땅의 일을 생각하는 자라

35주일

96문답

문. 하나님께서 제2계명에서 요구하시는 것은 무엇입니까?

답. 하나님을 어떤 형태로든 형상으로 표현하지 말고,[1] 하나님께서 말씀으로 명하신 것과 다른 방법으로 하나님을 예배하지도 말라는 것입니다.[2]

[1] 신 4:15-18; 사 40:18-19, 25; 행 17:29; 롬 1:23-25. [2] 레 10:1-2; 신 12:30-32; 삼상 15:22-23; 마 15:9.

신 4:15-18 여호와께서 호렙 산 불길 중에서 너희에게 말씀하시던 날에 너희가 어떤 형상도 보지 못하였은즉 너희는 깊이 삼가라 그리하여 스스로 부패하여 자기를 위해 어떤 형상대로든지 우상을 새겨 만들지 말라 남자의 형상이든지, 여자의 형상이든지, 땅 위에 있는 어떤 짐승의 형상이든지, 하늘을 나는 날개 가진 어떤 새의 형상이든지, 땅 위에 기는 어떤 곤충의 형상이든지, 땅 아래 물 속에 있는 어떤 어족의 형상이든지 만들지 말라

사 40:18-19, 25 [18-19]그런즉 너희가 하나님을 누구와 같다 하겠으며 무슨 형상을 그에게 비기겠느냐 우상은 장인이 부어 만들었고 장색이 금으로 입혔고 또 은 사슬을 만든 것이니라 [25]거룩하신 이가 이르시되 그런즉 너희가 나를 누구에게 비교하여 나를 그와 동등하게 하겠느냐 하시니라

행 17:29 이와 같이 하나님의 소생이 되었은즉 하나님을 금이나 은이나 돌에다 사람의 기술과 고안으로 새긴 것들과 같이 여길 것이 아니니라

롬 1:23-25 썩어지지 아니하는 하나님의 영광을 썩어질 사람과 새와 짐승과 기

The Heidelberg Catechism 211

어다니는 동물 모양의 우상으로 바꾸었느니라 그러므로 하나님께서 그들을 마음의 정욕대로 더러움에 내버려 두사 그들의 몸을 서로 욕되게 하게 하셨으니 이는 그들이 하나님의 진리를 거짓 것으로 바꾸어 피조물을 조물주보다 더 경배하고 섬김이라 주는 곧 영원히 찬송할 이시로다 아멘

레 10:1-2 아론의 아들 나답과 아비후가 각기 향로를 가져다가 여호와께서 명령하시지 아니하신 다른 불을 담아 여호와 앞에 분향하였더니 불이 여호와 앞에서 나와 그들을 삼키매 그들이 여호와 앞에서 죽은지라

신 12:30-32 너는 스스로 삼가 네 앞에서 멸망한 그들의 자취를 밟아 올무에 걸리지 말라 또 그들의 신을 탐구하여 이르기를 이 민족들은 그 신들을 어떻게 섬겼는고 나도 그와 같이 하겠다 하지 말라 네 하나님 여호와께는 네가 그와 같이 행하지 못할 것이라 그들은 여호와께서 꺼리시며 가증히 여기시는 일을 그들의 신들에게 행하여 심지어 자기들의 자녀를 불살라 그들의 신들에게 드렸느니라 내가 너희에게 명령하는 이 모든 말을 너희는 지켜 행하고 그것에 가감하지 말지니라

삼상 15:22-23 사무엘이 이르되 여호와께서 번제와 다른 제사를 그의 목소리를 청종하는 것을 좋아하심 같이 좋아하시겠나이까 순종이 제사보다 낫고 듣는 것이 숫양의 기름보다 나으니 이는 거역하는 것은 점치는 죄와 같고 완고한 것은 사신 우상에게 절하는 죄와 같음이라 왕이 여호와의 말씀을 버렸으므로 여호와께서도 왕을 버려 왕이 되지 못하게 하셨나이다 하니

마 15:913-14 사람의 계명으로 교훈을 삼아 가르치니 나를 헛되이 경배하는도다 하였느니라 하시고

97문답

문. 그러면 어떤 형상도 만들면 안 됩니까?

답. 하나님은 어떤 형태로든 형상으로 표현될 수 없고, 표현해서도 안 됩니다. 피조물은 형상으로 표현할 수 있지만, 피조물을 예배하거나, 또는 피조물을 이용하여 하나님을 예배하려는 목적으로 형상을 만들거나 소유하는 일은 금지하십니다.[1]

[1] 출 34:13-14, 17; 신 12:3-4; 16:22; 왕하 18:4; 사 40:25.

출 34:13-14, 17 [13-14]너희는 도리어 그들의 제단들을 헐고 그들의 주상을 깨뜨리고 그들의 아세라 상을 찍을지어다 너는 다른 신에게 절하지 말라 여호와는 질투라 이름하는 질투의 하나님임이니라 [17]너는 신상들을 부어 만들지 말지니라

신 12:3-4; 16:22 [12:3-4]그 제단을 헐며 주상을 깨뜨리며 아세라 상을 불사르고 또 그 조각한 신상들을 찍어 그 이름을 그 곳에서 멸하라 너희의 하나님 여호와께는 너희가 그처럼 행하지 말고 [16:22]자기를 위하여 주상을 세우지 말라 네 하나님 여호와께서 미워하시느니라

왕하 18:4 그가 여러 산당들을 제거하며 주상을 깨뜨리며 아세라 목상을 찍으며 모세가 만들었던 놋뱀을 이스라엘 자손이 이때까지 향하여 분향하므로 그것을 부수고 느후스단이라 일컬었더라

사 40:25 거룩하신 이가 이르시되 그런즉 너희가 나를 누구에게 비교하여 나를 그와 동등하게 하겠느냐 하시니라

98문답

문. 하지만 교회에서 일반 성도들을 가르치거나 교육하기 위한 목적으로 형상들을 허용할 수 있지 않습니까?

답. 허용할 수 없습니다. 우리는 하나님보다 더 지혜로운 체해서는 안 됩니다. 하나님께서는 당신의 백성이 말 못 하는 우상을 통해서가 아니라[1] 당신의 말씀에 대한 살아 있는 설교를 통해서 배우게 하십니다.[2]

[1] 렘 10:5, 8; 합 2:18-19. [2] 롬 10:14-17; 딤후 3:16-17; 벧후 1:19.

렘 10:5, 8 ⁵그것이 둥근 기둥 같아서 말도 못하며 걸어다니지도 못하므로 사람이 메어야 하느니라 그것이 그들에게 화를 주거나 복을 주지 못하나니 너희는 두려워하지 말라 하셨느니라 ⁸그들은 다 무지하고 어리석은 것이니 우상의 가르침은 나무뿐이라

합 2:18-19 새긴 우상은 그 새겨 만든 자에게 무엇이 유익하겠느냐 부어 만든 우상은 거짓 스승이라 만든 자가 이 말하지 못하는 우상을 의지하니 무엇이 유익하겠느냐 나무에게 깨라 하며 말하지 못하는 돌에게 일어나라 하는 자에게 화 있을진저 그것이 교훈을 베풀겠느냐 보라 이는 금과 은으로 입힌 것인즉 그 속에는 생기가 도무지 없느니라

롬 10:14-17 그런즉 그들이 믿지 아니하는 이를 어찌 부르리요 듣지도 못한 이를 어찌 믿으리요 전파하는 자가 없이 어찌 들으리요 보내심을 받지 아니하였으면 어찌 전파하리요 기록된 바 아름답도다 좋은 소식을 전하는 자들의 발이여 함과 같으니라 그러나 그들이 다 복음을 순종하지 아니하였도다 이사야가 이르되 주여 우리가 전한 것을 누가 믿었나이까 하였으니 그러므로 믿음은 들음에서 나며 들음은 그리스도의 말씀으로 말미암았느니라

딤후 3:16-17 모든 성경은 하나님의 감동으로 된 것으로 교훈과 책망과 바르게 함과 의로 교육하기에 유익하니 이는 하나님의 사람으로 온전하게 하며 모든 선한 일을 행할 능력을 갖추게 하려 함이라

벧후 1:19 또 우리에게는 더 확실한 예언이 있어 어두운 데를 비추는 등불과 같으니 날이 새어 샛별이 너희 마음에 떠오르기까지 너희가 이것을 주의하는 것이 옳으니라

36주일

99문답

문. 하나님께서 제3계명에서 요구하시는 것은 무엇입니까?

답. 저주나[1] 거짓 맹세,[2] 불필요한 맹세로[3] 하나님의 이름을 욕되게 하거나 잘못 사용하지 않는 것입니다. 또한 다른 사람들이 이런 끔찍한 죄를 지을 때 침묵하고 모른 체함으로 동참하지 않는 것입니다.[4] 한마디로, 우리는 하나님의 거룩한 이름을 두려워하고 공경하는 마음으로만 사용하여,[5] 하나님을 바르게 고백하고[6] 부르며[7] 우리의 모든 말과 행실에서 하나님께 영광을 돌려야 합니다.[8]

[1] 레 24:15-16; 민 22:5-6. [2] 레 19:12. [3] 마 5:37; 약 5:12. [4] 레 5:1; 잠 29:24. [5] 사 45:23; 렘 4:2. [6] 마 10:32; 롬 10:9-10. [7] 시 50:15; 딤전 2:8. [8] 롬 2:24; 엡 4:29; 골 3:17; 딤전 6:1.

레 24:15-16 너는 이스라엘 자손에게 말하여 이르라 누구든지 그의 하나님을 저주하면 죄를 담당할 것이요 여호와의 이름을 모독하면 그를 반드시 죽일지니 온 회중이 돌로 그를 칠 것이니라 거류민이든지 본토인이든지 여호와의 이름을 모독하면 그를 죽일지니라

민 22:5-6 그가 사신을 브올의 아들 발람의 고향인 강 가 브돌에 보내어 발람을 부르게 하여 이르되 보라 한 민족이 애굽에서 나왔는데 그들이 지면에 덮여서 우리 맞은편에 거주하였고 우리보다 강하니 청하건대 와서 나를 위하여 이 백성을

저주하라 내가 혹 그들을 쳐서 이겨 이 땅에서 몰아내리라 그대가 복을 비는 자는 복을 받고 저주하는 자는 저주를 받을 줄을 내가 앎이니라

레 19:12 너희는 내 이름으로 거짓 맹세함으로 네 하나님의 이름을 욕되게 하지 말라 나는 여호와이니라

마 5:37 오직 너희 말은 옳다 옳다, 아니라 아니라 하라 이에서 지나는 것은 악으로부터 나느니라

약 5:12 내 형제들아 무엇보다도 맹세하지 말지니 하늘로나 땅으로나 아무 다른 것으로도 맹세하지 말고 오직 너희가 그렇다고 생각하는 것은 그렇다 하고 아니라고 생각하는 것은 아니라 하여 정죄 받음을 면하라

레 5:1 만일 누구든지 저주하는 소리를 듣고서도 증인이 되어 그가 본 것이나 알고 있는 것을 알리지 아니하면 그는 자기의 죄를 져야 할 것이요 그 허물이 그에게로 돌아갈 것이며

잠 29:24 도둑과 짝하는 자는 자기의 영혼을 미워하는 자라 그는 저주를 들어도 진술하지 아니하느니라

사 45:23 내가 나를 두고 맹세하기를 내 입에서 공의로운 말이 나갔은즉 돌아오지 아니하나니 내게 모든 무릎이 꿇겠고 모든 혀가 맹세하리라 하였노라

렘 4:2 진실과 정의와 공의로 여호와의 삶을 두고 맹세하면 나라들이 나로 말미암아 스스로 복을 빌며 나로 말미암아 자랑하리라

마 10:32 누구든지 사람 앞에서 나를 시인하면 나도 하늘에 계신 내 아버지 앞에서 그를 시인할 것이요

롬 10:9-10 네가 만일 네 입으로 예수를 주로 시인하며 또 하나님께서 그를 죽은 자 가운데서 살리신 것을 네 마음에 믿으면 구원을 받으리라 사람이 마음으로 믿어 의에 이르고 입으로 시인하여 구원에 이르느니라

시 50:15 환난 날에 나를 부르라 내가 너를 건지리니 네가 나를 영화롭게 하리로다

딤전 2:8 그러므로 각처에서 남자들이 분노와 다툼이 없이 거룩한 손을 들어 기도하기를 원하노라

롬 2:24 기록된 바와 같이 하나님의 이름이 너희 때문에 이방인 중에서 모독을

받는도다

엡 4:29 무릇 더러운 말은 너희 입 밖에도 내지 말고 오직 덕을 세우는 데 소용되는 대로 선한 말을 하여 듣는 자들에게 은혜를 끼치게 하라

골 3:17 또 무엇을 하든지 말에나 일에나 다 주 예수의 이름으로 하고 그를 힘입어 하나님 아버지께 감사하라

딤전 6:1 무릇 멍에 아래에 있는 종들은 자기 상전들을 범사에 마땅히 공경할 자로 알지니 이는 하나님의 이름과 교훈으로 비방을 받지 않게 하려 함이라

100문답

문. 맹세나 저주로 하나님의 이름을 욕되게 하는 일이, 그러한 맹세와 저주를 있는 힘을 다해 막거나 금하려고 하지 않은 사람들에게까지 하나님께서 진노하실 만큼 극악무도한 죄입니까?

답. 참으로 그렇습니다. 하나님의 이름을 욕되게 하는 것보다 더 크고, 하나님을 진노하시게 하는 죄는 없습니다. 따라서 하나님께서는 이 죄에 대해 사형으로 벌하라고 명하셨습니다.[1]

[1] 레 24:16.

레 24:16 여호와의 이름을 모독하면 그를 반드시 죽일지니 온 회중이 돌로 그를 칠 것이니라 거류민이든지 본토인이든지 여호와의 이름을 모독하면 그를 죽일지니라

37주일

101문답

문. 그렇다면 하나님의 이름으로 경건하게 맹세할 수는 있습니까?

답. 할 수 있습니다. 국가가 국민에게 요구하는 경우, 또는 하나님의 영광과 이웃의 유익을 위해 신뢰와 진리를 보존하고 증진하는 데 꼭 필요한 때에는 맹세할 수 있습니다. 이러한 맹세는 하나님의 말씀에 근거한 것이어서 [1] 구약과 신약의 성도들도 올바르게 사용해 왔기 때문입니다.[2]

[1] 신 6:13; 10:20; 히 6:16. [2] 창 21:24; 31:53; 삼상 24:21-22; 삼하 3:35; 왕상 1:29-30; 롬 1:9; 9:1; 고후 1:23.

신 6:13; 10:20 ⁶:¹³네 하나님 여호와를 경외하며 그를 섬기며 그의 이름으로 맹세할 것이니라 ¹⁰:²⁰네 하나님 여호와를 경외하여 그를 섬기며 그에게 의지하고 그의 이름으로 맹세하라

히 6:16 사람들은 자기보다 더 큰 자를 가리켜 맹세하나니 맹세는 그들이 다투는 모든 일의 최후 확정이니라

창 21:24; 31:53 ²¹:²⁴아브라함이 이르되 내가 맹세하리라 하고 ³¹:⁵³아브라함의 하나님, 나홀의 하나님, 그들의 조상의 하나님은 우리 사이에 판단하옵소서 하매 야곱이 그의 아버지 이삭이 경외하는 이를 가리켜 맹세하고

삼상 24:21-22 그런즉 너는 내 후손을 끊지 아니하며 내 아버지의 집에서 내 이름을 멸하지 아니할 것을 이제 여호와의 이름으로 내게 맹세하라 하니라 다윗이 사울에게 맹세하매 사울은 집으로 돌아가고 다윗과 그의 사람들은 요새로 올라가니라

삼하 3:35 석양에 뭇 백성이 나아와 다윗에게 음식을 권하니 다윗이 맹세하여 이르되 만일 내가 해 지기 전에 떡이나 다른 모든 것을 맛보면 하나님이 내게 벌 위에 벌을 내리심이 마땅하니라 하매

왕상 1:29-30 왕이 이르되 내 생명을 모든 환난에서 구하신 여호와께서 살아 계심을 두고 맹세하노라 내가 이전에 이스라엘의 하나님 여호와를 가리켜 네게 맹세하여 이르기를 네 아들 솔로몬이 반드시 나를 이어 왕이 되고 나를 대신하여 내 왕위에 앉으리라 하였으니 내가 오늘 그대로 행하리라

롬 1:9; 9:1 [1:9]내가 그의 아들의 복음 안에서 내 심령으로 섬기는 하나님이 나의 증인이 되시거니와 항상 내 기도에 쉬지 않고 너희를 말하며 [9:1]내가 그리스도 안에서 참말을 하고 거짓말을 아니하노라 나에게 큰 근심이 있는 것과 마음에 그치지 않는 고통이 있는 것을 내 양심이 성령 안에서 나와 더불어 증언하노니

고후 1:23 내가 내 목숨을 걸고 하나님을 불러 증언하시게 하노니 내가 다시 고린도에 가지 아니한 것은 너희를 아끼려 함이라

102문답

문. 성인이나 다른 피조물로도 맹세할 수 있습니까?

답. 할 수 없습니다. 정당한 맹세는 홀로 사람의 마음을 아시는 하나님께 진실함을 증언해 주시기를, 제가 거짓으로 맹세할 때는 저를 벌해 주시기를 구하는 것입니다.[1] 이러한 영예는 어떤 피조물에게도 합당하지 않습니다.[2]

1) 롬 9:1; 고후 1:23. 2) 마 5:34-36; 약 5:12.

롬 9:1 내가 그리스도 안에서 참말을 하고 거짓말을 아니하노라 나에게 큰 근심이 있는 것과 마음에 그치지 않는 고통이 있는 것을 내 양심이 성령 안에서 나와 더불어 증언하노니

고후 1:23 내가 내 목숨을 걸고 하나님을 불러 증언하시게 하노니 내가 다시 고린도에 가지 아니한 것은 너희를 아끼려 함이라

마 5:34-36 나는 너희에게 이르노니 도무지 맹세하지 말지니 하늘로도 하지 말라 이는 하나님의 보좌임이요 땅으로도 하지 말라 이는 하나님의 발등상임이요 예루살렘으로도 하지 말라 이는 큰 임금의 성임이요 네 머리로도 하지 말라 이는 네가 한 터럭도 희고 검게 할 수 없음이라

약 5:12 내 형제들아 무엇보다도 맹세하지 말지니 하늘로나 땅으로나 아무 다른 것으로도 맹세하지 말고 오직 너희가 그렇다고 생각하는 것은 그렇다 하고 아니라고 생각하는 것은 아니라 하여 정죄 받음을 면하라

38주일

103문답

문. 하나님께서 제4계명에서 요구하시는 것은 무엇입니까?
답. 첫째, 하나님께서는 복음 사역과 복음 사역을 위한 교육이 유지되고,[1] 특히 안식의 날인 주일에 제가 부지런히 하나님의 교회에 나아가[2] 하나님 말씀을 듣고,[3] 성례에 참여하며,[4] 주님께 공적으로 기도하고,[5] 가난한 사람들을 구제하기를 명령하십니다.[6] 둘째, 평생 악한 일들을 멈추고, 주님께서 당신의 성령으로 제 안에서 일하시도록 하여 이 세상에서부터 영원한 안식을 누리라고 명령하십니다.[7]

[1] 고전 9:13-14; 딤전 3:15; 딤후 2:2; 3:14-15; 딛 1:5. [2] 레 23:3; 시 40:9-10; 122:1; 행 2:42, 46; 히 10:25. [3] 롬 10:17; 고전 14:1, 3; 딤전 4:13; 계 1:3. [4] 행 20:7; 고전 11:23-25. [5] 고전 14:16; 골 3:16; 딤전 2:1-2. [6] 신 15:11; 고전 16:1-2; 딤전 5:16. [7] 히 4:9-11.

고전 9:13-14 성전의 일을 하는 이들은 성전에서 나는 것을 먹으며 제단에서 섬기는 이들은 제단과 함께 나누는 것을 너희가 알지 못하느냐 이와 같이 주께서도 복음 전하는 자들이 복음으로 말미암아 살리라 명하셨느니라
딤전 3:15 만일 내가 지체하면 너로 하여금 하나님의 집에서 어떻게 행하여야 할지를 알게 하려 함이니 이 집은 살아 계신 하나님의 교회요 진리의 기둥과 터라

딤후 2:2; 3:14-15 ²:²또 네가 많은 증인 앞에서 내게 들은 바를 충성된 사람들에게 부탁하라 그들이 또 다른 사람들을 가르칠 수 있으리라 ³:¹⁴⁻¹⁵그러나 너는 배우고 확신한 일에 거하라 너는 네가 누구에게서 배운 것을 알며 또 어려서부터 성경을 알았나니 성경은 능히 너로 하여금 그리스도 예수 안에 있는 믿음으로 말미암아 구원에 이르는 지혜가 있게 하느니라

딛 1:5 내가 너를 그레데에 남겨 둔 이유는 남은 일을 정리하고 내가 명한 대로 각 성에 장로들을 세우게 하려 함이니

레 23:3 엿새 동안은 일할 것이요 일곱째 날은 쉴 안식일이니 성회의 날이라 너희는 아무 일도 하지 말라 이는 너희가 거주하는 각처에서 지킬 여호와의 안식일이니라

시 40:9-10; 122:1 ⁴⁰:⁹⁻¹⁰내가 많은 회중 가운데에서 의의 기쁜 소식을 전하였나이다 여호와여 내가 내 입술을 닫지 아니할 줄을 주께서 아시나이다 내가 주의 공의를 내 심중에 숨기지 아니하고 주의 성실과 구원을 선포하였으며 내가 주의 인자와 진리를 많은 회중 가운데에서 감추지 아니하였나이다 ¹²²:¹사람이 내게 말하기를 여호와의 집에 올라가자 할 때에 내가 기뻐하였도다

행 2:42, 46 ⁴²그들이 사도의 가르침을 받아 서로 교제하고 떡을 떼며 오로지 기도하기를 힘쓰니라 ⁴⁶날마다 마음을 같이하여 성전에 모이기를 힘쓰고 집에서 떡을 떼며 기쁨과 순전한 마음으로 음식을 먹고

히 10:25 모이기를 폐하는 어떤 사람들의 습관과 같이 하지 말고 오직 권하여 그 날이 가까움을 볼수록 더욱 그리하자

롬 10:17 그러므로 믿음은 들음에서 나며 들음은 그리스도의 말씀으로 말미암았느니라

고전 14:1, 3 ¹사랑을 추구하며 신령한 것들을 사모하되 특별히 예언을 하려고 하라 ³그러나 예언하는 자는 사람에게 말하여 덕을 세우며 권면하며 위로하는 것이요

딤전 4:13 내가 이를 때까지 읽는 것과 권하는 것과 가르치는 것에 전념하라

계 1:3 이 예언의 말씀을 읽는 자와 듣는 자와 그 가운데에 기록한 것을 지키는 자는 복이 있나니 때가 가까움이라

행 20:7 그 주간의 첫날에 우리가 떡을 떼려 하여 모였더니 바울이 이튿날 떠나고자 하여 그들에게 강론할새 말을 밤중까지 계속하매

고전 11:23-25 내가 너희에게 전한 것은 주께 받은 것이니 곧 주 예수께서 잡히시던 밤에 떡을 가지사 축사하시고 떼어 이르시되 이것은 너희를 위하는 내 몸이니 이것을 행하여 나를 기념하라 하시고 식후에 또한 그와 같이 잔을 가지시고 이르시되 이 잔은 내 피로 세운 새 언약이니 이것을 행하여 마실 때마다 나를 기념하라 하셨으니

고전 14:16 그렇지 아니하면 네가 영으로 축복할 때에 알지 못하는 처지에 있는 자가 네가 무슨 말을 하는지 알지 못하고 네 감사에 어찌 아멘 하리요

골 3:16 그리스도의 말씀이 너희 속에 풍성히 거하여 모든 지혜로 피차 가르치며 권면하고 시와 찬송과 신령한 노래를 부르며 감사하는 마음으로 하나님을 찬양하고

딤전 2:1-2 그러므로 내가 첫째로 권하노니 모든 사람을 위하여 간구와 기도와 도고와 감사를 하되 임금들과 높은 지위에 있는 모든 사람을 위하여 하라 이는 우리가 모든 경건과 단정함으로 고요하고 평안한 생활을 하려 함이라

신 15:11 땅에는 언제든지 가난한 자가 그치지 아니하겠으므로 내가 네게 명령하여 이르노니 너는 반드시 네 땅 안에 네 형제 중 곤란한 자와 궁핍한 자에게 네 손을 펼지니라

고전 16:1-2 성도를 위하는 연보에 관하여는 내가 갈라디아 교회들에게 명한 것 같이 너희도 그렇게 하라 매주 첫날에 너희 각 사람이 수입에 따라 모아 두어서 내가 갈 때에 연보를 하지 않게 하라

딤전 5:16 만일 믿는 여자에게 과부 친척이 있거든 자기가 도와주고 교회가 짐지지 않게 하라 이는 참 과부를 도와 주게 하려 함이라

히 4:9-11 그런즉 안식할 때가 하나님의 백성에게 남아 있도다 이미 그의 안식에 들어간 자는 하나님이 자기의 일을 쉼심과 같이 그도 자기의 일을 쉬느니라 그러므로 우리가 저 안식에 들어가기를 힘쓸지니 이는 누구든지 저 순종하지 아니하는 본에 빠지지 않게 하려 함이라

39주일

104문답

문. 하나님께서 제5계명에서 요구하시는 것은 무엇입니까?

답. 저의 부모님과, 저에 대해 권위가 있는 모든 사람에게 모든 공경과 사랑과 충성을 나타내고, 이들의 선한 가르침과 징계에 마땅히 순종하며, 이들의 연약함과 부족함에 대해서는 참고 견디기를 명령하십니다. 이들의 손을 통해 우리를 다스리시는 것이 하나님의 뜻이기 때문입니다.

¹⁾ 출 21:17; 잠 1:8; 4:1; 15:20; 20:20; 롬 13:1; 엡 5:22; 6:1-2, 5; 골 3:18, 20, 22. ²⁾ 잠 23:22; 벧전 2:18. ³⁾ 마 22:21; 롬 13:2, 4; 엡 6:4; 골 4:1.

출 21:17 자기의 아버지나 어머니를 저주하는 자는 반드시 죽일지니라
잠 1:8; 4:1; 15:20; 20:20 ^{1:8}내 아들아 네 아비의 훈계를 들으며 네 어미의 법을 떠나지 말라 ^{4:1}아들들아 아비의 훈계를 들으며 명철을 얻기에 주의하라 ^{15:20}지혜로운 아들은 아비를 즐겁게 하여도 미련한 자는 어미를 업신여기느니라 ^{20:20}자기의 아비나 어미를 저주하는 자는 그의 등불이 흑암 중에 꺼짐을 당하리라
롬 13:1 각 사람은 위에 있는 권세들에게 복종하라 권세는 하나님으로부터 나지 않음이 없나니 모든 권세는 다 하나님께서 정하신 바라
엡 5:22; 6:1-2, 5 ^{5:22}아내들이여 자기 남편에게 복종하기를 주께 하듯 하라 ^{6:1-2}자녀들아 주 안에서 너희 부모에게 순종하라 이것이 옳으니라 네 아버지와 어머

니를 공경하라 이것은 약속이 있는 첫 계명이니 [6:5]종들아 두려워하고 떨며 성실한 마음으로 육체의 상전에게 순종하기를 그리스도께 하듯 하라
골 3:18, 20, 22 [18]아내들아 남편에게 복종하라 이는 주 안에서 마땅하니라 [20]자녀들아 모든 일에 부모에게 순종하라 이는 주 안에서 기쁘게 하는 것이니라 [22]종들아 모든 일에 육신의 상전들에게 순종하되 사람을 기쁘게 하는 자와 같이 눈가림만 하지 말고 오직 주를 두려워하여 성실한 마음으로 하라
잠 23:22 너를 낳은 아비에게 청종하고 네 늙은 어미를 경히 여기지 말지니라
벧전 2:18 사환들아 범사에 두려워함으로 주인들에게 순종하되 선하고 관용하는 자들에게만 아니라 또한 까다로운 자들에게도 그리하라
마 22:21 이르되 가이사의 것이니이다 이에 이르시되 그런즉 가이사의 것은 가이사에게, 하나님의 것은 하나님께 바치라 하시니
롬 13:2, 4 [2]그러므로 권세를 거스르는 자는 하나님의 명을 거스름이니 거스르는 자들은 심판을 자취하리라 [4]그는 하나님의 사역자가 되어 네게 선을 베푸는 자니라 그러나 네가 악을 행하거든 두려워하라 그가 공연히 칼을 가지지 아니하였으니 곧 하나님의 사역자가 되어 악을 행하는 자에게 진노하심을 따라 보응하는 자니라
엡 6:4 또 아비들아 너희 자녀를 노엽게 하지 말고 오직 주의 교훈과 훈계로 양육하라
골 4:1 상전들아 의와 공평을 종들에게 베풀지니 너희에게도 하늘에 상전이 계심을 알지어다

40주일

105문답

문. 하나님께서 제6계명에서 요구하시는 것은 무엇입니까?

답. 생각이나 말이나 몸짓으로, 무엇보다도 행동으로, 저 스스로든 다른 사람을 통해서든 제 이웃의 명예를 훼손하거나 그들을 미워하거나 그들을 해하거나 죽이지 말고,[1] 오히려 모든 복수심을 내려놓아야 합니다.[2] 또 저 자신을 해쳐서도, 고의로 위험에 빠뜨려서도 안 됩니다.[3] 그러므로 살인을 막기 위해 국가는 칼도 가지고 있습니다.[4]

[1] 창 9:6; 마 5:21-22; 26:52. [2] 잠 25:21-22; 마 18:35; 롬 12:19; 엡 4:26. [3] 마 4:7; 골 2:23. [4] 창 9:6; 출 21:14; 롬 13:4.

창 9:6 다른 사람의 피를 흘리면 그 사람의 피도 흘릴 것이니 이는 하나님이 자기 형상대로 사람을 지으셨음이니라

마 5:21-22; 26:52 ⁵:²¹⁻²²옛 사람에게 말한 바 살인하지 말라 누구든지 살인하면 심판을 받게 되리라 하였다는 것을 너희가 들었으나 나는 너희에게 이르노니 형제에게 노하는 자마다 심판을 받게 되고 형제를 대하여 라가라 하는 자는 공회에 잡혀가게 되고 미련한 놈이라 하는 자는 지옥 불에 들어가게 되리라 ²⁶:⁵²이에 예수께서 이르시되 네 칼을 도로 칼집에 꽂으라 칼을 가지는 자는 다 칼로 망하느니라

잠 25:21-22 네 원수가 배고파하거든 음식을 먹이고 목말라하거든 물을 마시게

하라 그리 하는 것은 핀 숯을 그의 머리에 놓는 것과 일반이요 여호와께서 네게 갚아 주시리라

마 18:35 너희가 각각 마음으로부터 형제를 용서하지 아니하면 나의 하늘 아버지께서도 너희에게 이와 같이 하시리라

롬 12:19 내 사랑하는 자들아 너희가 친히 원수를 갚지 말고 하나님의 진노하심에 맡기라 기록되었으되 원수 갚는 것이 내게 있으니 내가 갚으리라고 주께서 말씀하시니라

엡 4:26 분을 내어도 죄를 짓지 말며 해가 지도록 분을 품지 말고

마 4:7 예수께서 이르시되 또 기록되었으되 주 너의 하나님을 시험하지 말라 하였느니라 하시니

골 2:23 이런 것들은 자의적 숭배와 겸손과 몸을 괴롭게 하는 데는 지혜 있는 모양이나 오직 육체 따르는 것을 금하는 데는 조금도 유익이 없느니라

창 9:6 다른 사람의 피를 흘리면 그 사람의 피도 흘릴 것이니 이는 하나님이 자기 형상대로 사람을 지으셨음이니라

출 21:14 사람이 그의 이웃을 고의로 죽였으면 너는 그를 내 제단에서라도 잡아내려 죽일지니라

롬 13:4 그는 하나님의 사역자가 되어 네게 선을 베푸는 자니라 그러나 네가 악을 행하거든 두려워하라 그가 공연히 칼을 가지지 아니하였으니 곧 하나님의 사역자가 되어 악을 행하는 자에게 진노하심을 따라 보응하는 자니라

106문답

문. 그런데 6계명은 살인에 대해서만 말하는 것 같은데, 정말 그러합니까?

답. 이 계명은 살인하지 말라고 명령하시는 하나님께서 살인의 뿌리가 되는 시기, 증오, 분노, 복수심을 혐오하시며,[1] 이 모든 것을 살인으로 여기신다고 가르칩니다.[2]

[1] 시 37:8; 잠 14:30; 롬 1:29; 갈 5:19-21; 약 1:20; 요일 2:9-11. [2] 요일 3:15.

시 37:8 분을 그치고 노를 버리며 불평하지 말라 오히려 악을 만들 뿐이라

잠 14:30 평온한 마음은 육신의 생명이나 시기는 뼈를 썩게 하느니라

롬 1:29 곧 모든 불의, 추악, 탐욕, 악의가 가득한 자요 시기, 살인, 분쟁, 사기, 악독이 가득한 자요 수군수군하는 자요

갈 5:19-21 육체의 일은 분명하니 곧 음행과 더러운 것과 호색과 우상 숭배와 주술과 원수 맺는 것과 분쟁과 시기와 분냄과 당 짓는 것과 분열함과 이단과 투기와 술 취함과 방탕함과 또 그와 같은 것들이라 전에 너희에게 경계한 같이 경계하노니 이런 일을 하는 자들은 하나님의 나라를 유업으로 받지 못할 것이요

약 1:20 사람이 성내는 것이 하나님의 의를 이루지 못함이라

요일 2:9-11 빛 가운데 있다 하면서 그 형제를 미워하는 자는 지금까지 어둠에 있는 자요 그의 형제를 사랑하는 자는 빛 가운데 거하여 자기 속에 거리낌이 없으나 그의 형제를 미워하는 자는 어둠에 있고 또 어둠에 행하며 갈 곳을 알지 못하나니 이는 그 어둠이 그의 눈을 멀게 하였음이라

요일 3:15 그 형제를 미워하는 자마다 살인하는 자니 살인하는 자마다 영생이 그 속에 거하지 아니하는 것을 너희가 아는 바라

107문답

문. 그러면 우리가 앞에서 말한 방식으로 이웃을 죽이지만 않으면 충분합니까?

답. 아닙니다. 하나님께서는 시기와 증오와 분노를 정죄하실 때, 우리 이웃을 우리 자신 같이 사랑하고,[1] 우리 이웃에게 인내와 화평과 온유와 자비와 모든 친절을 보이고,[2] 할 수 있는 한 우리 이웃이 해를 당하지 않도록 지키며, 우리 원수에게까지 선을 베풀라고 명령하시기 때문입니다.[3]

[1] 마 7:12; 22:39; 롬 12:10. [2] 마 5:5, 7; 눅 6:36; 롬 12:18; 갈 5:22-23; 6:1-2; 엡 4:1-3; 골 3:12; 벧전 3:8. [3] 출 23:5; 마 5:44-45; 롬 12:20-21.

마 7:12; 22:39 그러므로 무엇이든지 남에게 대접을 받고자 하는 대로 너희도 남을 대접하라 이것이 율법이요 선지자니라
둘째도 그와 같으니 네 이웃을 네 자신 같이 사랑하라 하셨으니
롬 12:10 형제를 사랑하여 서로 우애하고 존경하기를 서로 먼저 하며
마 5:5, 7 온유한 자는 복이 있나니 그들이 땅을 기업으로 받을 것임이요
긍휼히 여기는 자는 복이 있나니 그들이 긍휼히 여김을 받을 것임이요
눅 6:36 너희 아버지의 자비로우심 같이 너희도 자비로운 자가 되라
롬 12:18 할 수 있거든 너희로서는 모든 사람과 더불어 화목하라
갈 5:22-23; 6:1-2 ⁵:²²⁻²³오직 성령의 열매는 사랑과 희락과 화평과 오래 참음과 자비와 양선과 충성과 온유와 절제니 이같은 것을 금지할 법이 없느니라 ⁶:¹⁻²형제들아 사람이 만일 무슨 범죄한 일이 드러나거든 신령한 너희는 온유한 심령으로 그러한 자를 바로잡고 너 자신을 살펴보아 너도 시험을 받을까 두려워하라 너희

가 짐을 서로 지라 그리하여 그리스도의 법을 성취하라

엡 4:1-3 그러므로 주 안에서 갇힌 내가 너희를 권하노니 너희가 부르심을 받은 일에 합당하게 행하여 모든 겸손과 온유로 하고 오래 참음으로 사랑 가운데서 서로 용납하고 평안의 매는 줄로 성령이 하나 되게 하신 것을 힘써 지키라

골 3:12 그러므로 너희는 하나님이 택하사 거룩하고 사랑 받는 자처럼 긍휼과 자비와 겸손과 온유와 오래 참음을 옷 입고

벧전 3:8 마지막으로 말하노니 너희가 다 마음을 같이하여 동정하며 형제를 사랑하며 불쌍히 여기며 겸손하며

출 23:5 네가 만일 너를 미워하는 자의 나귀가 짐을 싣고 엎드러짐을 보거든 그 것을 버려두지 말고 그것을 도와 그 짐을 부릴지니라

마 5:44-45 나는 너희에게 이르노니 너희 원수를 사랑하며 너희를 박해하는 자를 위하여 기도하라 이같이 한즉 하늘에 계신 너희 아버지의 아들이 되리니 이는 하나님이 그 해를 악인과 선인에게 비추시며 비를 의로운 자와 불의한 자에게 내려주심이라

롬 12:20-21 네 원수가 주리거든 먹이고 목마르거든 마시게 하라 그리함으로 네가 숯불을 그 머리에 쌓아 놓으리라 악에게 지지 말고 선으로 악을 이기라

41주일

108문답

문. 하나님께서 제7계명에서 가르치시는 무엇입니까?

답. 하나님께서는 모든 부정을 저주하십니다.[1] 따라서 우리는 거룩한 결혼 관계에 있든지 독신으로 있든지,[2] 마음을 다해 그러한 부정을 증오하고, 순결하고 절제 있는 삶을 살아야 합니다.[3]

[1] 레 18:27-29; 엡 5:5. [2] 말 2:16; 마 19:9; 고전 7:10-11; 히 13:4. [3] 살전 4:3-5; 유 1:23.

레 18:27-29 너희가 전에 있던 그 땅 주민이 이 모든 가증한 일을 행하였고 그 땅도 더러워졌느니라 너희도 더럽히면 그 땅이 너희가 있기 전 주민을 토함 같이 너희를 토할까 하노라 이 가증한 모든 일을 행하는 자는 그 백성 중에서 끊어지리라

엡 5:5 너희도 정녕 이것을 알거니와 음행하는 자나 더러운 자나 탐하는 자 곧 우상 숭배자는 다 그리스도와 하나님의 나라에서 기업을 얻지 못하리니

말 2:16 이스라엘의 하나님 여호와가 이르노니 나는 이혼하는 것과 옷으로 학대를 가리는 자를 미워하노라 만군의 여호와의 말이니라 그러므로 너희 심령을 삼가 지켜 거짓을 행하지 말지니라

마 19:9 내가 너희에게 말하노니 누구든지 음행한 이유 외에 아내를 버리고 다른 데 장가 드는 자는 간음함이니라

고전 7:10-11 결혼한 자들에게 내가 명하노니 (명하는 자는 내가 아니요 주시라) 여자는 남편에게서 갈라서지 말고 (만일 갈라섰으면 그대로 지내든지 다시 그 남

편과 화합하든지 하라) 남편도 아내를 버리지 말라

히 13:4 모든 사람은 결혼을 귀히 여기고 침소를 더럽히지 않게 하라 음행하는 자들과 간음하는 자들을 하나님이 심판하시리라

살전 4:3-5 하나님의 뜻은 이것이니 너희의 거룩함이라 곧 음란을 버리고 각각 거룩함과 존귀함으로 자기의 아내 대할 줄을 알고 하나님을 모르는 이방인과 같이 색욕을 따르지 말고

유 1:23 또 어떤 자를 불에서 끌어내어 구원하라 또 어떤 자를 그 육체로 더럽힌 옷까지도 미워하되 두려움으로 긍휼히 여기라

109문답

문. 하나님께서는 7계명에서 단지 간음과 같은 역겨운 죄들만 금지하십니까?

답. 우리 몸과 영혼 모두 다 성령의 전이기 때문에, 하나님께서는 우리에게 우리 몸과 영혼을 순결하고 거룩하게 지킬 것을 명령하십니다.[1] 그렇기에 하나님께서는 모든 부정한 행동, 몸짓, 말, 생각, 욕망뿐만 아니라[2] 이것들에게로 꾀는 모든 것을 금지하십니다.[3]

[1] 고전 6:18-20. [2] 신 22:20-29; 마 5:27-28; 엡 5:3-4. [3] 고전 15:33; 엡 5:18.

고전 6:18-20 창녀와 합하는 자는 그와 한 몸인 줄을 알지 못하느냐 일렀으되 둘이 한 육체가 된다 하셨나니 주와 합하는 자는 한 영이니라 음행을 피하라 사람이 범하는 죄마다 몸 밖에 있거니와 음행하는 자는 자기 몸에 죄를 범하느니라

신 22:20-29 그 일이 참되어 그 처녀에게 처녀의 표적이 없거든 그 처녀를 그의

아버지 집 문에서 끌어내고 그 성읍 사람들이 그를 돌로 쳐죽일지니 이는 그가 그의 아버지 집에서 창기의 행동을 하여 이스라엘 중에서 악을 행하였음이라 너는 이와 같이 하여 너희 가운데서 악을 제할지니라 어떤 남자가 유부녀와 동침한 것이 드러나거든 그 동침한 남자와 그 여자를 둘 다 죽여 이스라엘 중에 악을 제할지니라 처녀인 여자가 남자와 약혼한 후에 어떤 남자가 그를 성읍 중에서 만나 동침하면 너희는 그들을 둘 다 성읍 문으로 끌어내고 그들을 돌로 쳐죽일 것이니 그 처녀는 성안에 있으면서도 소리 지르지 아니하였음이요 그 남자는 그 이웃의 아내를 욕보였음이라 너는 이같이 하여 너희 가운데서 악을 제할지니라 만일 남자가 어떤 약혼한 처녀를 들에서 만나서 강간하였으면 그 강간한 남자만 죽일 것이요 처녀에게는 아무것도 행하지 말 것은 처녀에게는 죽일 죄가 없음이라 이 일은 사람이 일어나 그 이웃을 쳐죽인 것과 같은 것이라 남자가 처녀를 들에서 만난 까닭에 그 약혼한 처녀가 소리질러도 구원할 자가 없었음이니라 만일 남자가 약혼하지 아니한 처녀를 만나 그를 붙들고 동침하는 중에 그 두 사람이 발견되면 그 동침한 남자는 그 처녀의 아버지에게 은 오십 세겔을 주고 그 처녀를 아내로 삼을 것이라 그가 그 처녀를 욕보였은즉 평생에 그를 버리지 못하리라

마 5:27-28 또 간음하지 말라 하였다는 것을 너희가 들었으나 나는 너희에게 이르노니 음욕을 품고 여자를 보는 자마다 마음에 이미 간음하였느니라

엡 5:3-4 음행과 온갖 더러운 것과 탐욕은 너희 중에서 그 이름조차도 부르지 말라 이는 성도에게 마땅한 바니라 누추함과 어리석은 말이나 희롱의 말이 마땅치 아니하니 오히려 감사하는 말을 하라

고전 15:33 속지 말라 악한 동무들은 선한 행실을 더럽히나니

엡 5:18 술 취하지 말라 이는 방탕한 것이니 오직 성령으로 충만함을 받으라

42주일

110문답

문. 하나님께서 제8계명에서 금지하시는 것은 무엇입니까?

답. 하나님께서는 국가가 처벌하는 도둑질과[1] 강도질만을[2] 금지하시는 것이 아니라, 이웃의 소유를 자신의 것으로 삼으려고 행하는 모든 악한 속임수와 간사한 꾀도 다 도둑질이라고 말씀하십니다.[3] 강제로 또는 합법을 가장하고 이런 일들을 저지를 수 있는데, 곧 거짓 저울이나 자나 되,[4] 불량품, 위조지폐, 고리대금, 이 밖에 하나님께서 금하신 일들입니다.[5] 또한 하나님께서는 모든 탐욕을 금지하시고,[6] 하나님께서 주신 선물이 조금이라도 잘못 사용되거나 낭비되는 것도 금지하십니다.[7]

[1] 출 22:1; 고전 6:10. [2] 레 19:13. [3] 눅 3:14; 고전 5:10. [4] 신 25:13-15; 잠 11:1; 16:11; 겔 45:9-10. [5] 시 15:5; 눅 6:35. [6] 눅 12:15; 엡 5:5. [7] 잠 21:20; 23:20-21; 눅 16:10-13.

출 22:1 사람이 소나 양을 도둑질하여 잡거나 팔면 그는 소 한 마리에 소 다섯 마리로 갚고 양 한 마리에 양 네 마리로 갚을지니라

고전 6:10 도적이나 탐욕을 부리는 자나 술 취하는 자나 모욕하는 자나 속여 빼앗는 자들은 하나님의 나라를 유업으로 받지 못하리라

레 19:13 너는 네 이웃을 억압하지 말며 착취하지 말며 품꾼의 삯을 아침까지 밤

새도록 네게 두지 말며

눅 3:14 군인들도 물어 이르되 우리는 무엇을 하리이까 하매 이르되 사람에게서 강탈하지 말며 거짓으로 고발하지 말고 받는 급료를 족한 줄로 알라 하니라

고전 5:10 이 말은 이 세상의 음행하는 자들이나 탐하는 자들이나 속여 빼앗는 자들이나 우상 숭배하는 자들을 도무지 사귀지 말라 하는 것이 아니니 만일 그리하려면 너희가 세상 밖으로 나가야 할 것이라

신 25:13-15 너는 네 주머니에 두 종류의 저울추 곧 큰 것과 작은 것을 넣지 말 것이며 네 집에 두 종류의 되 곧 큰 것과 작은 것을 두지 말 것이요 오직 온전하고 공정한 저울추를 두며 온전하고 공정한 되를 둘 것이라 그리하면 네 하나님 여호와께서 네게 주시는 땅에서 네 날이 길리라

잠 11:1; 16:11 [11:1]속이는 저울은 여호와께서 미워하시나 공평한 추는 그가 기뻐하시느니라 [16:11]공평한 저울과 접시 저울은 여호와의 것이요 주머니 속의 저울추도 다 그가 지으신 것이니라

겔 45:9-10 주 여호와께서 이같이 말씀하셨느니라 이스라엘의 통치자들아 너희에게 만족하니라 너희는 포악과 겁탈을 제거하여 버리고 정의와 공의를 행하여 내 백성에게 속여 빼앗는 것을 그칠지니라 주 여호와의 말씀이니라 너희는 공정한 저울과 공정한 에바와 공정한 밧을 쓸지니

시 15:5 이자를 받으려고 돈을 꾸어 주지 아니하며 뇌물을 받고 무죄한 자를 해하지 아니하는 자이니 이런 일을 행하는 자는 영원히 흔들리지 아니하리이다

눅 6:35 오직 너희는 원수를 사랑하고 선대하며 아무 것도 바라지 말고 꾸어 주라 그리하면 너희 상이 클 것이요 또 지극히 높으신 이의 아들이 되리니 그는 은혜를 모르는 자와 악한 자에게도 인자하시니라

눅 12:15 그들에게 이르시되 삼가 모든 탐심을 물리치라 사람의 생명이 그 소유의 넉넉한 데 있지 아니하니라 하시고

엡 5:5 너희도 정녕 이것을 알거니와 음행하는 자나 더러운 자나 탐하는 자 곧 우상 숭배자는 다 그리스도와 하나님의 나라에서 기업을 얻지 못하리니

잠 21:20; 23:20-21 [21:20]지혜 있는 자의 집에는 귀한 보배와 기름이 있으나 미련

한 자는 이것을 다 삼켜 버리느니라 ²³:²⁰⁻²¹술을 즐겨 하는 자들과 고기를 탐하는 자들과도 더불어 사귀지 말라 술 취하고 음식을 탐하는 자는 가난하여질 것이요 잠 자기를 즐겨 하는 자는 해어진 옷을 입을 것임이니라

눅 16:10-13 지극히 작은 것에 충성된 자는 큰 것에도 충성되고 지극히 작은 것에 불의한 자는 큰 것에도 불의하니라 너희가 만일 불의한 재물에도 충성되지 아니하면 누가 참된 것으로 너희에게 맡기겠느냐 너희가 만일 남의 것에 충성되지 아니하면 누가 너희의 것을 너희에게 주겠느냐 집 하인이 두 주인을 섬길 수 없나니 혹 이를 미워하고 저를 사랑하거나 혹 이를 중히 여기고 저를 경히 여길 것임이니라 너희는 하나님과 재물을 겸하여 섬길 수 없느니라

111문답

문. 그러면 하나님께서 제8계명에서 요구하시는 것은 무엇입니까?

답. 할 수 있고 해도 되는 경우에는 언제든지 제 이웃의 유익을 증진하고, 남에게 대접 받고자 하는 대로 제 이웃에게 대접하며,¹⁾ 더 나아가 궁핍한 사람들을 도울 수 있도록 성실하게 일하는 것입니다.²⁾

¹⁾ 마 7:12. ²⁾ 사 58:5-11; 갈 6:9-10; 엡 4:28.

마 7:12 그러므로 무엇이든지 남에게 대접을 받고자 하는 대로 너희도 남을 대접하라 이것이 율법이요 선지자니라

사 58:5-11 이것이 어찌 내가 기뻐하는 금식이 되겠으며 이것이 어찌 사람이 자기의 마음을 괴롭게 하는 날이 되겠느냐 그의 머리를 갈대 같이 숙이고 굵은 베

와 재를 펴는 것을 어찌 금식이라 하겠으며 여호와께 열납될 날이라 하겠느냐 내가 기뻐하는 금식은 흉악의 결박을 풀어 주며 멍에의 줄을 끌러 주며 압제 당하는 자를 자유하게 하며 모든 멍에를 꺾는 것이 아니겠느냐 또 주린 자에게 네 양식을 나누어 주며 유리하는 빈민을 집에 들이며 헐벗은 자를 보면 입히며 또 네 골육을 피하여 스스로 숨지 아니하는 것이 아니겠느냐 그리하면 네 빛이 새벽 같이 비칠 것이며 네 치유가 급속할 것이며 네 공의가 네 앞에 행하고 여호와의 영광이 네 뒤에 호위하리니 네가 부를 때에는 나 여호와가 응답하겠고 네가 부르짖을 때에는 내가 여기 있다 하리라 만일 네가 너희 중에서 멍에와 손가락질과 허망한 말을 제하여 버리고 주린 자에게 네 심정이 동하며 괴로워하는 자의 심정을 만족하게 하면 네 빛이 흑암 중에서 떠올라 네 어둠이 낮과 같이 될 것이며 여호와가 너를 항상 인도하여 메마른 곳에서도 네 영혼을 만족하게 하며 네 뼈를 견고하게 하리니 너는 물 댄 동산 같겠고 물이 끊어지지 아니하는 샘 같을 것이라

갈 6:9-10 우리가 선을 행하되 낙심하지 말지니 포기하지 아니하면 때가 이르매 거두리라 그러므로 우리는 기회 있는 대로 모든 이에게 착한 일을 하되 더욱 믿음의 가정들에게 할지니라

엡 4:28 도둑질하는 자는 다시 도둑질하지 말고 돌이켜 가난한 자에게 구제할 수 있도록 자기 손으로 수고하여 선한 일을 하라

43주일

112문답

문. 하나님께서 제9계명에서 요구하시는 것은 무엇입니까?

답. 어떤 사람에 대해서도 거짓으로 증언하지 않고,[1] 다른 사람의 말을 왜곡하지 않고,[2] 뒤에서 헐뜯거나 비방하지 않고,[3] 말을 들어보지도 않은 채 함부로 정죄하지 않고, 다른 사람이 섣불리 정죄하는 데 동참하지 않는 것입니다.[4] 오히려 하나님의 무서운 진노를 받지 않도록,[5] 본질적으로 마귀의 일인 모든 거짓과 속임을 피하고,[6] 법정에서나 다른 어디서든 진리를 사랑하고, 정직하게 진실을 말하고 고백해야 하며,[7] 있는 힘껏 이웃의 명예와 평판을 지키고 높여야 합니다.[8]

[1] 잠 19:5, 9; 21:28. [2] 시 50:19-20. [3] 시 15:3; 롬 1:30. [4] 단 7:1-2; 눅 6:37. [5] 레 19:12; 잠 12:22; 계 21:8. [6] 요 8:44. [7] 고전 13:6; 엡 4:25. [8] 삼상 19:4-5; 벧전 4:8.

잠 19:5, 9; 21:28 ¹⁹:⁵거짓 증인은 벌을 면하지 못할 것이요 거짓말을 하는 자도 피하지 못하리라 ¹⁹:⁹거짓 증인은 패망하려니와 확실히 들은 사람의 말은 힘이 있느니라 ²¹:²⁸거짓 증인은 패망하려니와 확실히 들은 사람의 말은 힘이 있느니라

시 50:19-20 네 입을 악에게 내어 주고 네 혀로 거짓을 꾸미며 앉아서 네 형제를 공박하며 네 어머니의 아들을 비방하는도다

시 15:3 그의 혀로 남을 허물하지 아니하고 그의 이웃에게 악을 행하지 아니하며 그의 이웃을 비방하지 아니하며

롬 1:30 비방하는 자요 하나님께서 미워하시는 자요 능욕하는 자요 교만한 자요 자랑하는 자요 악을 도모하는 자요 부모를 거역하는 자요

마 7:1-2 비판을 받지 아니하려거든 비판하지 말라 너희가 비판하는 그 비판으로 너희가 비판을 받을 것이요 너희가 헤아리는 그 헤아림으로 너희가 헤아림을 받을 것이니라

눅 6:37 비판하지 말라 그리하면 너희가 비판을 받지 않을 것이요 정죄하지 말라 그리하면 너희가 정죄를 받지 않을 것이요 용서하라 그리하면 너희가 용서를 받을 것이요

레 19:12 너희는 내 이름으로 거짓 맹세함으로 네 하나님의 이름을 욕되게 하지 말라 나는 여호와이니라

잠 12:22 거짓 입술은 여호와께 미움을 받아도 진실하게 행하는 자는 그의 기뻐하심을 받느니라

계 21:8 그러나 두려워하는 자들과 믿지 아니하는 자들과 흉악한 자들과 살인자들과 음행하는 자들과 점술가들과 우상 숭배자들과 거짓말하는 모든 자들은 불과 유황으로 타는 못에 던져지리니 이것이 둘째 사망이라

요 8:44 너희는 너희 아비 마귀에게서 났으니 너희 아비의 욕심대로 너희도 행하고자 하느니라 그는 처음부터 살인한 자요 진리가 그 속에 없으므로 진리에 서지 못하고 거짓을 말할 때마다 제 것으로 말하나니 이는 그가 거짓말쟁이요 거짓의 아비가 되었음이라

고전 13:6 불의를 기뻐하지 아니하며 진리와 함께 기뻐하고

엡 4:25 그런즉 거짓을 버리고 각각 그 이웃과 더불어 참된 것을 말하라 이는 우리가 서로 지체가 됨이라

삼상 19:4-5 요나단이 그의 아버지 사울에게 다윗을 칭찬하여 이르되 원하건대 왕은 신하 다윗에게 범죄하지 마옵소서 그는 왕께 득죄하지 아니하였고 그가 왕께 행한 일은 심히 선함이니이다 그가 자기 생명을 아끼지 아니하고 블레셋 사람

을 죽였고 여호와께서는 온 이스라엘을 위하여 큰 구원을 이루셨으므로 왕이 이를 보고 기뻐하셨거늘 어찌 까닭 없이 다윗을 죽여 무죄한 피를 흘려 범죄하려 하시나이까

벧전 4:8 무엇보다도 뜨겁게 서로 사랑할지니 사랑은 허다한 죄를 덮느니라

44주일

113문답

문. 하나님께서 제10계명에서 요구하시는 것은 무엇입니까?

답. 하나님의 계명 어느 하나에라도 어긋나는 지극히 작은 욕망이나 생각을 추호도 우리 마음에 품지 않고, 언제든지 마음을 다하여 모든 죄를 미워하고, 모든 의를 크게 기뻐하는 것입니다.[1]

[1] 시 19:14; 139:23-24; 롬 7:7.

시 19:14; 139:23-24 [19:14]나의 반석이시요 나의 구속자이신 여호와여 내 입의 말과 마음의 묵상이 주님 앞에 열납되기를 원하나이다 [139:23-24]하나님이여 나를 살피사 내 마음을 아시며 나를 시험하사 내 뜻을 아옵소서 내게 무슨 악한 행위가 있나 보시고 나를 영원한 길로 인도하소서

롬 7:7 그런즉 우리가 무슨 말을 하리요 율법이 죄냐 그럴 수 없느니라 율법으로 말미암지 않고는 내가 죄를 알지 못하였으니 곧 율법이 탐내지 말라 하지 아니하였더라면 내가 탐심을 알지 못하였으리라

114문답

문. 그런데 하나님께로 돌아온 사람들이 이 계명들을 완전히 지킬 수 있습니까?

답. 지킬 수 없습니다. 가장 거룩한 사람이라도 이 세상에서는 이 계명들에 대한 순종을 겨우 시작했을 뿐입니다.[1] 그렇지만 이들은 굳은 다짐으로 몇 가지 계명만이 아니라 하나님의 모든 계명을 따라 살기 시작합니다.[2]

[1] 전 7:20; 롬 7:14-15; 고전 13:9; 요일 1:8, 10. [2] 시 1:2; ˙119:5-6, 106; 롬 7:22; 요일 2:3.

전 7:20 선을 행하고 전혀 죄를 범하지 아니하는 의인은 세상에 없기 때문이로다

롬 7:14-15 우리가 율법은 신령한 줄 알거니와 나는 육신에 속하여 죄 아래에 팔렸도다 내가 행하는 것을 내가 알지 못하노니 곧 내가 원하는 것은 행하지 아니하고 도리어 미워하는 것을 행함이라

고전 13:9 우리는 부분적으로 알고 부분적으로 예언하니

요일 1:8, 10 [8]만일 우리가 죄가 없다고 말하면 스스로 속이고 또 진리가 우리 속에 있지 아니할 것이요 [10]만일 우리가 범죄하지 아니하였다 하면 하나님을 거짓말하는 이로 만드는 것이니 또한 그의 말씀이 우리 속에 있지 아니하니라

시 1:2; 119:5-6, 106 [1:2]오직 여호와의 율법을 즐거워하여 그의 율법을 주야로 묵상하는도다 [119:5-6]내 길을 굳게 정하사 주의 율례를 지키게 하소서 내가 주의 모든 계명에 주의할 때에는 부끄럽지 아니하리이다 [119:106]주의 의로운 규례들을 지키기로 맹세하고 굳게 정하였나이다

롬 7:22 내 속사람으로는 하나님의 법을 즐거워하되

요일 2:3 우리가 그의 계명을 지키면 이로써 우리가 그를 아는 줄로 알 것이요

115문답

문. 그렇다면 이 세상에서는 아무도 십계명을 완전히 지킬 수 없는데, 하나님께서는 왜 그토록 엄격하게 십계명을 설교하라고 하십니까?

답. 첫째, 우리가 평생 우리의 죄악 된 본성을 더욱더 알게 되고,[1] 그래서 그리스도 안에 있는 죄 사함과 의를 더욱더 간절히 구하게 하시기 위함이며,[2] 둘째, 이 세상에서의 삶을 마치고 우리의 목적지인 완전에 이를 때까지, 끊임없이 노력하고 하나님께 성령의 은혜를 간구하면서 하나님의 형상으로 더욱더 변화되기를 원하시기 때문입니다.[3]

[1] 시 32:5; 롬 3:20; 요일 1:9. [2] 마 5:6; 롬 7:24-25. [3] 고전 9:24; 빌 3:12-14; 요일 3:2-3.

시 32:5 내가 이르기를 내 허물을 여호와께 자복하리라 하고 주께 내 죄를 아뢰고 내 죄악을 숨기지 아니하였더니 곧 주께서 내 죄악을 사하셨나이다 (셀라)

롬 3:20 그러므로 율법의 행위로 그의 앞에 의롭다 하심을 얻을 육체가 없나니 율법으로는 죄를 깨달음이니라

요일 1:9 만일 우리가 우리 죄를 자백하면 그는 미쁘시고 의로우사 우리 죄를 사하시며 우리를 모든 불의에서 깨끗하게 하실 것이요

마 5:6 의에 주리고 목마른 자는 복이 있나니 그들이 배부를 것임이요

롬 7:24-25 오호라 나는 곤고한 사람이로다 이 사망의 몸에서 누가 나를 건져내랴 우리 주 예수 그리스도로 말미암아 하나님께 감사하리로다 그런즉 내 자신이

마음으로는 하나님의 법을 육신으로는 죄의 법을 섬기노라

고전 9:24 운동장에서 달음질하는 자들이 다 달릴지라도 오직 상을 받는 사람은 한 사람인 줄을 너희가 알지 못하느냐 너희도 상을 받도록 이와 같이 달음질하라

빌 3:12-14 내가 이미 얻었다 함도 아니요 온전히 이루었다 함도 아니라 오직 내가 그리스도 예수께 잡힌 바 된 그것을 잡으려고 달려가노라 형제들아 나는 아직 내가 잡은 줄로 여기지 아니하고 오직 한 일 즉 뒤에 있는 것은 잊어버리고 앞에 있는 것을 잡으려고 푯대를 향하여 그리스도 예수 안에서 하나님이 위에서 부르신 부름의 상을 위하여 달려가노라

요일 3:2-3 사랑하는 자들아 우리가 지금은 하나님의 자녀라 장래에 어떻게 될지는 아직 나타나지 아니하였으나 그가 나타나시면 우리가 그와 같을 줄을 아는 것은 그의 참모습 그대로 볼 것이기 때문이니 주를 향하여 이 소망을 가진 자마다 그의 깨끗하심과 같이 자기를 깨끗하게 하느니라

45주일

116문답

문. 그리스도인에게 왜 기도가 필요합니까?

답. 기도는 하나님께서 우리에게 요구하시는 감사의 가장 중요한 부분이고,[1] 하나님께서는 진실한 마음으로 쉬지 않고 은혜와 성령을 간절히 구하며, 은혜와 성령을 베풀어 주시는 하나님께 감사하는 사람에게만 당신의 은혜와 성령을 주실 것이기 때문입니다.[2]

[1] 시 50:14-15; 살전 5:17-18. [2] 마 7:7-8; 눅 11:9-10, 13.

시 50:14-15 감사로 하나님께 제사를 드리며 지존하신 이에게 네 서원을 갚으며 환난 날에 나를 부르라 내가 너를 건지리니 네가 나를 영화롭게 하리로다

살전 5:17-18 쉬지 말고 기도하라 범사에 감사하라 이것이 그리스도 예수 안에서 너희를 향하신 하나님의 뜻이니라

마 7:7-8 구하라 그리하면 너희에게 주실 것이요 찾으라 그리하면 찾아낼 것이요 문을 두드리라 그리하면 너희에게 열릴 것이니 구하는 이마다 받을 것이요 찾는 이는 찾아낼 것이요 두드리는 이에게는 열릴 것이니라

눅 11:9-10, 13 [9-10]내가 또 너희에게 이르노니 구하라 그러면 너희에게 주실 것이요 찾으라 그러면 찾아낼 것이요 문을 두드리라 그러면 너희에게 열릴 것이니 구하는 이마다 받을 것이요 찾는 이는 찾아낼 것이요 두드리는 이에게는 열릴 것이니라 [13]너희가 악할지라도 좋은 것을 자식에게 줄 줄 알거든 하물며 너희 하늘 아버지께서 구하는 자에게 성령을 주시지 않겠느냐 하시니라

117문답

문. 하나님께서 기뻐하시고 들으시는 기도는 어떤 기도입니까?

답. 첫째, 말씀으로 당신을 계시하신 유일하신 참 하나님께만[1] 그분이 우리에게 구하라고 명하신 모든 것을[2] 마음을 다해 구하는 기도입니다.[3] 둘째, 우리의 부족함과 비참함을 똑바로 철저히 깨달아 하나님의 위엄 앞에 우리 자신을 깊이 낮추는 기도입니다.[4] 셋째, 비록 우리는 기도 응답을 받을 자격이 없는 자들이지만 하나님께서 당신의 말씀에서 약속하신 대로[5] 우리 주 그리스도 때문에 우리의 기도를 틀림없이 들어주실 것을 온전히 확신하는 기도입니다.[6]

[1] 요 4:22-24; 계 19:10. [2] 잠 28:9; 롬 8:26; 약 1:5; 요일 5:14. [3] 시 145:18-20; 약 1:6-8; 4:3, 8. [4] 대하 7:14; 20:12; 시 2:11; 사 66:2. [5] 시 27:8; 마 7:8. [6] 단 9:17-19; 요 14:13-14; 15:16; 16:23; 엡 3:20-21.

요 4:22-24 너희는 알지 못하는 것을 예배하고 우리는 아는 것을 예배하노니 이는 구원이 유대인에게서 남이라 아버지께 참되게 예배하는 자들은 영과 진리로 예배할 때가 오나니 곧 이 때라 아버지께서는 자기에게 이렇게 예배하는 자들을 찾으시느니라 하나님은 영이시니 예배하는 자가 영과 진리로 예배할지니라

계 19:10 내가 그 발 앞에 엎드려 경배하려 하니 그가 나에게 말하기를 나는 너와 및 예수의 증언을 받은 네 형제들과 같이 된 종이니 삼가 그리하지 말고 오직 하나님께 경배하라 예수의 증언은 예언의 영이라 하더라

잠 28:9 사람이 귀를 돌려 율법을 듣지 아니하면 그의 기도도 가증하니라

롬 8:26 이와 같이 성령도 우리의 연약함을 도우시나니 우리는 마땅히 기도할 바를 알지 못하나 오직 성령이 말할 수 없는 탄식으로 우리를 위하여 친히 간구하시느니라

약 1:5 너희 중에 누구든지 지혜가 부족하거든 모든 사람에게 후히 주시고 꾸짖지 아니하시는 하나님께 구하라 그리하면 주시리라

요일 5:14 그를 향하여 우리가 가진 바 담대함이 이것이니 그의 뜻대로 무엇을 구하면 들으심이라

시 145:18-20 여호와께서는 자기에게 간구하는 모든 자 곧 진실하게 간구하는 모든 자에게 가까이 하시는도다 그는 자기를 경외하는 자들의 소원을 이루시며 또 그들의 부르짖음을 들으사 구원하시리로다 여호와께서 자기를 사랑하는 자들은 다 보호하시고 악인들은 다 멸하시리로다

약 1:6-8; 4:3, 8 [1:6-8]오직 믿음으로 구하고 조금도 의심하지 말라 의심하는 자는 마치 바람에 밀려 요동하는 바다 물결 같으니 이런 사람은 무엇이든지 주께 얻기를 생각하지 말라 두 마음을 품어 모든 일에 정함이 없는 자로다 [4:3]구하여도 받지 못함은 정욕으로 쓰려고 잘못 구하기 때문이라 [4:8]하나님을 가까이하라 그리하면 너희를 가까이하시리라 죄인들아 손을 깨끗이 하라 두 마음을 품은 자들아 마음을 성결하게 하라

대하 7:14; 20:12 [7:14]내 이름으로 일컫는 내 백성이 그들의 악한 길에서 떠나 스스로 낮추고 기도하여 내 얼굴을 찾으면 내가 하늘에서 듣고 그들의 죄를 사하고 그들의 땅을 고칠지라 [20:12]우리 하나님이여 그들을 징벌하지 아니하시나이까 우리를 치러 오는 이 큰 무리를 우리가 대적할 능력이 없고 어떻게 할 줄도 알지 못하옵고 오직 주만 바라보나이다 하고

시 2:11 여호와를 경외함으로 섬기고 떨며 즐거워할지어다

사 66:2 나 여호와가 말하노라 내 손이 이 모든 것을 지었으므로 그들이 생겼느니라 무릇 마음이 가난하고 심령에 통회하며 내 말을 듣고 떠는 자 그 사람은 내가 돌보려니와

시 27:8 너희는 내 얼굴을 찾으라 하실 때에 내가 마음으로 주께 말하되 여호와여 내가 주의 얼굴을 찾으리이다 하였나이다

마 7:8 구하는 이마다 받을 것이요 찾는 이는 찾아낼 것이요 두드리는 이에게는 열릴 것이니라

단 9:17-19 그러하온즉 우리 하나님이여 지금 주의 종의 기도와 간구를 들으시고 주를 위하여 주의 얼굴 빛을 주의 황폐한 성소에 비추시옵소서 나의 하나님이여 귀를 기울여 들으시며 눈을 떠서 우리의 황폐한 상황과 주의 이름으로 일컫는 성을 보옵소서 우리가 주 앞에 간구하옵는 것은 우리의 공의를 의지하여 하는 것이 아니요 주의 큰 긍휼을 의지하여 함이니이다 주여 들으소서 주여 용서하소서 주여 귀를 기울이시고 행하소서 지체하지 마옵소서 나의 하나님이여 주 자신을 위하여 하시옵소서 이는 주의 성과 주의 백성이 주의 이름으로 일컫는 바 됨이니이다

요 14:13-14; 15:16; 16:23 ¹⁴:¹³⁻¹⁴너희가 내 이름으로 무엇을 구하든지 내가 행하리니 이는 아버지로 하여금 아들로 말미암아 영광을 받으시게 하려 함이라 내 이름으로 무엇이든지 내게 구하면 내가 행하리라 ¹⁵:¹⁶너희가 나를 택한 것이 아니요 내가 너희를 택하여 세웠나니 이는 너희로 가서 열매를 맺게 하고 또 너희 열매가 항상 있게 하여 내 이름으로 아버지께 무엇을 구하든지 다 받게 하려 함이라 ¹⁶:²³그 날에는 너희가 아무 것도 내게 묻지 아니하리라 내가 진실로 진실로 너희에게 이르노니 너희가 무엇이든지 아버지께 구하는 것을 내 이름으로 주시리라

엡 3:20-21 우리 가운데서 역사하시는 능력대로 우리가 구하거나 생각하는 모든 것에 더 넘치도록 능히 하실 이에게 교회 안에서와 그리스도 예수 안에서 영광이 대대로 영원무궁하기를 원하노라 아멘

118문답

문. 하나님께서는 우리에게 무엇을 구하라고 명하셨습니까?

답. 영혼과 몸에 필요한 모든 것인데,[1] 우리 주 그리스도께서 친히 우리에게 가르쳐주신 기도에 다 담겨 있습니다.

[1] 마 6:33; 빌 4:6; 약 1:17.

마 6:33 그런즉 너희는 먼저 그의 나라와 그의 의를 구하라 그리하면 이 모든 것을 너희에게 더하시리라

빌 4:6 아무 것도 염려하지 말고 다만 모든 일에 기도와 간구로, 너희 구할 것을 감사함으로 하나님께 아뢰라

약 1:17 온갖 좋은 은사와 온전한 선물이 다 위로부터 빛들의 아버지께로부터 내려오나니 그는 변함도 없으시고 회전하는 그림자도 없으시니라

119문답

문. 주님께서 가르쳐 주신 기도는 무엇입니까?

답. 하늘에 계신 우리 아버지여 이름이 거룩히 여김을 받으시오며 나라가 임하시오며 뜻이 하늘에서 이루어진 것 같이 땅에서도 이루어지이다 오늘 우리에게 일용할 양식을 주시옵고 우리가 우리에게 죄 지은 자를 사하여 준 것 같이 우리 죄를 사하여 주시옵고 우리를 시험에 들게

하지 마시옵고 다만 악에서 구하시옵소서 나라와 권세와 영광이 아버지께 영원히 있사옵나이다 아멘.[1]

[1] 마 6:9-13; 눅 11:2-4.

마 6:9-13 그러므로 너희는 이렇게 기도하라 하늘에 계신 우리 아버지여 이름이 거룩히 여김을 받으시오며 나라가 임하시오며 뜻이 하늘에서 이루어진 것 같이 땅에서도 이루어지이다 오늘 우리에게 일용할 양식을 주시옵고 우리가 우리에게 죄 지은 자를 사하여 준 것 같이 우리 죄를 사하여 주시옵고 우리를 시험에 들게 하지 마시옵고 다만 악에서 구하시옵소서 (나라와 권세와 영광이 아버지께 영원히 있사옵나이다 아멘)

눅 11:2-4 예수께서 이르시되 너희는 기도할 때에 이렇게 하라 아버지여 이름이 거룩히 여김을 받으시오며 나라가 임하시오며 우리에게 날마다 일용할 양식을 주시옵고 우리가 우리에게 죄 지은 모든 사람을 용서하오니 우리 죄도 사하여 주시옵고 우리를 시험에 들게 하지 마시옵소서 하라

46주일

120문답

문. 그리스도께서는 하나님을 왜 "우리 아버지"로 부르라 명하셨습니까?

답. 그리스도께서는 우리가 기도를 처음 시작할 때부터 즉각 우리 안에 어린아이가 그 부모를 전적으로 의지하듯 하나님을 공경하고 신뢰하는 마음을 불러일으키기 원하셨는데, 이것이 우리 기도의 기초가 되기 때문입니다. 그리스도로 말미암아 우리 아버지가 되신 하나님께서는[1] 우리가 참된 믿음으로 구하는 것을 우리 부모가 땅의 좋은 것들을 자녀들에게 거절하지 않는 것보다 훨씬 더 거절하지 않으실 것입니다.[2]

[1] 사 63:16; 요 20:17; 갈 4:6. [2] 마 7:9-11; 눅 11:11-13.

사 63:16 주는 우리 아버지시라 아브라함은 우리를 모르고 이스라엘은 우리를 인정하지 아니할지라도 여호와여, 주는 우리의 아버지시라 옛날부터 주의 이름을 우리의 구속자라 하셨거늘

요 20:17 예수께서 이르시되 나를 붙들지 말라 내가 아직 아버지께로 올라가지 아니하였노라 너는 내 형제들에게 가서 이르되 내가 내 아버지 곧 너희 아버지, 내 하나님 곧 너희 하나님께로 올라간다 하라 하시니

갈 4:6 너희가 아들이므로 하나님이 그 아들의 영을 우리 마음 가운데 보내사 아빠 아버지라 부르게 하셨느니라

마 7:9-11 너희 중에 누가 아들이 떡을 달라 하는데 돌을 주며 생선을 달라 하는데 뱀을 줄 사람이 있겠느냐 너희가 악한 자라도 좋은 것으로 자식에게 줄 줄 알거든 하물며 하늘에 계신 너희 아버지께서 구하는 자에게 좋은 것으로 주시지 않겠느냐

눅 11:11-13 너희 중에 아버지 된 자로서 누가 아들이 생선을 달라 하는데 생선 대신에 뱀을 주며 알을 달라 하는데 전갈을 주겠느냐 너희가 악할지라도 좋은 것을 자식에게 줄 줄 알거든 하물며 너희 하늘 아버지께서 구하는 자에게 성령을 주시지 않겠느냐 하시니라

121문답

문. 여기에 왜 "하늘에 계신"이라는 말을 더하셨습니까?

답. 하나님의 신성한 위엄을 땅의 것으로 생각하지 않고,[1] 전능하신 능력의 하나님께 우리 몸과 영혼에 필요한 모든 것을 기대하도록 하기 위함입니다.[2]

[1] 대하 6:18-19; 렘 23:23-24; 행 17:24-25. [2] 롬 8:31-32.

대하 6:18-19 하나님이 참으로 사람과 함께 땅에 계시리이까 보소서 하늘과 하늘들의 하늘이라도 주를 용납하지 못하겠거든 하물며 내가 건축한 이 성전이오리이까 그러나 나의 하나님 여호와여 주의 종의 기도와 간구를 돌아보시며 주의 종이 주 앞에서 부르짖는 것과 비는 기도를 들으시옵소서

렘 23:23-24 여호와의 말씀이니라 나는 가까운 데에 있는 하나님이요 먼 데에

있는 하나님은 아니냐 여호와의 말씀이니라 사람이 내게 보이지 아니하려고 누가 자신을 은밀한 곳에 숨길 수 있겠느냐 여호와가 말하노라 나는 천지에 충만하지 아니하냐

행 17:24-25 우주와 그 가운데 있는 만물을 지으신 하나님께서는 천지의 주재시니 손으로 지은 전에 계시지 아니하시고 또 무엇이 부족한 것처럼 사람의 손으로 섬김을 받으시는 것이 아니니 이는 만민에게 생명과 호흡과 만물을 친히 주시는 이심이라

롬 8:31-32 그런즉 이 일에 대하여 우리가 무슨 말 하리요 만일 하나님이 우리를 위하시면 누가 우리를 대적하리요 자기 아들을 아끼지 아니하시고 우리 모든 사람을 위하여 내주신 이가 어찌 그 아들과 함께 모든 것을 우리에게 주시지 아니하겠느냐

47주일

122문답

문. 첫째 간구는 무엇입니까?

답. "이름이 거룩히 여김을 받으시오며"로, 이러한 간구입니다. "무엇보다도 먼저 우리가 주님을 바르게 알게 해 주시고,[1] 주님이 행하시는 모든 일에서 주님을 거룩히 여기고 영화롭게 하고 찬송하게 하옵소서.[2] 주께서 행하시는 이 모든 일에서 주님의 권능과 지혜와 선하심과 공의로우심과 자비하심과 진실하심이 밝히 빛나옵나이다.[3] 또한 우리의 모든 삶, 곧 우리의 생각과 말과 행동을 이끄셔서 주님의 이름이 우리 때문에 더럽혀지지 않고 오히려 영광과 찬송을 받게 하옵소서.[4]"

[1] 시 119:105; 렘 9:24; 31:33-34; 마 16:17; 요 17:3; 약 1:5. [2] 눅 1:46-55, 68-69; 롬 11:33. [3] 출 34:6-7; 시 119:137-138; 145:8-9; 렘 3:1; 32:18-19; 마 19:17; 롬 3:3-4; 11:22-23. [4] 시 71:8; 115:1; 마 5:16.

시 119:105 주의 말씀은 내 발에 등이요 내 길에 빛이니이다

렘 9:24; 31:33-34 9:24자랑하는 자는 이것으로 자랑할지니 곧 명철하여 나를 아는 것과 나 여호와는 사랑과 정의와 공의를 땅에 행하는 자인 줄 깨닫는 것이라 나는 이 일을 기뻐하노라 여호와의 말씀이니라 31:33-34그러나 그 날 후에 내가 이스라엘 집과 맺을 언약은 이러하니 곧 내가 나의 법을 그들의 속에 두며 그들의 마음

에 기록하여 나는 그들의 하나님이 되고 그들은 내 백성이 될 것이라 여호와의 말씀이니라 그들이 다시는 각기 이웃과 형제를 가리켜 이르기를 너는 여호와를 알라 하지 아니하리니 이는 작은 자로부터 큰 자까지 다 나를 알기 때문이라 내가 그들의 악행을 사하고 다시는 그 죄를 기억하지 아니하리라 여호와의 말씀이니라

마 16:17 예수께서 대답하여 이르시되 바요나 시몬아 네가 복이 있도다 이를 네게 알게 한 이는 혈육이 아니요 하늘에 계신 내 아버지시니라

요 17:3 영생은 곧 유일하신 참 하나님과 그가 보내신 자 예수 그리스도를 아는 것이니이다

약 1:5 너희 중에 누구든지 지혜가 부족하거든 모든 사람에게 후히 주시고 꾸짖지 아니하시는 하나님께 구하라 그리하면 주시리라

눅 1:46-55, 68-69 ¹:⁴⁶⁻⁵⁵마리아가 이르되 내 영혼이 주를 찬양하며 내 마음이 하나님 내 구주를 기뻐하였음은 그의 여종의 비천함을 돌보셨음이라 보라 이제 후로는 만세에 나를 복이 있다 일컬으리로다 능하신 이가 큰 일을 내게 행하셨으니 그 이름이 거룩하시며 긍휼하심이 두려워하는 자에게 대대로 이르는도다 그의 팔로 힘을 보이사 마음의 생각이 교만한 자들을 흩으셨고 권세 있는 자를 그 위에서 내리치셨으며 비천한 자를 높이셨고 주리는 자를 좋은 것으로 배불리셨으며 부자는 빈 손으로 보내셨도다 그 종 이스라엘을 도우사 긍휼히 여기시고 기억하시되 우리 조상에게 말씀하신 것과 같이 아브라함과 그 자손에게 영원히 하시리로다 하니라 ⁶⁸⁻⁶⁹찬송하리로다 주 이스라엘의 하나님이여 그 백성을 돌보사 속량하시며 우리를 위하여 구원의 뿔을 그 종 다윗의 집에 일으키셨으니

롬 11:33 깊도다 하나님의 지혜와 지식의 풍성함이여, 그의 판단은 헤아리지 못할 것이며 그의 길은 찾지 못할 것이로다

출 34:6-7 여호와께서 그의 앞으로 지나시며 선포하시되 여호와라 여호와라 자비롭고 은혜롭고 노하기를 더디하고 인자와 진실이 많은 하나님이라 인자를 천대까지 베풀며 악과 과실과 죄를 용서하리라 그러나 벌을 면제하지는 아니하고 아버지의 악행을 자손 삼사 대까지 보응하리라

시 119:137-138; 145:8-9 ¹¹⁹:¹³⁷⁻¹³⁸여호와여 주는 의로우시고 주의 판단은 옳으니

이다 주께서 명령하신 증거들은 의롭고 지극히 성실하니이다 [145:6-9]여호와는 은혜로우시며 긍휼이 많으시며 노하기를 더디 하시며 인자하심이 크시도다 여호와께서는 모든 것을 선대하시며 그 지으신 모든 것에 긍휼을 베푸시는도다

렘 31:3; 32:18-19 [31:3]옛적에 여호와께서 나에게 나타나사 내가 영원한 사랑으로 너를 사랑하기에 인자함으로 너를 이끌었다 하였노라 [32:18-19]주는 은혜를 천만인에게 베푸시며 아버지의 죄악을 그 후손의 품에 갚으시오니 크고 능력 있으신 하나님이시요 이름은 만군의 여호와시니이다 주는 책략에 크시며 하시는 일에 능하시며 인류의 모든 길을 주목하시며 그의 길과 그의 행위의 열매대로 보응하시나이다

마 19:17 예수께서 이르시되 어찌하여 선한 일을 내게 묻느냐 선한 이는 오직 한 분이시니라 네가 생명에 들어 가려면 계명들을 지키라

롬 3:3-4; 11:22-23 [3:3-4]어떤 자들이 믿지 아니하였으면 어찌하리요 그 믿지 아니함이 하나님의 미쁘심을 폐하겠느냐 그럴 수 없느니라 사람은 다 거짓되되 오직 하나님은 참되시다 할지어다 기록된 바 주께서 주의 말씀에 의롭다 함을 얻으시고 판단 받으실 때에 이기려 하심이라 함과 같으니라 [11:22-23]그러므로 하나님의 인자하심과 준엄하심을 보라 넘어지는 자들에게는 준엄하심이 있으니 너희가 만일 하나님의 인자하심에 머물러 있으면 그 인자가 너희에게 있으리라 그렇지 않으면 너도 찍히는 바 되리라 그들도 믿지 아니하는 데 머무르지 아니하면 접붙임을 받으리니 이는 그들을 접붙이실 능력이 하나님께 있음이라

시 71:8; 115:1 [71:8]주를 찬송함과 주께 영광 돌림이 종일토록 내 입에 가득하리이다 [115:1]여호와여 영광을 우리에게 돌리지 마옵소서 우리에게 돌리지 마옵소서 오직 주는 인자하시고 진실하시므로 주의 이름에만 영광을 돌리소서

마 5:16 이같이 너희 빛이 사람 앞에 비치게 하여 그들로 너희 착한 행실을 보고 하늘에 계신 너희 아버지께 영광을 돌리게 하라

48주일

123문답

문. 둘째 간구는 무엇입니까?

답. "나라가 임하시오며"로, 이러한 간구입니다. "주님의 말씀과 성령으로 우리를 다스리사 우리가 점점 더 주님께 순종하게 하옵소서.[1] 주님의 교회를 보존하시고 흥왕하게 하시며,[2] 마귀의 일들과 주님께 맞서 자신을 스스로 높이는 모든 세력과 주님의 거룩한 말씀에 반대하는 모든 악한 음모를 멸하여 주옵소서.[3] 주님의 나라가 온전히 이루어져 주께서 만유의 주가 되실 때까지 하여 주옵소서."[4]

[1] 시 119:5; 143:10; 사 59:21; 마 6:33. [2] 시 51:18; 122:6-7; 마 16:18; 행 2:46-47; 6:7; 9:31. [3] 시 2:1-3, 6-9; 롬 16:20; 요일 3:8. [4] 롬 8:22-23; 고전 15:28; 계 22:17, 20.

시 119:5; 143:10 [119:5]내 길을 굳게 정하사 주의 율례를 지키게 하소서 [143:10]주는 나의 하나님이시니 나를 가르쳐 주의 뜻을 행하게 하소서 주의 영은 선하시니 나를 공평한 땅에 인도하소서

사 59:21 여호와께서 이르시되 내가 그들과 세운 나의 언약이 이러하니 곧 네 위에 있는 나의 영과 네 입에 둔 나의 말이 이제부터 영원하도록 네 입에서와 네 후손의 입에서와 네 후손의 후손의 입에서 떠나지 아니하리라 하시니라 여호와의

말씀이니라

마 6:33 그런즉 너희는 먼저 그의 나라와 그의 의를 구하라 그리하면 이 모든 것을 너희에게 더하시리라

시 51:18; 122:6-7 ⁵¹:¹⁸주의 은택으로 시온에 선을 행하시고 예루살렘 성을 쌓으소서 ¹²²:⁶⁻⁷예루살렘을 위하여 평안을 구하라 예루살렘을 사랑하는 자는 형통하리로다 네 성 안에는 평안이 있고 네 궁중에는 형통함이 있을지어다

마 16:18 또 내가 네게 이르노니 너는 베드로라 내가 이 반석 위에 내 교회를 세우리니 음부의 권세가 이기지 못하리라

행 2:46-47; 6:7; 9:31 ²:⁴⁶⁻⁴⁷날마다 마음을 같이하여 성전에 모이기를 힘쓰고 집에서 떡을 떼며 기쁨과 순전한 마음으로 음식을 먹고 하나님을 찬미하며 또 온 백성에게 칭송을 받으니 주께서 구원 받는 사람을 날마다 더하게 하시니라 ⁶:⁷하나님의 말씀이 점점 왕성하여 예루살렘에 있는 제자의 수가 더 심히 많아지고 허다한 제사장의 무리도 이 도에 복종하니라 ⁹:³¹그리하여 온 유대와 갈릴리와 사마리아 교회가 평안하여 든든히 서 가고 주를 경외함과 성령의 위로로 진행하여 수가 더 많아지니라

시 2:1-3, 6-9 ¹⁻³어찌하여 이방 나라들이 분노하며 민족들이 헛된 일을 꾸미는가 세상의 군왕들이 나서며 관원들이 서로 꾀하여 여호와와 그의 기름 부음 받은 자를 대적하며 우리가 그들의 맨 것을 끊고 그의 결박을 벗어 버리자 하는도다 ⁶⁻⁹내가 나의 왕을 내 거룩한 산 시온에 세웠다 하시리로다 내가 여호와의 명령을 전하노라 여호와께서 내게 이르시되 너는 내 아들이라 오늘 내가 너를 낳았도다 내게 구하라 내가 이방 나라를 네 유업으로 주리니 네 소유가 땅 끝까지 이르리로다 네가 철장으로 그들을 깨뜨림이여 질그릇 같이 부수리라 하시도다

롬 16:20 평강의 하나님께서 속히 사탄을 너희 발 아래에서 상하게 하시리라 우리 주 예수의 은혜가 너희에게 있을지어다

요일 3:8 죄를 짓는 자는 마귀에게 속하나니 마귀는 처음부터 범죄함이라 하나님의 아들이 나타나신 것은 마귀의 일을 멸하려 하심이라

롬 8:22-23 피조물이 다 이제까지 함께 탄식하며 함께 고통을 겪고 있는 것을 우

리가 아니니라 그뿐 아니라 또한 우리 곧 성령의 처음 익은 열매를 받은 우리까지도 속으로 탄식하여 양자 될 것 곧 우리 몸의 속량을 기다리느니라

고전 15:28 만물을 그에게 복종하게 하실 때에는 아들 자신도 그 때에 만물을 자기에게 복종하게 하신 이에게 복종하게 되리니 이는 하나님이 만유의 주로서 만유 안에 계시려 하심이라

계 22:17, 20 [17]성령과 신부가 말씀하시기를 오라 하시는도다 듣는 자도 오라 할 것이요 목마른 자도 올 것이요 또 원하는 자는 값없이 생명수를 받으라 하시더라 [20]이것들을 증언하신 이가 이르시되 내가 진실로 속히 오리라 하시거늘 아멘 주 예수여 오시옵소서

49주일

124문답

문. 셋째 간구는 무엇입니까?

답. "뜻이 하늘에서 이루어진 것같이 땅에서도 이루어지다"로, 이러한 간구입니다. "우리와 모든 사람이 자신의 뜻을 버리고[1] 유일하게 선한 주님의 뜻에 불평 없이 순종하게 하옵소서.[2] 또 각 사람이 자신이 받은 직분과 소명을[3] 하늘의 천사들처럼 즐거이 그리고 충성스럽게 수행하게 하옵소서."[4]

[1] 마 7:21; 눅 9:23; 딛 2:11-12. [2] 눅 22:42; 롬 12:2; 엡 5:10. [3] 고전 7:22-24; 딤전 6:1-2; 딛 2:4-5. [4] 시 103:20-22.

마 7:21 나더러 주여 주여 하는 자마다 다 천국에 들어갈 것이 아니요 다만 하늘에 계신 내 아버지의 뜻대로 행하는 자라야 들어가리라

눅 9:23 또 무리에게 이르시되 아무든지 나를 따라오려거든 자기를 부인하고 날마다 제 십자가를 지고 나를 따를 것이니라

딛 2:11-12 모든 사람에게 구원을 주시는 하나님의 은혜가 나타나 우리를 양육하시되 경건하지 않은 것과 이 세상 정욕을 다 버리고 신중함과 의로움과 경건함으로 이 세상에 살고

눅 22:42 이르시되 아버지여 만일 아버지의 뜻이거든 이 잔을 내게서 옮기시옵소서 그러나 내 원대로 마시옵고 아버지의 원대로 되기를 원하나이다 하시니

The Heidelberg Catechism

롬 12:2 너희는 이 세대를 본받지 말고 오직 마음을 새롭게 함으로 변화를 받아 하나님의 선하시고 기뻐하시고 온전하신 뜻이 무엇인지 분별하도록 하라

엡 5:10 주를 기쁘시게 할 것이 무엇인가 시험하여 보라

고전 7:22-24 주 안에서 부르심을 받은 자는 종이라도 주께 속한 자유인이요 또 그와 같이 자유인으로 있을 때에 부르심을 받은 자는 그리스도의 종이니라 너희는 값으로 사신 것이니 사람들의 종이 되지 말라 형제들아 너희는 각각 부르심을 받은 그대로 하나님과 함께 거하라

딤전 6:1-2 무릇 멍에 아래에 있는 종들은 자기 상전들을 범사에 마땅히 공경할 자로 알지니 이는 하나님의 이름과 교훈으로 비방을 받지 않게 하려 함이라 믿는 상전이 있는 자들은 그 상전을 형제라고 가볍게 여기지 말고 더 잘 섬기게 하라 이는 유익을 받는 자들이 믿는 자요 사랑을 받는 자임이라 너는 이것들을 가르치고 권하라

딛 2:4-5 그들로 젊은 여자들을 교훈하되 그 남편과 자녀를 사랑하며 중하며 순전하며 집안 일을 하며 선하며 자기 남편에게 복종하게 하라 이는 하나님의 말씀이 비방을 받지 않게 하려 함이라

시 103:20-22 능력이 있어 여호와의 말씀을 행하며 그의 말씀의 소리를 듣는 여호와의 천사들이여 여호와를 송축하라 그에게 수종들며 그의 뜻을 행하는 모든 천군이여 여호와를 송축하라 여호와의 지으심을 받고 그가 다스리시는 모든 곳에 있는 너희여 여호와를 송축하라 내 영혼아 여호와를 송축하라

50주일

125문답

문. 넷째 간구는 무엇입니까?

답. "오늘 우리에게 일용할 양식을 주시옵고"로, 이러한 간구입니다. "우리 몸에 필요한 모든 것을 기꺼이 채워 주사[1] 오직 주님만이 모든 좋은 것의 근원임을 시인하게 하시고,[2] 주께서 우리에게 복 주시지 않으면 우리의 염려나 수고, 심지어 주님께서 주신 선물조차 우리에게 아무 유익이 되지 못함을 알게 하옵소서.[3] 그리하여 우리가 어떤 피조물도 의지하지 않고 오직 주님만 의지하게 하옵소서."[4]

[1] 출 16:4; 시 104:27-28; 145:15-16; 마 6:25-26. [2] 행 14:17; 17:25; 약 1:17. [3] 신 8:3; 시 37:3-7, 16-17; 127:1-2; 고전 15:58. [4] 시 55:22; 62:10; 146:3-4; 렘 17:5, 7; 히 13:5-6.

출 16:4 그 때에 여호와께서 모세에게 이르시되 보라 내가 너희를 위하여 하늘에서 양식을 비 같이 내리리니 백성이 나가서 일용할 것을 날마다 거둘 것이라 이같이 하여 그들이 내 율법을 준행하나 아니하나 내가 시험하리라

시 104:27-28; 145:15-16 [104:27-28]이것들은 다 주께서 때를 따라 먹을 것을 주시기를 바라나이다 주께서 주신즉 그들이 받으며 주께서 손을 펴신즉 그들이 좋은 것으로 만족하다가 [145:15-16]모든 사람의 눈이 주를 앙망하오니 주는 때를 따라 그들에

게 먹을 것을 주시며 손을 펴사 모든 생물의 소원을 만족하게 하시나이다

마 6:25-26 그러므로 내가 너희에게 이르노니 목숨을 위하여 무엇을 먹을까 무엇을 마실까 몸을 위하여 무엇을 입을까 염려하지 말라 목숨이 음식보다 중하지 아니하며 몸이 의복보다 중하지 아니하냐 공중의 새를 보라 심지도 않고 거두지도 않고 창고에 모아들이지도 아니하되 너희 하늘 아버지께서 기르시나니 너희는 이것들보다 귀하지 아니하냐

행 14:17; 17:25 [14:17]그러나 자기를 증언하지 아니하신 것이 아니니 곧 여러분에게 하늘로부터 비를 내리시며 결실기를 주시는 선한 일을 하사 음식과 기쁨으로 여러분의 마음에 만족하게 하셨느니라 하고 [17:25]또 무엇이 부족한 것처럼 사람의 손으로 섬김을 받으시는 것이 아니니 이는 만민에게 생명과 호흡과 만물을 친히 주시는 이심이라

약 1:17 온갖 좋은 은사와 온전한 선물이 다 위로부터 빛들의 아버지께로부터 내려오나니 그는 변함도 없으시고 회전하는 그림자도 없으시니라

신 8:3 너를 낮추시며 너를 주리게 하시며 또 너도 알지 못하며 네 조상들도 알지 못하던 만나를 네게 먹이신 것은 사람이 떡으로만 사는 것이 아니요 여호와의 입에서 나오는 모든 말씀으로 사는 줄을 네가 알게 하심이니라

시 37:3-7, 16-17; 127:1-2 [37:3-7]여호와를 의뢰하고 선을 행하라 땅에 머무는 동안 그의 성실을 먹을 거리로 삼을지어다 또 여호와를 기뻐하라 그가 네 마음의 소원을 네게 이루어 주시리로다 네 길을 여호와께 맡기라 그를 의지하면 그가 이루시고 네 의를 빛 같이 나타내시며 네 공의를 정오의 빛 같이 하시리로다 여호와 앞에 잠잠하고 참고 기다리라 자기 길이 형통하며 악한 꾀를 이루는 자 때문에 불평하지 말지어다 [16-17]의인의 적은 소유가 악인의 풍부함보다 낫도다 악인의 팔은 부러지나 의인은 여호와께서 붙드시는도다 [127:1-2]여호와께서 집을 세우지 아니하시면 세우는 자의 수고가 헛되며 여호와께서 성을 지키지 아니하시면 파수꾼의 깨어 있음이 헛되도다 너희가 일찍이 일어나고 늦게 누우며 수고의 떡을 먹음이 헛되도다 그러므로 여호와께서 그의 사랑하시는 자에게는 잠을 주시는도다

고전 15:58 그러므로 내 사랑하는 형제들아 견실하며 흔들리지 말고 항상 주의

일에 더욱 힘쓰는 자들이 되라 이는 너희 수고가 주 안에서 헛되지 않은 줄 앎이라

시 55:22; 62:10; 146:3-4 ⁵⁵:²²네 짐을 여호와께 맡기라 그가 너를 붙드시고 의인의 요동함을 영원히 허락하지 아니하시리로다 ⁶²:¹⁰포악을 의지하지 말며 탈취한 것으로 허망하여지지 말며 재물이 늘어도 거기에 마음을 두지 말지어다 ¹⁴⁶:³⁻⁴귀인들을 의지하지 말며 도울 힘이 없는 인생도 의지하지 말지니 그의 호흡이 끊어지면 흙으로 돌아가서 그 날에 그의 생각이 소멸하리로다

렘 17:5, 7 여호와께서 이와 같이 말씀하시니라 무릇 사람을 믿으며 육신으로 그의 힘을 삼고 마음이 여호와에게서 떠난 그 사람은 저주를 받을 것이라

그러나 무릇 여호와를 의지하며 여호와를 의뢰하는 그 사람은 복을 받을 것이라

히 13:5-6 돈을 사랑하지 말고 있는 바를 족한 줄로 알라 그가 친히 말씀하시기를 내가 결코 너희를 버리지 아니하고 너희를 떠나지 아니하리라 하셨느니라 .그러므로 우리가 담대히 말하되 주는 나를 돕는 이시니 내가 무서워하지 아니하겠노라 사람이 내게 어찌하리요 하노라

51주일

126문답

문. 다섯째 간구는 무엇입니까?

답. "우리가 우리에게 죄지은 자를 사하여 준 것같이 우리 죄를 사하여 주시옵고"로, 이러한 간구입니다. "우리 안에 있는 주의 은혜의 증거로 우리가 우리 이웃을 진심으로 용서하기로 굳게 다짐하는 것처럼,[1] 그리스도의 피를 보시고 우리의 모든 죄과와 우리에게 언제나 착 달라붙어 있는 부패를 불쌍한 죄인인 우리에게 돌리지 마옵소서."[2]

[1] 마 6:14-15; 18:21-22, 35. [2] 시 51:1; 143:2; 롬 8:1; 요일 2:1.

마 6:14-15; 18:21-22, 35 [6:14-15]너희가 사람의 잘못을 용서하면 너희 하늘 아버지께서도 너희 잘못을 용서하시려니와 너희가 사람의 잘못을 용서하지 아니하면 너희 아버지께서도 너희 잘못을 용서하지 아니하시리라 [18:21-22]그 때에 베드로가 나아와 이르되 주여 형제가 내게 죄를 범하면 몇 번이나 용서하여 주리이까 일곱 번까지 하오리이까 예수께서 이르시되 네게 이르노니 일곱 번뿐 아니라 일곱 번을 일흔 번까지라도 할지니라 [18:35]너희가 각각 마음으로부터 형제를 용서하지 아니하면 나의 하늘 아버지께서도 너희에게 이와 같이 하시리라

시 51:1; 143:2 [51:1]하나님이여 주의 인자를 따라 내게 은혜를 베푸시며 주의 많은 긍휼을 따라 내 죄악을 지워 주소서 [143:2]주의 종에게 심판을 행하지 마소서 주의

눈 앞에는 의로운 인생이 하나도 없나이다
롬 8:1 그러므로 이제 그리스도 예수 안에 있는 자에게는 결코 정죄함이 없나니
요일 2:1 나의 자녀들아 내가 이것을 너희에게 씀은 너희로 죄를 범하지 않게 하려 함이라 만일 누가 죄를 범하여도 아버지 앞에서 우리에게 대언자가 있으니 곧 의로우신 예수 그리스도시라

52주일

127문답

문. 여섯째 간구는 무엇입니까?

답. "우리를 시험에 들게 하지 마시옵고 다만 악에서 구하시옵소서"로, 이러한 간구입니다. "우리 자신은 너무나 연약하여 한순간도 스스로 설 수 없으며,[1] 철천지원수인 마귀와[2] 세상과[3] 우리 육신이[4] 끊임없이 우리를 공격하오니, 주의 성령의 능력으로 우리를 붙드시고 강하게 하셔서, 우리가 이 영적 전쟁에서 패하여 쓰러지지 않고,[5] 마침내 완전히 승리할 때까지 우리 원수에게 늘 굳세게 대항하게 해 주옵소서."[6]

[1] 시 103:14-16; 요 15:5. [2] 고후 11:14; 엡 6:12; 벧전 5:8. [3] 요 15:19; 요일 2:15-16. [4] 롬 7:23; 갈 5:17. [5] 마 10:19-20; 26:41; 막 13:33; 고전 10:12-13. [6] 롬 8:13; 살전 3:13; 5:23; 약 4:7; 요일 2:15.

시 103:14-16 이는 그가 우리의 체질을 아시며 우리가 단지 먼지뿐임을 기억하심이로다 인생은 그 날이 풀과 같으며 그 영화가 들의 꽃과 같도다 그것은 바람이 지나가면 없어지나니 그 있던 자리도 다시 알지 못하거니와

요 15:5 나는 포도나무요 너희는 가지라 그가 내 안에, 내가 그 안에 거하면 사람이 열매를 많이 맺나니 나를 떠나서는 너희가 아무 것도 할 수 없음이라

고후 11:14 이것은 이상한 일이 아니니라 사탄도 자기를 광명의 천사로 가장하

나니

엡 6:12 우리의 씨름은 혈과 육을 상대하는 것이 아니요 통치자들과 권세들과 이 어둠의 세상 주관자들과 하늘에 있는 악의 영들을 상대함이라

벧전 5:8 근신하라 깨어라 너희 대적 마귀가 우는 사자 같이 두루 다니며 삼킬 자를 찾나니

요 15:19 너희가 세상에 속하였으면 세상이 자기의 것을 사랑할 것이나 너희는 세상에 속한 자가 아니요 도리어 내가 너희를 세상에서 택하였기 때문에 세상이 너희를 미워하느니라

요일 2:15-16 이 세상이나 세상에 있는 것들을 사랑하지 말라 누구든지 세상을 사랑하면 아버지의 사랑이 그 안에 있지 아니하니 이는 세상에 있는 모든 것이 육신의 정욕과 안목의 정욕과 이생의 자랑이니 다 아버지께로부터 온 것이 아니요 세상으로부터 온 것이라

롬 7:23 내 지체 속에서 한 다른 법이 내 마음의 법과 싸워 내 지체 속에 있는 죄의 법으로 나를 사로잡는 것을 보는도다

갈 5:17 육체의 소욕은 성령을 거스르고 성령은 육체를 거스르나니 이 둘이 서로 대적함으로 너희가 원하는 것을 하지 못하게 하려 함이니라

마 10:19-20; 26:41 [10:19-20]너희를 넘겨 줄 때에 어떻게 또는 무엇을 말할까 염려하지 말라 그 때에 너희에게 할 말을 주시리니 말하는 이는 너희가 아니라 너희 속에서 말씀하시는 이 곧 너희 아버지의 성령이시니라 [26:41]시험에 들지 않게 깨어 기도하라 마음에는 원이로되 육신이 약하도다 하시고

막 13:33 주의하라 깨어 있으라 그 때가 언제인지 알지 못함이라

고전 10:12-13 그런즉 선 줄로 생각하는 자는 넘어질까 조심하라 사람이 감당할 시험 밖에는 너희가 당한 것이 없나니 오직 하나님은 미쁘사 너희가 감당하지 못할 시험 당함을 허락하지 아니하시고 시험 당할 즈음에 또한 피할 길을 내사 너희로 능히 감당하게 하시느니라

롬 8:13 너희가 육신대로 살면 반드시 죽을 것이로되 영으로써 몸의 행실을 죽이면 살리니

살전 3:13; 5:23 ³:¹³너희 마음을 굳건하게 하시고 우리 주 예수께서 그의 모든 성도와 함께 강림하실 때에 하나님 우리 아버지 앞에서 거룩함에 흠이 없게 하시기를 원하노라 ⁵:²³평강의 하나님이 친히 너희를 온전히 거룩하게 하시고 또 너희의 온 영과 혼과 몸이 우리 주 예수 그리스도께서 강림하실 때에 흠 없게 보전되기를 원하노라

약 4:7 그런즉 너희는 하나님께 복종할지어다 마귀를 대적하라 그리하면 너희를 피하리라

요일 2:15 이 세상이나 세상에 있는 것들을 사랑하지 말라 누구든지 세상을 사랑하면 아버지의 사랑이 그 안에 있지 아니하니

128문답

문. 당신은 이 기도를 어떻게 마칩니까?

답. "나라와 권세와 영광이 아버지께 영원히 있사옵나이다."로 마치며, 이러한 간구입니다. "우리의 왕이시요, 만물에 대한 권세를 가지신 주님은 우리에게 모든 좋은 것을 주기 원하시며, 또한 주실 수 있는 분이시기에 우리는 이 모든 것을 주님께 구하옵니다.¹⁾ 이로써 우리가 아니라 주님의 거룩한 이름이 영원히 영광 받으시옵소서."²⁾

¹⁾ **대상 29:10-12; 롬 10:11-13; 벧후 2:9.** ²⁾ **단 7:14, 27; 시 115:1; 렘 33:8-9; 요 14:13; 계 5:12.**

대상 29:10-12 다윗이 온 회중 앞에서 여호와를 송축하여 이르되 우리 조상 이스라엘의 하나님 여호와여 주는 영원부터 영원까지 송축을 받으시옵소서 여호와여

위대하심과 권능과 영광과 승리와 위엄이 다 주께 속하였사오니 천지에 있는 것이 다 주의 것이로소이다 여호와여 주권도 주께 속하였사오니 주는 높으사 만물의 머리이심이니이다 부와 귀가 주께로 말미암고 또 주는 만물의 주재가 되사 손에 권세와 능력이 있사오니 모든 사람을 크게 하심과 강하게 하심이 주의 손에 있나이다

롬 10:11-13 성경에 이르되 누구든지 그를 믿는 자는 부끄러움을 당하지 아니하리라 하니 유대인이나 헬라인이나 차별이 없음이라 한 분이신 주께서 모든 사람의 주가 되사 그를 부르는 모든 사람에게 부요하시도다 누구든지 주의 이름을 부르는 자는 구원을 받으리라

벧후 2:9 주께서 경건한 자는 시험에서 건지실 줄 아시고 불의한 자는 형벌 아래에 두어 심판 날까지 지키시며

단 7:14, 27 [14]그에게 권세와 영광과 나라를 주고 모든 백성과 나라들과 다른 언어를 말하는 모든 자들이 그를 섬기게 하였으니 그의 권세는 소멸되지 아니하는 영원한 권세요 그의 나라는 멸망하지 아니할 것이니라 [27]나라와 권세와 온 천하 나라들의 위세가 지극히 높으신 이의 거룩한 백성에게 붙인 바 되리니 그의 나라는 영원한 나라이라 모든 권세 있는 자들이 다 그를 섬기며 복종하리라

시 115:1 여호와여 영광을 우리에게 돌리지 마옵소서 우리에게 돌리지 마옵소서 오직 주는 인자하시고 진실하시므로 주의 이름에만 영광을 돌리소서

렘 33:8-9 내가 그들을 내게 범한 그 모든 죄악에서 정하게 하며 그들이 내게 범하며 행한 모든 죄악을 사할 것이라 이 성읍이 세계 열방 앞에서 나의 기쁜 이름이 될 것이며 찬송과 영광이 될 것이요 그들은 내가 이 백성에게 베푼 모든 복을 들을 것이요 내가 이 성읍에 베푼 모든 복과 모든 평안으로 말미암아 두려워하며 떨리라

요 14:13 너희가 내 이름으로 무엇을 구하든지 내가 행하리니 이는 아버지로 하여금 아들로 말미암아 영광을 받으시게 하려 함이라

계 5:12 큰 음성으로 이르되 죽임을 당하신 어린 양은 능력과 부와 지혜와 힘과 존귀와 영광과 찬송을 받으시기에 합당하도다 하더라

129문답

문. "아멘"이라는 말은 무슨 뜻입니까?

답. "아멘"은 참으로, 반드시 그렇게 될 것이라는 뜻입니다. 제가 하나님께 이 모든 것이 이루어지기를 간절히 바라는 마음보다 더 확실하게 하나님께서 제 기도를 들으시기 때문입니다.[1]

[1] 사 65:24; 고후 1:20; 딤후 2:13; 계 3:14.

사 65:24 그들이 부르기 전에 내가 응답하겠고 그들이 말을 마치기 전에 내가 들을 것이며

고후 1:20 하나님의 약속은 얼마든지 그리스도 안에서 예가 되니 그런즉 그로 말미암아 우리가 아멘 하여 하나님께 영광을 돌리게 되느니라

딤후 2:13 우리는 미쁨이 없을지라도 주는 항상 미쁘시니 자기를 부인하실 수 없으시리라

계 3:14 라오디게아 교회의 사자에게 편지하라 아멘이시요 충성되고 참된 증인이시요 하나님의 창조의 근본이신 이가 이르시되

하이델베르크 교리문답 • 휴대 암송용

펴낸날 2019년 1월 15일 초판 1쇄

지은이 자카리아스 우르시누스 외
옮긴이 그 책의 사람들

펴낸이 한재술
펴낸곳 그 책의 사람들

디자인 참디자인(이정희)

판 권 ⓒ 그책의 사람들 2020, Printed in Korea.
저작권법에 따라 한국 내에서 보호를 받는 저작물이므로 무단 전재와 복제를 금합니다.
(그 책의 사람들이 옮긴 하이델베르크 교리문답 번역문은 어떠한 목적으로든 마음껏 사용하실 수 있으며, 출처만 밝혀주시면 됩니다.)

주 소 경기도 안성시 공도읍 공도로 150, 107동 1502호
팩 스 0505-299-1710
카 페 cafe.naver.com/thepeopleofthebook
메 일 tpotbook@naver.com
등 록 2011년 7월 18일 (제251-2011-44호)
인 쇄 불꽃피앤피

책 값 8,000원
ISBN 979-11-85248-30-1 00230

이 도서의 국립중앙도서관 출판시도서목록(CIP)은
서지정보유통지원시스템 홈페이지(http://seoji.nl.go.kr)와
국가자료공동목록시스템(http://www.nl.go.kr/kolisnet)에서 이용하실 수 있습니다.
(CIP제어번호: CIP2020000167)

· 이 책은 출판 회원분들의 섬김으로 만들어졌습니다.